저자는 오만으로 임지를 옮기기 전, 수년 간 저와 함께 중앙아시아의 한 나라에서 사역을 했습니다. 그 후로 10년이 훨씬 지난 지금까지 그 나라의 한 가정과 친형제 같은 관계를 유지하고 있습니다. 사람을 깊이 이해하고 깊은 관계를 맺는 능력을 타고난 저자를 보면 감탄이 나옵니다. 중앙아시아를 떠난 후 저자의 가족은 중동의 정통 이슬람 국가인 오만에서 전문인 사역자로 10년 넘게 섬겼습니다. 멀고 낯설게 느껴지는 그곳에서 살며 경험한 일들을 이 책에 담담히 적고 있습니다. 오만 사람들의 가족 관계와 풍성한 환대, 그들의 문화에 깊숙이 이끌려 들어간 한국 여인의 눈에 비친 무슬림의 진면모가 그려집니다. 이 책은 한국인, 특히 그리스도인들이 매스컴을 통해 피상적으로 알고, 오해하고, 때로는 경원시하던 무슬림들을 새로운 눈으로 보게 해줍니다. 하나님의 사랑이 필요한 친근한 이웃으로 가까이 이끄는 안내인 역할을 합니다.

문누가 중앙아시아 K국 전문인 선교사

2003년 중앙아시아의 한 나라에서 저자를 처음 보았습니다. 하나님의 부르심을 받아 사역을 시작하고 몇 년 지난 때였지만 당당하고 사려 깊게 현지 무슬림을 대하는 모습을 보고 감동을 받았습니다. 그 후 결혼하여 가정을 이루고 오만으로 갔다는 소식을 들었는데, 그 생생한 속이야기를 이 책에서 접합니다. 하나님의 인도하심으로 오만에 첫걸음을 내딛은 후 작은 국경마을 부래미에 정착해 온 일상의 흔적을 보니, 무슬림 가운데서 그리스도인으로 살려면 크고 작은 희생이 따르겠다는 생각이 새삼 듭니다. 대학 교수로, 좋은 이웃으로 성실히 살아가다가 신앙을 고백할 순간이 왔을 때, 예수님에 대해 담대히 나누고 성경 말씀을 소개하는 장면에서는, 이슬람 선교가 어떻게 이루어지는가를 보았습니다. 이 책을 통해 이슬람 문화에 대해 많이 배우고, 무슬림에게 다가가 복음을 전하는 일에 실제적인 도전도 받습니다. 많은 이들이 이 책을 읽고 무슬림을 더 깊이 이해하고, 그 땅을 위해 기도하게 되길 소망합니다.

백승준 목사, 사랑의교회 글로벌 선교부 팀장

스페셜티 커피처럼 깊은 향을 천천히 음미하며 읽고 싶은 책입니다. 이 책은 한 그리스도인 가족이 중동 오만에서 살면서 두 무슬림 가족과 사귀며 겪은 10년 삶의 기록입니다. 저자의 글쓰기 재능과 세밀한 관찰력도 한 몫하지만, 무엇보다 사람에 대한 깊은 사랑이 아름다운 태피스트리를 만들어 냅니다. 읽다가 몇 번이나 감동으로 멈춰야 했습니다. 최근 몇 년간 읽은 책 중 가장 마음 깊이 다가옵니다. 전체 그림이 전하는 이미지가 예수 그리스도이기 때문일까요? 가르치기 전에 배우고, 말하기 전에 경청하고, 판단에 앞서 이해하며, 존경받으려 하기 전에 존중하고, 베풀기 전에 도움을 요청하고, 하나님의 아들 이전에 갈릴리 사람이 되신 우리 스승 예수 그리스도의 풍경 말입니다. 늘 그렇듯 예수님의 모습은 우리의 가슴을 울리고 변화시킵니다. 무슬림들이 이 가족을 "하비비, 사랑받는 자"라는 이름으로 부르는 건 우연이 아닙니다. 그것은 이 가족이 삶으로 전한 복음, 즉 예수 그리스도의 또 다른 이름이기 때문입니다.

조 샘 한국인터서브 대표

오만 내륙의 한 시골 마을에서 아주 특별한 관계가 된 두 무슬림 가족과 함께한 날들을 나눕니다. 두 가족에 국한된 개인적인 여정이지만, 그 이야기를 통해 현대화된 술탄국의 작은 마을에 있는 무슬림 가정을 향한 주님의 긍휼하심, 나아가 이슬람권 전체를 향한 주님의 마음을 엿볼 수 있습니다. 더불어 무슬림과의 우정과 환대 속에서도 예수 그리스도를 통한 믿음의 역사, 사랑의 수고, 흔들리지 않는 소망, 겸손과 인내가 저자와 저자 가족의 삶에 어떻게 나타나는지 보게 됩니다. 이슬람 환경에서 겸손하고 담대하게 이슬람의 메시지를 거부하고 복음을 실천하는 것이 어떤 모습인지 보고 이해하고 싶다면, 누구나 꼭 읽어야 할 책입니다.

CJ Young 교수

오만과 환대

Oman and Hospitality

오만과
환대

오만 무슬림과 함께한
우정과 환대, 사귐의 날들

이선용 지음

오만과 환대

초판 1쇄 발행   2024년 4월 12일

지은이   이선용
일러스트   장하은
펴낸이   김정미
펴낸곳   앵커출판&미디어
출판등록   106-90-75402
주소   서울시 강북구 수유동 469-171
대표 전화   010-8573-0801
이메일   anchorpnm@gmail.com

ISBN 979-11-86606-30-8   03230

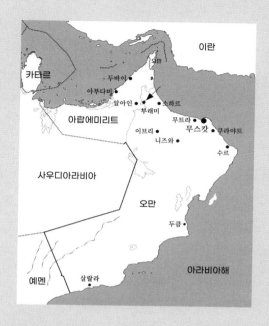

오만 술탄국은 서남아시아 아라비아 반도 동쪽 끝에 위치한 이슬람 왕정국가이며,
수도는 무스캇이다. 국토의 80퍼센트가 고운 모래빛의 사막과 약간의 돌산이고, 나
머지는 해안지대다. 내륙지방은 사막형 기후가 주로 나타나지만, 해안지방은 산에 둘
러싸여 있고 몬순 기후의 영향을 받는다.

역사적으로 오만은 1세기부터 아랍인의 땅이 되었고 여러 나라의 침략을, 특히 페르
시아 제국의 통치를 오랫동안 받았다. 그러나 이슬람을 받아들이고 페르시아 제국을
몰아내면서 이슬람 제국 하의 아라비아 반도에서 처음으로 지역 왕조를 세웠다. 공
존과 화합을 중요시하는 이바디 무슬림의 영향을 받아 수니파든 시야파든 수용한
다. 북쪽으로 사우디아라비아, 북서쪽으로 아랍에미리트, 서쪽으로 예멘에 둘러싸였
으며, 중립적인 자세로 중동 지역 평화 협상의 중재 역할을 하고 있다.

포르투갈이 16세기 초 오만의 지리적 중요성을 파악하고 점령하면서 기독교가 잠시
들어오고 선교의 역사가 시작되었다. 그러나 침략으로 시작된 기독교는 저항을 불러
일으켜 뿌리내리지 못하고 이슬람으로 더 결집시키는 계기가 되었다. 최근 오만 젊은
이들 중 기독교로 개종하는 경우가 있지만, 그 수는 파악되지 않을 정도로 미미하다.
현지인 신자가 모이는 교회는 아직 없다.

차례

4장 따아막, 더 깊은 곳으로

5장 나후와 알 하끼까, 진리를 향하여

6장 아일라, 우리는 가족이야

프롤로그

오만은 아라비아 걸프지역 끝자락에 있는 잘 알려지지 않은 나라다. 헌법보다 이슬람법이 위에 있을 정도로 무슬림 국가 중에서도 자타가 인정하는 보수적인 정통 이슬람 국가, 왕이 다스리는 왕정 국가, 뜨겁다 못해 따가운 햇볕이 사계절 살아 있는 모래의 나라다. 우리는 이러한 오만과 오만 사람을 모르고 그곳에 갔다.

우리는 오만 사람들로 둘러싸인 동네에서 살았다. 그들은 가족을 가장 소중히 여긴다. 그 다음이 친척, 부족 순이다. 이런 공동체 중심의 사회는 자기 울타리를 굳건히 지킨다는 좋은 점이 있지만 이방인에게는 폐쇄된 사회처럼 보인다. 나와 남편도 처음에는 그렇게 판단했다. 울타리를 보지 않은 채 높을 것이라고 지레짐작했다. 그런데 막상 그들 가운데 들어가 살아 보니 벽이 있긴 하지만, 그 벽에는 활짝 열린 문 또한 있다는 것을 알았다. 그 문은 오만 사람들이 오랜 세월 그들만의 것으로 일상에서 지켜 온, 평화를 사랑하는 마음과 환대의 문이라고 본다.

오만 사람들은 누가 찾아오든 언제라도 대문을 열어 준다. 상대가 누구든 상관없다. 친척이든, 이웃이든, 지나가는 낯선 사람이든 거실(마즐리스)로 안내해 차와 과일을 대접한다. 때가 되면 식사를 내오고, 어두워지면 잠자리를 펴 쉬게 한다. 최소한 사흘 동안은 손님이 먼저 말하기 전까지 왜, 어디서 왔는지 묻지 않는다. 찾아오는 손님만 환대하는 건 아니다. 이웃이 새로 이사 오면 음식을 들고 찾아간다. 반갑게 맞아들이는 것이다. 이렇듯 그들은 자신들의 공동체에 머물지 않고 기꺼이 관계를 넓히며 지켜 간다. 새로 온 이웃의 어떠함이 아니라 존재 자체를 받아들이고 품는다.

우리는 오만에 살러 갔고, 그들의 이웃이요 친구가 되려는 꿈을 안고 정착을 시도했다. 그러나 실제로 우리를 찾아오고 초대하고 필요를 채워 주며 먼저 손을 내민 쪽은 우리가 아니라 오만 사람들이었다. 이웃에서 친구로, 나아가 가족으로 깊이 받아들이고 인정하며 사랑과 의리로 덮어 준 오만 사람들의 끝없는 환대와 용납을 우리는 경험했다. 그들은 계산하지 않았고, 우리를 통해 무엇을 얻으려 하지 않았으며, 도리어 피해를 감내했다.

우리가 만난 오만 사람들은 사실 동네 이웃과 그들의 친척, 대학생, 대학 직원과 그들의 가족이 전부다. 그래서 이 책에 쓴 내용이 오만의 모든 사람과 문화와 전통을 말해 준다고 할 수는 없다. 오만의 다른 지역에는 또 다른 문화와 전통이 있을 것이다. 혹시 다른 경험을 했다면 그 또한 오만을 경험한 것이다.

이 글은 부래미라는 오만의 한 국경 마을에 살면서 오랜 전통 속에 녹아 있는 오만 사람들의 환대를 경험하고 쓴 지극히 개인적인 이야기다. 이야기의 연속성을 위해 두 가족에게 집중하여 사건 중심으로 서술했다. 실제로 경험한 일들을 썼고, 등장인물 또한 실제로 살고 있는 사람들이다. 다만 이름만 바꾸었다. 이야기의 흐름을 위해 5장의 일정 부분에서 시간의 순서를 따르지 않고 사건 중심으로 서술했음을 밝힌다.

우리는 오만에서 우리에게 주어진 신분에 맞게 살려고 노력했다. 그 신분은 우리가 맺은 모든 관계의 기반이요 시작점이 되었다. 우리는, 우리가 믿고 따르는 신앙과 신념을 숨기려 하지 않았다. 대신 서로 인정하며 살았다.

아랍 이름이 낯설어 이야기 속에서 관계를 파악하기가 쉽지 않을 것 같아 주로 등장하는 두 가족의 이름을 미리 소개한다.

아흐멧   파티마

(큰딸) **누르**
(큰아들) **아하스**
(둘째 딸) **후다**
(둘째 아들) **아싸드**
(막내딸) **와다**

하이땀   자밀라

(큰딸) **사라**
(큰아들) **살렘**
(둘째 딸) **살마**
(둘째 아들) **술탄**
(셋째 딸) **샤키라**
(셋째 아들) **사이드**
(넷째 딸) **싸미라**
(넷째 아들) **사딕**

오만과 환대

우리는 가족 대 가족으로 관계를 시작했다. 오만 사람들은 개인적으로 사귀어도 결국은 관계가 가족 대 가족으로 귀결된다. 그래서 나중에는 처음 만난 사람도 이런저런 관계로 닿아 있지 않은 사람이 없는 기-승-전-공동체 사회다.

우리 가족은 오만 사람들에게 특별한 사랑을 많이 받았다. 그래서인지 우리 자녀들은 오만을 늘 고향으로 생각한다. 비록 맨발로 뛰어놀며 가시에 찔리고, 학교 폭력에 노출되고, 집 안과 밖의 다른 가치관으로 혼란을 겪었지만, 그조차 아름다운 추억으로 간직하며 언제든지 돌아가고 싶어 한다.

이렇게 모든 과정을 같이 겪고, 웃고, 울고, 견디고, 오만과 오만 사람들을 아낌없이 사랑한 우리 가족에게 깊은 감사와 사랑을 전한다. 그리고 한 개인의 특이한 경험으로 끝나 버릴 수 있는 지난일들을 소개할 기회를 준 한국인터서브에 감사한다. 이 책이 오만을 포함한 걸프지역 무슬림, 이슬람에 관심 있는 이들에게 작으나마 도움이 되길 소망한다.

1장 살람, 안녕하세요

도착

우리는 오만에 가기 위해 2010년 1월 1일 새벽 5시, 두바이 공항에
도착했다. 오만, 특히 우리가 지내려 하는 부래미에 가는 경로는 여
러 가지다. 그중에서 시간과 경비를 가장 절약할 수 있는 길을 택했
다. 두바이를 거쳐 육로를 이용해 두 시간 정도 차로 가는 길이었다.
비행기에서 내려다본 두바이는 바다를 끼고 있었다. 인공 도시임을
금방 알 수 있었다. 주변은 모두 사막이었다. 희뿌연 구름막 사이로
보이는 크고 작은 건물들 또한 회색빛이었다.

 비행기에서 내렸을 때, 처음 들이마신 공기에서는 습하고 자동차
바퀴 타는 듯한 냄새가 났다. 한겨울 세모, 세찬 눈바람을 맞으며 털
모자 쓰고 인천공항을 떠났는데, 열 시간 만에 도착한 두바이는 반
팔 차림도 무방한 날씨였다. 체크인을 하러 가는 길에 보이는 아랍
풍 옷을 입은 공항 직원들을 보며 걸프지역에 대한 호기심이 부쩍

오만과 환대

생겼다. 입고 있는 옷과 모자가 낯설면서 특이했다. 주로 긴 흰색 캔두라(아랍 남자들이 입는 흰색 원피스로, 오만에서는 '디시다샤'라고 부른다)에 케피야(아랍 남자들이 머리에 쓰는 대형 스카프로, 흰 바탕에 붉은 색 무늬가 있다), 이깔(케피야를 고정시키는 검은 띠) 차림이었다.

'정말 걸프지역에 왔어! 이곳이 아라비아 반도구나!'

택시를 타고 예약한 숙소로 갔다. 기내에서 잠깐 눈을 붙이긴 했지만 찌뿌듯함이 온몸에 남아 있었다. 그러나 내 몸 상태를 생각할 겨를이 없었다. 불 꺼진 비행기 안에서 무엇이 불편한지 한참을 울던 둘째 두리가 숙소에 도착하자마자 더욱 울기 시작했기 때문이다. 서둘러 분유를 타고 기저귀를 간 다음 폭신한 침대에 뉘었다. 두리는 평소보다 훨씬 적게 먹고 잠도 안 자면서 보채기만 했다. 아는 사람도 없고, 길도 모르고, 말도 통하지 않는데 아이가 아프면 어떡하지?

이 숙소에서는 하룻밤만 자고 다음 날 육로로 오만에 들어가기로 계획되어 있었다. 오만과 국경을 접하고 있는 아랍에미리트(UAE)에서 세 번째로 큰 도시 알아인에 사는 지인이 우리 가족을 데리러 오기로 했다. 그때까지만이라도 두리가 버텨 주면 좋을 텐데…. 왠지 오만에 들어가면 무슨 방도가 생길 것만 같았다.

새해 첫날이지만 신년 기분을 낼 엄두도 못 냈다. 계속 보채는 두리와 어리둥절해 하는 첫째 하나를 돌보며 우리 부부는 교대로 틈틈히 쉬었다. 오만에 도착하면 두리를 병원부터 데려가야겠다는 생각을 의식 한쪽에 단단히 꽂아 놓았다.

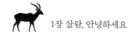

살렘 호텔

2010년 1월 2일, 점심때가 지나 SUV 차량이 숙소에 도착했다. 짐 가방을 풀지 않고 현관 옆에 세워 둔 채 거실에서 기다리던 우리는 바로 차에 올라탔다. 두리의 컨디션은 여전히 좋지 않았다.

아랍에미리트와 오만의 국경은 그리 복잡하지 않았다. 두바이 공항을 통해 아랍에미리트에 입국할 때는 한 달 여행 비자를 받으면서 경비를 전혀 지불하지 않았다. 그러나 출국할 때는 아랍에미리트가 한국과 체결한 비자 비용을 지불해야 했다. 1인당 약 10달러 정도 되었다. 공항으로 출국하면 지불할 필요가 없으나 육로를 통과할 때에는 내야 한다. 차에서 내리지 않고 국경 사무실에 유리창을 내만든 비자 창구를 통해 모든 과정이 해결되었다.

아랍에미리트 비자 창구를 돌아오면 오만 국경 사무실이 나온다. 이곳 또한 차에서 내리지 않고 여권만 보여주면 되었다. 아랍에미리

오만과 환대

트 사람과 달리 오만 사람은 군인 복장을 하고 있었다. 브라운색과 카키색이 섞인 군복을 입고 모자를 쓴 오만 사람이 사무실 창구에서 우리 여권을 받아들고는 차 안을 쭉 훑어보았다. 여권 개수와 사람 수를 확인하는 듯했다.

"함싸?"(다섯 명)

운전을 해준 지인이 대답했다.

"아이와!"(네, 그래요)

그러자 군복 입은 사람이 한 달 비자와 입국 도장을 꽝 찍으며 말했다.

"음, 민 꾸리!"(흠, 한국에서 왔군요)

오만에 들어가는 길은 간단하고 쉬웠다. 군인들은 왜 왔느냐, 무엇을 할 것이냐, 어디에 묵을 것이냐 등 아무것도 묻지 않았다. 그런 질문을 받더라도 마음 졸일 일은 없지만, 질문 없이 통과시키는 것 자체가 우리를 인정하고 받아들인다는 느낌을 주었다. 오만의 첫인상은 그리 나쁘지 않았다.

비자 사무실을 벗어나면서 호주 출신인 운전자가 물었다.

"왜 한국 사람은 비자 비용을 내지 않나요?"

그들은 입국할 때 비자 비용을 냈다고 한다. 나중에 알고 보니 오만에서 비자 비용을 받지 않는 세 나라가 있는데 한국과 뉴질랜드, 브루나이였다. 한국에서 사용하는 천연가스의 60퍼센트를 오만에서 20년간 수입하기로 협약하면서 여러 조건 중 하나로 무비자 입국이 가능해졌다고 한다. 오만에 살면서 한국의 경제력이 얼마나 커졌는

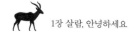

가를 몇 번 체험했다. 세계 200여 국가 사람이 모여 사는 오만 사회에서는 어느 국가 출신이냐에 따라 직업군과 월급이 보이지 않은 선으로 구별된다. 한국의 위치는 상위권에 해당한다.

우리는 국경 바로 옆에 위치한 3성급 살렘 호텔에 여정을 풀었다. '살렘'(salem)은 '안녕', 즉 '평화'라는 뜻이다. 우리가 예약한 방은 거실과 방이 분리되어 있었고, 두리가 잘 수 있는 아기 침대를 따로 받기로 했다. 값은 하루에 10만 원 정도 했다. 집을 얻기까지 이 호텔에서 묵어야 했기에 세심하게 방 구석구석을 살펴보았다. 침구에서는 오래된 먼지 냄새가 나고 보풀도 심했다. 목욕탕에 들어가 보니 욕조와 세면대의 수도 밑으로 붉은 줄이 나 있었다. 물을 틀자 옅은 황토색 물이 나왔다. 다행히 거실에는 제법 큰 냉장고가 있었다. 빨랫대도 있었다. 원하면 세탁기를 욕실에 넣어 주겠다고 했다. 취사도 가능했다.

우리는 곳곳의 먼지와 거미줄을 제거하고 욕조를 깨끗이 닦았다. 그런 다음 하나와 두리를 차례로 씻겼다. 한국에서 가져온 티슈로 온몸을 말끔히 닦고 옷을 갈아입혔다.

저녁에는 남편이 근처 마트에서 사온 빵과 우유, 주스로 요기를 했다. 다행히 하나는 큰 불만 없이 이 상황을 받아들였다. 만 네 살이 안 된 나이에도 말귀를 잘 알아듣고 부모 말에 귀 기울이는 딸 하나에게 한국을 떠나오기 전에 왜 오만에 가는지, 앞으로 그곳에서 어떻게 지낼지를 얘기했었다. 그때는 나조차 기대감과 흥분으로 분명치 않은 일을 막연한 달콤함으로 포장했던 것 같다. 꿈꾸는 듯 하늘을 바라보며 얘기했는데, 하나도 그런 표정을 보며 무언가 아름답고 재미있는 일을 기대했을지 모른다. 그러나 지금 이 순간은 우리가 그렸던 그림과 분명 차이가 있었다. 그래서 조금이라도 상황을 설명해 줘야 할 것 같았다. 하나에게 지금은 이렇지만, 앞으로 잘될 거라고 말했다. 이 말은 나에게 하는 말이기도 했다.

드디어 오만에 왔다. 이제 시작이다. 남은 날이 얼마나 많은가! 우리는 앞으로 함께 그림을 그려갈 것이다. 미지의 세계여서 불안하지만 미리 걱정하지 않기로 했다.

부래미 국경 사무실

마이크

오만에서 맞이하는 첫 날이 밝았다. 두리 몸에서 열이 났다. 우는 표정이 예전과 달랐다. 크게 울 때 얼굴색이 노래지다가 파랗게 변했다. 겁이 덜컥 났다. 남편은 병원을 알아본다며 서둘러 밖으로 나갔다. 한 시간 후 수염이 덥수룩하고 키 큰 미국인과 같이 돌아왔다. 이름은 마이크, 우리를 병원까지 데려다줄 사람이었다.

마이크는 남편이 등록한 아랍어 학원의 원장이다. 남편은 취직 전 1년간 아랍어를 배우는 게 장기적으로 좋겠다고 결론 내리고, 한국에서 미리 이 학원에 등록한 터였다. 표준 아랍어와 걸프지역 아랍어를 동시에 배울 수 있다는 것, 학원 주변에 오만 사람이 많아 언어 실습을 바로 할 수 있다는 이 학원만의 장점이 있었다. 미국인이 이 학원을 운영한다는 점이 특이한 부분이었다. 첫 번째 학기는 1월 하순에 시작되는데, 늦어도 3주 전에는 와야 집을 구하고 주변도 살펴볼 수 있다는 학원장의 조언으로 우리는 굳이 연말연시에 이곳에 온 것이다.

남편은 오래전부터 오만을 마음에 품고 전문인 사역자로 활동하고 싶어 했다. 나한테 말도 하지 않고 혼자 꿈을 키우며 가끔 신밧드의 고향이 오만이라며 어릴 적에 보았던 만화영화 〈신밧드의 모험〉 노래를 뜬금없이 부르곤 했다. 오만과 두바이, 사우디아라비아를 여행했던 이야기도 곁들였다. 그때는 남편의 마음속에 어떤 그림이 있는지 전혀 눈치채지 못했다. 중앙아시아의 K국을 떠나기 불과 6개월 전에야 진지한 고백을 통해 진심을 알 수 있었다.

남편은 자신의 학력과 경력이면 오만의 대학교에 취직할 수 있다는 사실을 적지 않은 시간 동안 알아보았지만, 마음에 주시는 주님의 평안을 확인한 순간 별 고민 없이 오만에 가겠다고 마음먹었다(남편의 별명은 '번개'다). 곧이어 아내인 내게 통보는커녕 명령 수준으로 계획을 말했다. 말려도 소용없다는 걸 나는 알았다. 남편은 무슨일을 추진할 때 주변에서 아무리 말려도 시간이 지체되는 것만 아쉬워하는 성격이다. 그나마 조금 고민한 흔적이 취직 전에 아랍어부터 배우기로 한 결정이었다.

이 아랍어 학원은 학원생들의 거처나 신분을 보장해 주진 않는다. 생활 전반에 걸친 사항을 스스로 해결해야 한다. 새로운 것을 두려워하지 않는 남편과 나는 남에게 도움 청할 일이 생길 것이라고는 생각지 못했고, 쉬운 정착을 꿈꾸며 비행기에 올랐다(이것저것 생각하

고 걱정했다면 쉽게 못 올 곳이 부래미라는 건 살면서 알았다). 그런데 오만에 오자마자 뜻하지 않은 위기를 맞은 것이다.

호텔 방에 들어선 마이크는 다정한 얼굴로 인사했다. 특히 하나에게 찡긋 윙크를 보내며 씨익 웃어 주었다. 누구라도 경계심을 풀만한 따뜻한 미소였다. 나와 남편이 두리를 안고 병원에 갈 채비를 하는 동안 하나는 마이크와 깔깔대며 술래잡기를 했다. 2-3분도 채안 되는 시간이었지만 무거운 공기를 털어내기에는 충분했다.

우리는 아랍에미리트 알아인에 있는 오아시스 병원으로 갔다. 병원은 제법 규모를 갖춘 곳이었다. 외국인이 가장 많이 가는 곳이고, 영어와 아랍어를 병용하기에 모든 절차와 진료가 용이하다고 했다. 선교사가 세운 병원으로 아랍에미리트의 왕들이 주로 이 병원에서 태어났고, 마이크 가족도 이 병원을 이용한다고 했다.

마이크가 우리 대신 진료 접수를 하러 간 동안 남편은 하나의 손을 잡고, 나는 두리를 안고 의자가 많은 공간에 가서 앉았다. 접수를 마치고 돌아온 마이크는 우리를 보더니 당황한 표정을 감추며 남편만 데리고 얼른 다른 곳으로 갔다. 알고 보니 우리가 앉은 곳은 여자 환자나 보호자 대기실이었고 남자 대기실은 따로 있었다. 걸프 지역에서는 남녀 구별이 엄격해 나이와 지위를 막론하고 이 규칙을 지켜야 한다. 남자 대기실을 빼꼼히 들여다보니, 서너 명의 남자들이 어이없지만 참는다는 표정으로 남편을 지그시 보고 있었다.

민망해진 나는 살그머니 주변을 둘러보았다. 역시 서너 명의 여자들이 같은 표정에 딱하다는 눈빛으로 두리를 안고 있는 나와 하나를 바라보고 있었다. 그 순간 부끄러움이 온몸을 확 감쌌다. 모르는 건 수치가 아니다. 그러나 자기도 모르는 잘못이 드러나 주변의 시선을 한몸에 받으면 수치심을 넘어 두려움에 더하여 외로움마저 든다.

그때 하나가 살포시 내 손을 잡아 주었다. 우리는 서로 의지하며 가만히 앉아서 기다렸다. 어린 딸이 내게 이렇게 큰 위로와 힘이 될 줄 몰랐다. 울컥하는 마음을 누르며 나도 하나의 손을 꼬옥 잡았다.

두리

마이크는 우리를 여의사에게 데려갔다. 의사는 인도인이었다. 남편이 두리의 상태를 영어로 설명했다. 그때도 두리는 울고 있었다. 의사는 청진기로 진찰하고 두리의 얼굴을 몇 번이고 살펴보더니 기관지 확장증이라는 진단을 내렸다. 울 때마다 코언저리가 파래지는 건 산소가 충분히 들어가지 않기 때문이므로 바로 입원을 해야 한다고 했다. 그리고 아기 침대가 여러 대 놓인 큰 방으로 안내하더니 두리를 눕히라고 했다. 두리는 나와 떨어지자 몸을 바둥거리며 더욱 크게 울기 시작했다. 나는 다시 두리를 안아 들고 침대에 앉았다. 의사가 조심스럽게 산소호흡기를 꽂았다.

"두리야, 두리야, 엄마 여기 있어. 괜찮아질 거야."

두리는 내 목소리를 알아들은 듯 눈물 맺힌 얼굴로 내 눈을 바라보았다. 눈물이 왈칵 쏟아졌다. 울음 말고는 아픔과 두려움을 표현

오만과 환대

할 길 없는 두리…. 두리는 표정이 점점 평온해지더니 산소호흡기로 숨을 쉬며 슬며시 잠들었다. 숨도 차츰 깊어졌다.

남편과 마이크가 들어왔다. 입원을 시키면 하루에 500달러씩 내야 한다고 했다. 나는 눈이 휘둥그레져 남편을 바라보았다. 보험 적용이 안 되기 때문이었다. 회복되려면 일주일 정도 걸린다지만 선택의 여지가 없었다. 우선 입원하기로 하고 남편은 두리의 분유와 기저귀, 옷가지 등을 챙기러 마이크와 함께 호텔로 돌아갔다. 하나는 아랍어 학원에 다니는 한 한국인의 가정에 잠시 맡기기로 했다. 본 적도 없고 이름도 모르는 사람에게 아이를 맡기자니 마음이 쓰이고 미안했지만 어쩔 도리가 없었다.

병실에는 주로 인도와 필리핀 간호사들이 있었다. 환자와 보호자의 절반 정도는 아랍에미리트 사람이었다. 보호자는 주로 엄마들이었고, 하나같이 검은 아바야(아랍 여자들이 겉에 입는 검은색 원피스)에 쉐일라(아랍 여자들의 머리에 두르는 스카프, 걸프지역 사람들은 주로 검은색을 착용한다)를 둘렀다. 몇몇은 얼굴을 가리는 차도르(아랍 여자들이 외출시 얼굴을 가리기 위해 머리에서 어깨로 뒤집어쓰는 네모난 천)를 했는데 아바야, 쉐일라에 맞춘 검은색이고 아주 얇았다. 그래서 밖에서는 들여다볼 수 없어도 안에서는 밖을 내다볼 수 있었다.

두리는 한동안 깊은 잠을 잤다. 백일잔치를 하고 열흘이 채 안 되어 장거리 비행을 했으니 탈이 날 만도 했다. 이제야 엄마 품에 안겨 세상 편안한 표정으로 자는 두리를 보고 있으니 미안한 마음이 한없이 쏟아졌다. 기관지 확장증이 왜 생겼고 어떻게 해야 낫는지 알

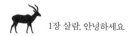

수 없지만, 두리가 나 때문에 아픈 것 같아 괴로웠다. 그런 마음으로 하염없이 아이를 내려다보고 있는데, 자던 아이가 언제부턴가 나를 빤히 쳐다보고 있었다. 잠을 잘 잤는지 울지도 않았다.

나는 무릎에 두리를 앉히고 분유를 정성스럽게 탔다. 산소호흡기는 잠시 빼도 된다고 간호사가 말했다. 두리는 내 얼굴에서 눈 한번 떼지 않고 분유 한 병을 다 먹었다. 아픈 중에도 잘 먹어 주어 기특했다. 조심스럽게 안아 트림도 시켰다. 간호사에게 두리를 안고 나가 좀 걸어도 되냐고 물었다. 신선한 공기를 쐬고 싶었다. 남편이 언제 돌아올지 몰라 메모지를 침대 위에 남기고 나왔다. 얼굴을 마주보기 위해 두리를 앞으로 안았다.

밖으로 나오니 걸을 만한 공간이 있었다. 주차장이지만 차는 별로 없었고, 담장 둘레를 잔디와 나무로 예쁘게 꾸며 놓았다. 정원을 따라 두리를 안고 걸으며 얘기를 나누었다. 두리의 볼과 이마에 수도 없이 뽀뽀하고 볼을 비볐다. 두리가 입을 함박만큼 벌리고 웃기 시작했다.

"까르륵, 까르르, 깔깔깔까르륵."

나도 두리처럼 고개를 젖히고 소리 내어 웃었다.

그렇게 몇 바퀴를 돌고 나니 주차장에 차들이 거의 다 나가고 없었다. 마음이 차분해졌다. 그리고 두리가 더이상 아프지 않을 것이라는 확신이 기쁨과 함께 차올랐다. 나는 두리의 눈을 쳐다보며 자신 있게 선포했다.

"두리야, 하나님께서 너를 낫게 해주셨어. 너의 웃음이 아픔을 다

파한 것 같구나. 입원할 필요도 없을 것 같아. 의사 선생님한테 가서 하나님께서 하신 일을 확인받자."

병실로 돌아왔다. 잠시 후 남편이 가방을 두 개나 들고 왔다. 입원 수속을 하려는 남편에게 의사에게 먼저 가 보자고 했다. 가면서 주차장에서 있었던 일을 얘기했다.

의사는 다시 천천히, 더욱 세밀하게 두리를 진찰했다. 일부러 두리를 울려 보기도 했다. 얼굴에 파란기가 거의 나타나지 않았다.

"통원 치료를 해도 될까요?"

"네, 그러시죠. 아까는 입원해야 하는 상황이었는데 지금은 많이 나아졌네요. 지금 봐서는 하루에 한 번만 확인해도 되겠어요."

우리는 택시를 타고 국경을 넘어 숙소로 왔다. 거미줄이 있고 먼지 냄새 나는 호텔이지만 돌아올 곳이 있어 안심되었다. 남편은 하나를 데리러 갔다. 하나가 돌아오면 우리 가족은 다시 완전체가 된다. 외국에 나오니 가족 한 명 한 명이 더욱 소중하다. 특히 위기의 순간에는 같이 있는 것만으로 말할 수 없이 큰 힘이 된다.

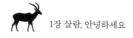

처음 집

두리는 닷새간 통원 치료를 받고 완전히 나았다. 아이의 병명이 기관지 확장증이었는지 아니었는지 우리는 아직도 알지 못한다. 그러나 의사가 그렇게 말했고 진단지에 그렇게 썼다. 도착하자마자 온 가족의 정신을 쏙 빼 간 두리의 병원 사건은 새로운 곳에 적응하기 위해 치러야 하는 의식, 아니면 어떤 대가일지도 모른다고 생각했다. 오만에 도착하자마자 짐도 풀기 전, 두리를 깨끗이 낫게 해주신 하나님의 은혜를 우리는 평생 잊지 못할 것이다.

병원에서 돌아와 두리와 잠시 눈을 붙이고 깰 때까지 하나는 오지 않았다. 날이 어둑해졌을 때 하나를 돌봐 준 한국 분이 하나와 같이 왔다. 젊고 키가 컸으며 인자한 인상이었다. 우리는 알지 못하는 사이인데도 하나를 돌봐 주고 저녁까지 먹여 주어 고마움을 어떻게 표현할지 모르겠다는 마음을 전했다. 그분은 얼마나 놀랐냐며 우리를 위로해 주었다. 우리는 그분을 편하게 '정 선생님'이라고 부르기로 했다.

　며칠 후 정 선생님의 소개로 아파트를 얻었다. 오만의 소도시 부래미에 있는 아파트는 어떻게 생겼을까? 집을 보러 가는 택시 안에서 남편에게 몇 번이나 같은 질문을 했다. 그때마다 남편은 "가 보면 알지"라며 같은 대답을 반복했다. 남편인들 알까?

　아파트에는 방 하나, 부엌, 거실(마즐리스)이 있었다. 가구가 구비된 집을 구했기에 월세는 생각보다 비쌌다. 안방에 2인용 침대와 1인용 침대, 옷장이 있었다. 부엌의 세간살이는 내 키보다 약간 작은 냉장고와 가스레인지, 가스통이 다였다. 복도에는 식탁과 의자 세 개가 놓여 있었다. 마즐리스에는 2인용과 1인용 소파, 탁자가 전부였다. 안방과 마즐리스에 에어컨이 있었다. 화장실에는 수동식 세탁기와 변기 두 개가 있었다. 하나는 수세식이었고, 다른 하나는 쪼그리고 앉아야 하는 반수세식이었다. 반수세식 변기에선 아무도 사용하지 않았는데도 냄새가 났다. 그리고 비데가 있었다.

　방과 마즐리스에 있는 모든 가구는 우리나라 60-70년대에 썼을 것 같은 디자인과 천으로 되어 있었다. 오래되기도 했지만 많이 써 닳아 있기도 했다. 가스레인지 옆에 허리께까지 오는 큰 가스통이 있다는 점이 제일 불안했다. 에어컨 실외기 거치대에 새들이 집을 지어 지저귀는 소리와 배설물 냄새가 진동하는 것도 신경 쓰였다. 도마뱀이 잡기놀이하듯 천장과 벽에 나타났다 사라졌다 하는 것도

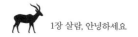

충격이었다. 잠자는 사이에 우리 얼굴에 도마뱀이 떨어질 수 있다는 끔찍한 상상이 들었다.

아파트는 흰색이었다. 바로 앞에 큰 도로가 있지만 출입구는 왼쪽 옆으로 나 있었다. 출입구 맞은편 1층짜리 건물에 커피숍과 야채와 과일을 파는 작은 가게가 있었다. 아파트에는 여러 가구가 살고 있었다. 정확히 말하면 아파트가 아니라 다세대 주택이다. 우리 집은 꼭대기인 3층이었다. 옥상은 편평했고, 전기줄이 여러 갈래로 뻗어 있었다. 창문마다 격자 쇠창살이 붙어 있었다.

우리는 이 아파트에서 4주 동안 살다가 바로 아래 2층으로 이사했다. 똑같은 구조인데 안방 옆에 방이 하나 더 있었다. 첫 번째 아파트에선 아침이면 쌓여 있는 모래와 환기창을 통해 들어오는 비둘기 냄새 때문에 청소하고, 제한된 도구로 하루 세 끼 해 먹느라 시간이 어떻게 가는 줄 몰랐다.

두 번째 아파트에 살면서는 본격적으로 살림을 마련하기 시작했다. 아기침대, 침대보, 그릇, 전기밥솥, 카펫, 젖병소독기 등이었다. 그나마 불안정한 전압으로 밥하는 도중에 밥솥 안에 든 전기선이 타 버렸다. 얼마 지나지 않아 젖병소독기도 같은 이유로 사용할 수 없게 되었다. 오만의 전압은 200-220볼트로 우리나라와 비슷하지만, 전력이 공급될 때 갑자기 300볼트로 치솟아 전기제품이 종종 타 버린다고 한다.

하나는 부래미에 도착하고 얼마 지나지 않아 네 번째 생일을 맞이했다. 그동안 하나에게 제대로 신경 쓰지 못하다가 두 번째 아파

오만과 환대

트로 이사한 후, 생활이 차츰 안정되면서 하나가 눈에 들어오기 시작했다. 그때까지 하나는 불평 없이 묵묵히 기다려 주었다.

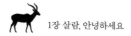

낯선 남자

남편은 오만에 도착하고 3주 후부터 아랍어 학원에 다니기 시작했다. 아침에 남편이 나가면 아이들과 나는 아무데도 나가지 못하고 집에만 있었다. 오만에서 일곱 번째로 큰 도시라고 해서 내심 교통수단도 있고, 쇼핑센터까진 아니더라도 구경할 만한 옷가게와 신발가게, 마트 정도는 있을 거라고 생각했다.

그러나 도착해 보니 부래미는 사막 위에 세워진 조그마한 시골 동네에 불과한, 읍이라 하기에도 작은 곳이었다. 차로 15분이면 동서남북으로 다 돌 수 있었다. 마을버스도 없이 대중교통 수단은 택시밖에 없었다. 택시조차 잡으려면 땡볕 속에서 한참을 걸어 나가야 했고 자주 오지도 않았다. 오만 사람들은 주로 자기 집 차를 이용했고, 체류 외국인들은 통근버스를 타거나 간혹 자전거를 이용했다. 길에서 걸어 다니는 사람은 보기 힘들었다.

시장은 보통 남자들이 보았다. 우리 집도 마찬가지였다. 남편은 걸어나가 필요한 물건을 산 다음 택시를 타고 왔다. 남편은 비닐봉지를 들고 들어오며 말했다.

"여보, 물건 파는 사람들은 모두 남자고, 사는 사람들도 거의 다 남자야."

우리는 오만에서 가장 좋은 계절인 1월에 이곳에 도착했다. 덥지도 춥지도 않은 오만의 겨울이었다. 나중에 알았지만, 이곳의 1월이 세계에서 가장 좋은 1월의 날씨라고 한다! 섭씨 15-25도의 날씨에서는 무엇을 하든지 쾌적하다. 그런데도 2월이 지날 때까지 우리는 작은 아파트에서 옴닥옴닥 우리끼리만 지냈다. 집 밖에 나갔다 오는 사람은 남편뿐이었다. 주말에도 마찬가지였다.

처음에는 집안을 치우고 아이들을 챙기느라 정신없었다. 조금 정리되었을 때는 하나와 놀아 주지 못한 것을 보상하는 데 한 달 정도 집중했다. 그러다가 다소 여유가 생기니 답답해지기 시작했다. 창마다 철창이 있어 감옥에 갇힌 느낌이 들었다.

오후에 남편이 돌아왔길래 하나와 나는 드디어 밖에 나가 걸어보기로 했다. 두 달여 만에 처음이었다. 오후 3시경, 온 동네가 조용했다. 밖에 다니는 사람은 아무도 없었다. 집 앞의 큰 길에도 차조차 거의 다니지 않았다. 내리쬐는 햇빛을 묵묵히 반사하는 2-3층의 흰색 건물들과 땅바닥 모래조차 낮잠을 자는 듯 적막한 거리를 우리는 숨을 크게 들이쉬며 걸었다. 구름 한 점 없이 온통 파란 하늘이 드넓게 보였다. 파란 하늘, 노란 땅, 중간에 하얀 사각형 집들이 눈

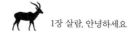
1장 살람, 안녕하세요

에 들어오는 전부였다.

"나오니까 좋아요!"

하나가 말했다.

"나도 좋아. 걷다가 가게가 나오면 아이스크림 사서 먹자."

우리는 기분 좋게 계속 걸었다.

"엄마, 어떤 사람이 우리를 계속 쳐다보면서 쫓아와요."

"응? 어디?"

뒤돌아보니 청바지에 허름한 셔츠를 입은 한 남자가 20미터 정도 뒤에서 고개를 옆으로 돌려 우리를 보고 있었다. 오만 사람은 아니었다. 보통 오만 사람은 캔두라에 꼼마(오만 남자들이 전통적으로 쓰는 둥근 모자)를 쓴다. 일반인 복장은 오만에 일하러 온 서남아시아 사람들이 주로 입는다. 대체로 인도, 파키스탄, 방글라데시에서 온 남자들이다. 그들은 대추야자 농장, 철공소, 가구점, 슈퍼마켓 등에서 일하며, 대개는 차가 없어 해가 없을 때를 골라 걸어 다닌다.

타국에서 고생한다는 생각에 나는 그들에게 측은함과 친근감을 동시에 느꼈다. 나 역시 이곳의 이방인이기에 그랬는지 모른다. 잠시 인사라도 할까 하는 생각을 했지만, 삐딱하게 서서 우리를 보는 모습이 영 호감 가지 않았다. 오히려 불쾌한 느낌을 받을 정도로 눈빛이 이상하게 빛나는 것 같았다.

나는 하나에게 "우리 조금 빨리 걷자"라고 말했다. 그리고 하나의 손을 잡고 부지런히 걸었다. 그 남자는 계속 같은 거리를 유지하며 우리를 따라왔다. 혹시 가는 방향이 같은가 해서 세 갈래 길이 나왔을 때 시내 반대 방향으로 꺾었다. 50미터쯤 가다가 걸음을 멈추고 뒤돌아보니 그 사람도 멈추었다. 여전히 같은 간격에 같은 포즈로 우리를 쳐다보았다.

아무래도 집에 돌아가야 할 것 같았다. 나는 짐짓 아무렇지 않은 척 하나에게 동화를 들려 주며 좀더 빠른 걸음으로 공터를 한 바퀴 돌았다. 남자는 우리만 바라보며 계속 일정한 거리로 쫓아왔다. 나는 하나를 재촉했다.

"하나야, 아빠한테 할 얘기가 있었는데 까먹었다. 집에 빨리 가자."

"응, 엄마. 우리 뛸까요?"

"아니, 그냥 빨리 걷자."

우리가 뛰면 그 남자도 뛸 것 같았다.

모든 상점들이 문 닫고 낮잠을 즐기는 한적한 오후 이 시간에는 친척이라도 서로 방문하지 않는다. 이 시간에 산책 나오는 사람은 더더욱 없다. 우리는 오만의 이 중요한 문화와 루틴을 모르고 있었다. 이 시간에는 밖에서 무슨 일이 일어나도 신경 쓸 사람이 거의 없다. 최대한 빨리 집으로 가는 게 최선이라는 결론을 내리고, 하나의 손을 세게 잡고 뛰듯이 걸었다. 그 남자도 걸음이 빨라졌다. 마침내 저 앞에 우리 아파트가 보였다. 자세히 보니 창문이 오전에 열어 놓은 그대로 열려 있었다.

"하나야, 다 왔어. 조금만 가면 돼."

"그러네. 아빠 하고 부를까요?"

"여보!"

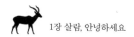

"아빠!"

그 소리를 듣고 쫓아오던 남자가 멈칫했다. 우리는 다시 크게 불렀다. 그때 남편이 창문으로 고개를 내밀었다. 두리를 안고 있었다. 나는 자신감을 얻어 그 남자를 휙 하고 쳐다보았다. 그 남자는 우리와 남편을 번갈아 보았다. 정말 이상한 눈빛이었다. 나는 하나를 안고 건물 안으로 잽싸게 들어왔다.

집에 들어와 손을 닦고 밖에서 있었던 일을 남편에게 얘기했다. 남편은 얼굴을 붉히며 당장 뛰쳐나갈 듯 창밖을 내다보았다. 그 남자는 뒷모습을 보이며 멀리 가고 있었다.

오만에는 전체 인구의 약 45퍼센트에 달하는 외국인이 살고 있다. 걸프지역에 석유가 나면서 전 세계의 많은 사람들이 일자리를 찾아 몰려왔다. 오만도 예외가 아니다. 그중에는 서구 교육을 받아 의사나 교수로 일하는 사람도 있고, 정유회사에 취직해 오일머니의 풍성함을 누리는 사람도 있지만, 대다수는 서남아시아나 아프리카에서 온 노동자들이다. 이들 중 가족과 같이 온 사람은 많지 않다. 이들은 계약에 따라 2년에 한 번씩 고향으로 돌아간다. 그때까지 20-30명씩 모여 생활한다.

그중 한 명이 우연한 시간에 산책 나온 우리 모녀와 마주친 것이다. 그가 왜 우리를 따라왔는지는 아직도 알지 못한다. 그냥 짐작만 할 뿐이다.

오만과 환대

손님

우리가 얻은 아파트는 가구가 구비된 곳이었다. 오만에 올 때 우리 가족의 짐은 한 명당 가방 한 개씩과 두리의 기저귀 가방이 전부였다. 두바이에 도착했을 때, 남편이 급한 대로 가까운 마트에서 전기밥솥과 접시, 수저, 컵을 가족 수대로 구입한 게 아파트로 들어갈 때 우리가 소유한 살림이었다.

아파트에 구비된 가구는 가장 기본적인 것으로 한국에서 60-70년대에나 볼 수 있는 구식인 데다가 낡아 손잡이 같은 것이 쉽게 떨어지곤 했다. 그러나 다른 선택의 여지는 없었다. 필요한 만큼 현대적인 가구를 사기엔 재정이 없기 때문이었다. 맛에 민감한 남편에게는 끼니 때마다 차지게 엉겨 붙은 밥맛이 언제나 그리움이었다. 그나마 있던 밥솥도 고장나 냄비밥을 지어야 했다. 마침 안부 연락을 해온 한국의 한 친구에게 한국 전기밥솥을 인터넷으로 주문할 테

니 오만까지 부쳐 달라고 부탁했다.

그 과정에서 오만에는 집 주소가 없다는 사실을 알게 되었다. 거리 이름도, 건물 번호도 없다. 주소가 없으니 외국에서 부친 편지나 짐을 집에서 개인적으로 받아볼 수 없다. 그동안 오만 사람들은 우체국을 이용했다고 한다. 우체국 사서함 하나를 1년치 사용료를 내고 빌리는 것이다. 거주비자 없이는 사서함을 만들 수 없기에 아랍에미리트 알아인에 사는 지인의 사서함을 통해 전기밥솥을 무사히 받았다.

이렇게 소소하게 부딪히는 대로 문제를 하나하나 해결하며 살아가던 어느 날, 두바이에서 손님이 왔다. 남편이 6개월 전 혼자 오만 정탐여행을 하면서 두바이에 들렀을 때 만난 분이다. 연배는 우리보다 위이고, 중국계 미국인으로 두바이 아메리칸 병원에서 의사로 일하고 있었다. 우리가 오만에 왔다는 소식을 듣고 국경을 넘어 방문한 것이다. 그분은 주말을 이용해 왔다. 당시에 오만의 주말은 목요일, 금요일이었다(2013년에 금요일, 토요일로 바뀌었다). 모든 관공서와 학교가 수요일에 끝나면 목요일, 금요일에는 출근하지 않고 쉬었다. 걸프지역에서 주말이 목요일과 금요일인 나라는 오만과 예멘, 사우디아라비아뿐이었다. 아랍에미리트는 금요일과 토요일에 쉬다가 나중에 토요일, 일요일로 휴일이 바뀌었다.

하나는 모처럼 손님이 와 기분이 좋은지 방과 거실을 뛰어다녔다. 두리도 누나의 모습을 보고 소리치며 자신의 존재를 알렸다. 남편과 손님이 대화를 나눌 수 있도록 나는 아이 둘을 데리고 방으로 들어갔다. 30분 정도 지나서 남편이 문을 두드렸다. 손님이 벌써 가신다고 했다. 서운하고 미안했다.

아이는 아니지만 나 역시 손님이 오는 걸 좋아한다. 손님이 오는 김에 집안을 깨끗이 정리할 수 있고 맛있는 음식도 먹을 수 있기 때문이다. 무엇보다 사람을 사귈 수 있어 좋다. 오만에 온 지 얼마 안 되었지만 우리는 누군가와 가깝게 지내길 바라고 있었다. 마음과 정을 나눌 어른이 필요했다. 잠시지만 손님의 방문으로 우리는 든든함을 느꼈다. 막연한 두려움과 외로움이 가시는 것 같았다. 손님은 하나와 두리에게 친구처럼 따뜻하고 인자한 미소를 지어 보였다. 그것으로 충분했다.

그분은 하나와 두리를 각각 안아 주고는 집안을 둘러보았다. 우리의 형편을 살피는 것 같았다. 남편은 손님을 배웅하러 같이 밖에 나갔다. 잠시 후 남편이 돌아왔다.

"여보, 이것 봐요."

"열쇠네요?"

"손님이 주고 가셨어요. 우리에게 차 없는 걸 알고는 차 구할 때까지 쓰라고 굳이 놓고 가셨어요."

"그분은 어떻게 두바이로 가시게요? 출근도 해야 할 텐데."

"택시 타고 가시겠대요. 아내 차도 있고, 두바이에는 버스와 전철도 있다면서…."

우리는 할 말을 잃었다. 차가 없어 가족이 다 같이 시장에 가 본 적 없고, 바람 쐬러 가는 건 생각조차 못했던 날들이 휘익 스쳐지나

갔다. 잠깐 사이에 어떻게 그런 결정을 했을까? 고마웠지만 큰 신세를 지는 것 같아 부끄럽기도 했다.

그분의 차는 중형 세단이었다. 연식이 10년 넘었지만 우리에게는 과분했다. 이후로 우리는 이 빚을 갚으려고 몇 번이나 노력했다. 그러다가 어느 날 알게 되었다. 멋있는 식사를 대접하고 선물을 함으로 우리의 마음을 표현할 수는 있지만, 그 내외 분의 마음을 더 깊이 알고, 주님 안에서 우정을 맺어 가는 게 더 소중하다는 것을….

이미 풍요로움을 다 누려 본 그분은 자신을 과시하지 않고 축소하는 삶을 살고 있었다. 그 사실을 나중에 그분의 집에 가서야 확인했다. 부부가 둘 다 의학박사이고 사회적으로 그에 맞는 대접을 받고 있지만 삶은 겸손하고 소박했다. 생각과 말과 삶이 일치하는 생활을 하고 있었다. 그런 분이 가까이 있어 늘 든든했다. 삶 자체로 멘토가 되어 주신 그분과는 지금까지 존경하는 마음으로 친분을 맺고 있다.

하나

방이 두 개가 되면서 자연스레 방 한 개를 하나에게 주었다. 하나는 전부터 자기 방이 있으면 좋겠다고 말했다. 우리도 그 나이에 한창 좋아할 핑크색 이불과 커튼을 달아 주는 상상을 하며 그런 날이 언젠가 올 것을 꿈꾸었다. 드디어 그날이 왔고, 우리는 나름 방을 꾸며 주었다. 그리고 같이 기뻐했다.

그런데 알고 보니 하나는 자기 방보다 더 원하는 것이 있었다. 우리 부부는 그게 무엇인지 바로 알아차리지 못했다. 처음에는 혼자 자는 게 무섭다고 해서 서너 번 같이 잤다. 그러나 하나가 잠들면 다시 안방으로 돌아왔다. 어린 두리를 돌보기 위해서였다. 하나는 자고 일어나면 옆에 있을 줄 알았던 엄마가 없다는 걸 알고는 이렇게 말했다.

"엄마, 내 옆에 끝까지 있어 봐. 나 자는 모습도 보고, 나 노는 모

습도 보고, 나랑 같이 그림도 그려. 나는 다른 것도 배우고 싶어."

또 한날은 이렇게 말했다.

"나는 언제 친구 만나? 엄마가 안 놀아 주면 친구랑 놀면 되는데."

이런 질문들 속에는 하나가 원하는 것이 따로 있다는 걸 깨달아야 했다. 마음에 원하는 것이 많지만 구체적인 말로 표현을 하지 못했을 뿐인 하나. 그것은 엄마나 아빠와의 친밀감 있는 놀이와 대화 시간, 자기 존재를 알리고 인정받고 싶어 하는 마음, 그리고 친구였다. 우리 부부는 그 부분에 민감하지 못했다. 어떤 말을 해도, 무엇을 줘도 잘 받아들이는 하나를 나는 마치 어른처럼 생각하고 있었다. 그런 깨달음이 들면서 하나에게 끝을 헤아릴 수 없이 빚진 마음이 들었다.

그래, 맞다. 엄마하고만 노는 데는 분명 한계가 있다. 공감하고 즐거움을 나눌 또래 친구가 필요했다.

하나가 갈 만한 유치원을 알아보지 않은 건 아니다. 그러나 부래미에는 유치원이라는 기관 자체가 없었다. 몇 달 만에야 오만 아이들이 다니는 어린이집(데이케어)을 찾았다. 그곳은 0세에서 초등학교 들어가기 전인 6세까지, 초등학교 전의 모든 연령을 아우르는 곳이었다. 아이들은 영아, 2-3세, 4-5세, 6세로 나뉘어 한 방에 한 그룹씩 모였다. 유아교육을 전공한 선생님도, 아이들을 위한 프로그램도 없었다. 아이들이 노는 것을 옆에서 지켜보고, 음악 틀어 주고, 심심하면 그림도 그릴 수 있게 책상과 의자 정도를 갖춘 곳이었다. 2층짜리 가정집에 영어를 사용하는 필리핀, 혹은 오만 여자 선생님들이 있었다. 도시락과 간식은 각자 준비해야 했다.

시험 방문을 한 하나는 당장 가겠다고 했다. 말이 통하지 않아도 또래와 같이 지내는 것이 집에 있는 것보다 좋다고 했다. 처음 한두 주 동안 우리는 매일 하나에게 오늘은 어땠냐고 물었다. 하나는 아랍어도, 영어도 할 줄 몰랐지만 자기 눈높이에서 보고 느낀 것을 얘기했다. 시간이 지나면서는 조금씩 왜 친구가 그런 행동을 했는지, 선생님이 무엇을 원했는지 등 전에는 이해하지 못한 부분을 말하기도 했다. 하나가 큰 불평 없이 어린이집에 다니는 건 감사했지만, 그저 시간만 때우고, 계획에 따른 놀이나 활동, 돌봄이 없는 것 같아 돌파구가 있으면 좋겠다는 생각이 들었다.

우리는 하나의 교육을 위해 하나님께 기도하기 시작했다. 시간을 정하면 더 집중할 수 있을 것 같아 40일 기도를 작정했다. 매일 저녁 예배 후 같은 시간에 마음을 모았다. 기도하면서 우리의 무계획 속에 하나님께서 얼마나 따뜻하고 소중한 긍휼을 베풀어 주셨는지 깨닫게 되었다. 고국을 떠나 사역지에 들어가면서 자녀의 성장에 맞춘 양육 계획과 준비가 전혀 없었던 우리에게 주님은 아버지의 마음과 책임을 기도 중에 직접 가르쳐 주셨다.

40일을 채워 갈 무렵 부래미에 국제학교가 생긴다는 플랭카드가 걸렸다. 믿기지 않았다. 인구 8만에 불과한 작은 도시에 국제학교가 생긴다니! 소박하고 작은 시골에, 커피 한 잔에 300원이고, 버스도 없고, 전기도 맘대로 나가고, 밤이면 사막개가 돌아다니며 짖어대고, 변변한 마트도 체육관도 없는 곳에 말이다. 하나님께서 우리의

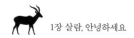

기도를 들어주신 걸까? 이미 계획해 놓고 기도하게 하신 걸까?

하나님의 기도 응답이라는 확신 없이, 의문을 가득 안고 소문의 끝을 찾아갔다. 교장 선생님 될 분이 새 사무실에서 비서와 함께 방문객들을 맞이해 상담하고 있었다. 남아프리카공화국 출신인 그는 카타르와 쿠웨이트에서 국제학교를 운영해 본 짧지 않은 경륜을 가진 분으로, 이 지역의 영주(쉐이크)가 요청해 오게 되었다고 한다. 학교 문은 8월부터 열리고, 시작 단계이므로 유치원부터 2학년까지만 운영한다고 했다. 교사 채용도 이미 마친 상태였다. 학비는 우리가 알고 있던 국제학교 비용보다 많이 낮았다.

집으로 돌아오며 우리 부부는 아무 말도 하지 않았다. 아니 아무 말도 할 수 없었다. 저녁을 먹고 나서 남편이 말했다.

"기도 응답이 너무 확실하네. 우리 하나를 위해 하나님께서 이곳에 국제학교를 지어 주시네!"

이곳에 올 때 우리는 하나의 교육에 어떤 계획도 없었다. 그래선지 기대도 없었다. 아이가 아직 어리니 남편이 직장을 구하면 거주지도 자녀 교육도 자연스레 정해질 테고, 보낸다면 현지 학교를 막연히 생각했었다. 국제학교는 꿈에도 생각지 못했다.

하나는 기존에 다니던 어린이집을 여름까지 충실히 다녔다. 그리고 다음 학기에 타왐국제학교 유치원생으로 입학했다.

그러나 오만의 학제와 시골 국제학교의 실상을 알기까진 그리 오랜 시간이 걸리지 않았다. 외국인은 현지인 학교에 갈 수 없기에 어떤 모양으로든 '국제'라는 이름이 들어간 학교에 다녀야 한다는 걸

　　　　　　　　　　　　　　　　　오만과 환대

학기 중에 알게 되었다. 그렇더라도 이 학교가 생기지 않았다면, 하나는 초등학교도 들어가지 못했을 것이다. 이 학교는 분명 하나님께서 하나를 위해 예비하신 곳이었다. 그래서 우리 가족의 기쁨은 더없이 컸다.

국기를 들고 있는 오만의 어린 학생들과 두리

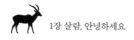

신고식

생활에 조금씩 루틴이 잡혀 갔다.

남편은 매일 오전 8시쯤 아랍어 학원에 갔다 오후 1시경에 돌아왔다. 하나는 남편이 나가면서 어린이집에 데려다 주고, 돌아오면서 데리고 왔다. 오전에 나는, 아침식사를 준비하고 설거지를 하고 집안 정리를 했다. 그 사이에 두리는 폭풍성장을 하고 있었다. 새들이 노래하는 것처럼 옹알이하는 두리와 눈을 맞추며 얘기하다 보면 시간이 어떻게 가는 줄 몰랐다.

남편은 아랍어가 너무 재밌단다. 한국어나 영어와 달라 신기하고 흥미가 자꾸 생긴다나? 그날 배운 것은 그날 복습하고 싶어 했다. 그러나 '세 마리의 하이에나' 때문에 공부할 시간과 공간을 확보하기가 쉽지 않았다. 어찌어찌 낮이 지나가고 밤이 되면 아이들을 씻기고 재우는 게 가장 큰 일이다. 하나는 책을 읽어 주거나 이런저런

오만과 환대

이야기를 해주면 조용히 잠든다. 두리는 잠들기 전까지 할 말이 많다. 눈을 반짝이며 옹알이를 열심히 한다. 불을 꺼도 이야기는 끝나지 않는다. 처음에는 상대해 주지만, 일부러 점차 조용해지다가 나중에 가만히 있으면, 열심히 떠들던 두리도 어느 순간 조용해진다. 두 아이가 잠들면 그때부터 남편은 본격적으로 아랍어 숙제를 한다. 그동안 나는 빨래를 돌리거나 개고, 장난감을 치우고, 젖병을 소독한다.

생활에 루틴이 잡히면서 심리적으로 안정감을 찾았다. 그러나 얼마간 여유를 느낄 때, 몸에 이상증상이 나타났다. 대소변에 피가 섞여 나오고 통증이 있더니 점점 심해지기 시작했다. 급기야 앉아 있기도, 누워 있기도, 서 있기도 힘들었다.

어느 날 화장실에 갔는데 변기에 피가 한 가득 고여 있었다. 인터넷으로 증상을 검색해 보니 요로 감염 같았다. 주변을 통해 소염제를 구해 먹었으나 차도가 없었다. 그보다는 새벽에 잠을 좀더 자고 낮에도 틈틈히 쉬면서 피곤을 덜었더니 증상이 조금은 나아졌다. 2주 정도 지나니 통증이 어느 정도 사그라들고 혈뇨도 점점 없어졌다. 그러나 문제는 여기서 끝나지 않았다.

이번에는 대변에서 피가 묻어났다. 예상대로 며칠 지나 치질이 생겼다. 요로 감염보다 훨씬 힘들었다. 이번에는 병원에 가야 할 것 같았다. 한국에 들어가 치료를 받고 오는 게 가장 좋겠지만, 그 말을 입 밖에 내지 못했다. 경비도 문제지만 치료받는 동안 아이들을 맡길 곳도 마땅치 않고, 이렇게 한국으로 가면 다시 돌아오고 싶지 않

은 마음이 들까 봐 차마 입이 떨어지지 않았다.

지난 몇 달 동안 이곳에 정착하면서 소비한 에너지, 그리고 열심… 그러나 이제 호기심은 마르고 의지도 빛이 바랬다. 조금만 견디면 직장을 잡고, 아이들도 안정권에 접어들겠지 하는 희미한 불빛만 꺼질 듯 남아 있었다. 그런 와중에도 우리 부부는 비록 잿더미 밑의 숯불이더라도 잘 말린 장작이나 석탄을 만나면 다시 타오를 것이라는 기대감은 버리지 않았다.

그러나 현실은 무슨 일이든 병이 낫는 쪽으로 결정해야 했다. 경제적인 여유가 없고 보험도 되지 않아 현지 병원에 가는 것은 일단 제쳐 놓았다. 누군가가 정기적으로 아이들을 돌봐 주면, 덕분에 쉬면서 몸이 회복되련만 그마저도 실현 가능성이 없어 보였다.

우리는 최후의 보루인, 그러나 가장 확실한, 어쩌면 처음부터 가장 안전하게 맡길 만한 하나님께 기도하기 시작했다. 기도는 바로 응답되지 않았다.

4월이 지나자 기온은 45도가 넘기 시작했다. 방에는 소리가 요란해도 에어컨이 있었지만, 가장 열이 많이 나는 부엌에는 에어컨이 없었다. 하루 세 끼 음식을 준비하고, 아이들 간식을 수시로 마련해야 하는 주부 입장에선 덥다고 부엌에 안 들어 갈 수 없었다. 특히 점심식사를 준비하고 나면 400미터 전력질주를 다섯 번 한 사람처럼 녹초가 되었다. 그런 후 제대로 쉬지 못하고 허겁지겁 점심을 먹고 나면 온몸이 노곤해지면서 모든 관절이 풀리는 느낌이 든다. 그때 두리와 같이 낮잠을 자면 꿀잠이다. 그러나 뱃속의 음식은 소화

불량을 일으켰고, 온몸에 염증을 유발시키는 병균으로 차곡차곡 쌓여 갔다.

병을 얻고 나서 잘못된 생활습관을 깨닫는 것처럼 무기력한 일도 없다. 이것은 내가 시간을 조절하고, 에너지를 균형 있게 관리하고, 체력을 보강하는 동시에 휴식 총량의 법칙을 지켜야 하는, 내 책임에 속한 문제였다.

그러나 나는 이 문제를 한없이 긍휼을 베풀어 주시는 하나님께 맡기며 기도했다. 이건 혹시 책임 회피가 아닐까? 하나님께서 내 기도를 듣고 요로 감염과 치질을 낫게 해주시면, 나는 하나님을 어떻게 이해해야 할까? 내가 하나님이라면 이런 막무가내식 기도는 응답을 미루든, 오히려 더 병을 생기게 해 즉시 병원으로 달려가게 할 것 같은데….

게다가 나라는 인간은 포기하지도 않았다. 남에게 말하기도 민망한 병명을, 그것도 하루이틀 만에 생명이 오가는 절박한 병도 아닌 것을 놓고 매일 정한 시간에 기도하며 나아갔다. '이런 경우 하나님 입장이라면 어떨까?' 하는 생각을 하면서도 기도를 쉬지 않았다. '병이 나을 때까지 기도해야지' 하는 각오도 없었다. 다만 새로운 소망을 간신히 붙잡으며 쉬지는 않았다. 그렇게 4주 정도를 보낸 것 같다. 어느 순간 내가 멀쩡해져 있는 걸 느꼈다. 시간의 힘인가?

그렇지 않다. 적어도 나는, 아니 내 몸은 그렇지 않다는 걸 안다. 하나님께서 치유해 주셨다. 긍휼 많은 하나님께서 나를 불쌍히 여겨 어느 날 병들을 조용히 가져가신 것이다. 나에게 쉬지 않고 기도

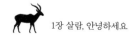

하게 하면서 조금씩 조금씩 그 기도에 응답해 주신 것이다. 두리에게는 단번에, 하나에게는 정한 시간에, 나에게는 시간을 두고 점차⋯. 오만은 이렇게 우리를 몸으로 새롭게 하시는 하나님을 만나게 해주었다. 우리는 오만이라는 땅에 우리가 왔고 잘 이겨냈다는 신고를 했다.

어느 때보다 감사의 기도를 깊이 그리고 오래 드렸다. 이렇게 우리를 오만에 붙잡아 두시는 이유가 무엇일까 궁금해 하면서⋯.

오만과 환대

2장
아흘란 와 싸흘란,
환영합니다

하리스

뜨거운 날씨가 더 뜨거워지는 걸 뭐라고 표현하는지 모르겠다. 서양 사람들은 오만 내륙의 여름 날씨를 '핫'(hot)라 하지 않고 '힛'(heat)이라고 한다. 구름 한 점 없는 파란 하늘이 바랠 정도로 내리쬐는 햇빛과 노란 모래가 강렬하게 대면하는 공간에 어떤 생물이 감히 존재를 드러낼 수 있을까? 파란색과 노란색, 그 세계 사이에서 5분만 걸어 보시라. 얼굴과 온몸이 따가워지면서 땀이 나기 시작한다. 땀을 닦아도 따갑기는 여전하다. 사면에서 열이 나오고 바닥까지 뜨끈뜨끈한 사우나에 있으면 이런 느낌이 들지 모르겠다. 오만에서는 낮에 아무도 걸어 다닐 수 없다. 특히 6, 7, 8월이 그렇다.

이렇게 점점 따가운 계절 속으로 들어가면서 우리 가족은 처지기 시작했다. 한여름에 숨을 헐떡이는 개들처럼 우리는 집안에서 겨우겨우 숨쉬며 지내는 형편이었다.

오만과 환대

그러던 어느 날, 미국인 사역자 가정이 본국으로 철수하면서 그 집이 렌트로 나왔다. 남편과 함께 가 보았다. 현재 살고 있는 아파트에 비하면 고급 저택 같았다. 대문 입구에서 현관까지 양 옆으로 라벤더나무가 허리 높이까지 자라 있었다. 왼쪽의 라벤더나무 뒤에는 대추야자나무가 두 그루 서 있었고, 광야에서만 자란다는 가시 달린 잎사귀 나무가 서너 그루 있어 마치 신세계의 정원에 들어선 기분이었다. 나무만 봐도 숨이 트이는 것 같았다. 하루 종일 현관 밖에 한 번도 나가 보지 못한 두리와 내게 그곳은 천국 같았다. 오른쪽으로는 작은 자갈을 깐 마당이 있었다. 하나는 그곳을 몇 바퀴나 돌면서 외쳤다.

"엄마, 여기서 우리 잡기 놀이해도 되겠어요."

우리는 이사하기로 바로 결정했다.

다행히 모든 살림 도구와 전자제품과 가구를 싸게 넘겨받기로 했다. 더 감사하게도 이 큰 저택은 현재 살고 있는 작은 아파트와 집세가 같았다. 이사 전날 우리는 떠나는 가정에게 인사하고 열쇠도 받을 겸 저녁을 먹고 느긋하게 그 집에 들렀다. 정리되지 않은 물품들이 바닥에 흩어져 있고, 싸다 만 가방도 방마다 한두 개씩 세워져 있었다. 그때 문 밖에서 부부처럼 보이는 오만 사람 둘이 쭈뼛쭈뼛 걸어오더니 미국인 부부와 악수하며 인사를 했다.

"인사 나누세요. 옆집에 사는 분들이에요. 우리하고 8년 반 동안 가깝게 지냈어요."

"아살람 알레이쿰!"(평화가 있기를 바랍니다)

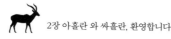

여자는 여자끼리 남자는 남자끼리 악수로 인사를 나누었다. 남편이 조금 배운 아랍어로 우리는 한국에서 왔고, 가족은 모두 네 명이라고 소개했다. 통성명도 했다.

오만 여자 분이 하리스라는 음식을 가져왔는데 양이 많으니 같이 먹고 가라고 우리를 붙잡았다. 미국인 부인이 잘됐다면서 우리에게 앉으라고 권했다. 처음 먹어 보는 오만 음식이었다. 앉을 자리가 마땅치 않아 모두 엉거주춤 서서 하리스를 먹기 시작했다. 닭고기 죽과 비슷하지만 그리 묽지 않고 보리로 만들어 식감이 더 있었다. 우리 가족은 저녁을 먹었는데도 하리스 한 접시를 다 비웠다. 오만 가족은 그런 우리를 보며 웃었다.

이튿날은 이사하느라 정신이 없었다. 감사하게도 한국인 여러 분이 와서 궂은일을 도와주었다. 다들 돌아가고 나서 남편은 하나와 함께 마당에서 신나게 라벤더에 물을 주고, 나는 나무 있는 집이 주는 설렘과 수많은 상상에 들떠 저녁식사 준비도 잊고 방방마다 다니며 쓸고 닦기를 하고 있었다. 두리는 보행기를 씽씽 몰며 나를 쫓아다녔다. 그때 벨 소리가 들렸다.

"엄마, 오만 아줌마예요!"

어제 저녁에 만났던 오만인 이웃이었다. 이번에는 자녀들까지 데리고 왔다. 남편이 대문에서 그들을 맞이했다.

"아흘란 와 싸흘란!"(환영합니다)

"아흘란 와 싸흘란! 데화달리"(환영합니다. 들어오세요).

오만과 환대

나도 따라 말하며 그들을 맞이했다. 그들은 조용하지만 주저 없이 집안에 들어왔다. 그러더니 안내하지도 않았는데 손님용 거실인 마즐리스로 갔다. 마치 자기 집처럼…. 이 집의 구조와 용도를 우리보다 더 잘 알고 있는 것 같았다. 현관에 연결된 거실로 가지 않고 마즐리스로 직접 가는 이유를, 혼자 생각에 이사 온 우리가 잘 알지 못하니 알려주려고 하는 거라고 여겼다. 내 생각은 그들과 점점 친해지면서 반만 맞았다는 걸 알았다. 우리 집 구조를 잘 알고 있다고 해도 오만 사람들은 절대 주인을 앞서지 않는다. 오만 사람들은 남자가 있을 때는 여자들이 주로 사용하는 현관에 들어가는 걸 삼간다. 더욱이 방문자는 친척이라 하더라도 남자라면 사랑방처럼 사용하는 마즐리스로 들어가는 것이 예의라는 걸 나중에 알았다. 남녀가 유별한 문화와 전통이 소소하지만 생활 전반에 자리 잡고 있었다. 그래서 집집마다 마즐리스가 있다.

마즐리스에서 우리는 다시 인사를 나누었다. 아버지의 이름은 아흐멧, 어머니는 파티마, 큰딸은 누르, 큰아들은 아하스, 둘째 딸은 후다, 둘째 아들은 아싸드, 막내딸은 와다였다. 3녀 2남을 둔 가족이었다. 그날 밤 이름을 적어 놓지 않았다면 생소한 아랍어 이름에 적응하는 시간이 아주 길었을 것이다.

그들은 비닐봉지로 곱게 여민 접시 몇 개를 내밀었다. 풀어 보니 어제 먹었던 하리스였다. 따끈따끈했다. 아주머니의 말을 큰딸이 영어로 통역해 주었다.

"우리나라에선 누군가가 떠나가거나 새로 오면 하리스를 대접해요. 어제는 떠나는 가족에게 잘 가라고 인사한 거고, 오늘은 여러분을 환영한다는 뜻이에요. 여기 살던 미국인 가정과 우리는 친하게 지냈어요. 여러분과도 이웃이 되었으니 친해지면 좋겠어요. 필요한 게 있으면 언제든지 말씀하세요."

그들은 이 말을 남기고 갔다. 뜨거워 바로 먹기 힘든 하리스를 앞에 놓고 우리는 감사기도를 드리지 않을 수 없었다. 음식만큼이나 뜨거운 이웃의 온정으로 그동안 오만에 적응하면서 쌓인 긴장감과 경계심이 살살 녹는 것 같았다.

잠시 후 다시 벨이 울렸다. 나가 보니 큰딸이 와 있었다.

"시장을 못 봤을 것 같다고 엄마가 가져다 주랬어요."

큰딸이 내민 커다란 봉지에는 여러 종류의 야채와 과일, 빵, 과자(오만칩스)가 들어 있었다.

하루 종일 짐 옮기고 정리 정돈하고 쓸고 닦을 때에는 가만히 있던 배가 갑자기 꾸르륵 사중창을 해댔다. 하리스는 다섯 접시였다. 그 많은 걸 우리 네 식구는 핥듯이 깨끗하게 먹어 치웠다.

아흐멧 가정을 통해 그렇게 우리는 오만의 환대 문화에 입문했다.

남남 여여

새 집에서 새로운 경험으로 하루하루를 채워 갔다.

우선 마즐리스는 우리 가족에게 마음의 여유를 주었다. 두리는 그곳에서 발바닥이 딱딱해질 정도로 보행기를 밀고 다녔고 나중에는 걸음마 연습도 했다. 하나는 장난감을 모조리 펼쳐 놓고 기분에 따라 인형놀이, 종이접기, 그림 그리기를 하며 맘껏 놀았다. 남편은 저녁마다 라벤더와 종려나무에 물을 주면서 사막에서 흠뻑 물 줄 수 있는 게 신기하다고 매번 말했다. 나는 공간이 넓어지고 더 생긴 만큼 마음의 여유를 찾았다. 게다가 집세는 지난 몇 달간 살던 아파트와 똑같았다. 헐값으로 받은 가구와 전기제품은 실용적이고 현대적이었다. 처음에 적응하면서 고생한 보상을 받는 듯했다.

그러나 흥분이 가라앉으면서 안 보이던 것이 눈에 들어오기 시작했다. 오래된 집이었고, 아파트에선 가끔 보았던 도롱뇽이 서너 마리씩 방방마다 돌아다녔다. 나무 방문은 낡은 데다가 흰개미들이 파먹어 구멍이 숭숭 뚫려 있었다. 바닥 타일이 가장 심란했다. 오래되었고 카펫을 풀로 붙였던 자국이 많아 아무리 청소를 해도 깔끔하지 않고 풀이 묻어났다. 어차피 날이 뜨거워 밖에 나가지 못하니 여름방학에 집단장할 계획을 세우고 조금씩 손을 보았다.

그러는 동안 이웃인 아흐멧 가족과 가끔씩 음식을 나누었다. 그 집에서는 오만의 전통음식과 직접 만든 케이크와 빵 등이 왔다. 우리는 무난하게 케이크나 과일을 사서 보냈다. 서로 설레는 마음으로 탐색하듯 음식을 나누다가 드디어 아흐멧의 집에 초대를 받았다.

무엇을 입고 갈지, 무슨 선물을 준비할지, 대화는 어떻게 할지 고민했다. 일단 오만 사람들이 거북하게 느끼지 않을 단정한 복장을 하기로 했다. 여자는 치마 길이가 복숭아뼈 이상 올라가면 안 되고, 소매는 손목이 보여서는 안 되며, 남자는 바지 차림에 웃옷이 되도록 엉덩이를 덮어야 한다고 들었다. 첫 방문이라 예쁜 케이크를 샀다. 사막 지역이어서 비쌌지만 꽃다발을 준비하고, 한국에서 가져온 소소한 선물도 챙겼다.

벨을 누르자 아흐멧이 대문을 열어 주었다. 대문 옆 왼쪽에 맞대어 마즐리스가 있었다. 문이 활짝 열려 있었고, 아흐멧은 남편에게 그곳에 들어오라며 먼저 신발을 벗고 들어갔다. 나와 하나도 신발을 벗고 따라가려는데 파티마가 소매를 끌었다. 큰딸 누르가 "여자들은 안으로 들어가야 해요"라고 말했다. 여자들을 위한 방은 다섯 계단을 올라가니 나왔다. 바로 옆에 화장실이 있었다. 방에는 카펫이 깔려 있고 사방 벽에 응접 세트가 붙어 있었다. 파티마는 잠시 기다리라고 하면서 나갔다.

큰딸과 둘째, 셋째 딸이 조용히 앉았다. 큰딸은 국립 부래미 병원의 병리과에서 근무하고 있었고, 둘째 딸은 고등학생, 막내딸은 초등학생이었다. 모두 눈이 크고 코도 오똑하며 입술도 예뻤다. 우리 집에 잠시 왔을 때는 검은 아바야를 입고 있었는데, 그날은 화려한 꽃무늬 롱드레스인 캔두라를 셋이 맞춰 입었다. 머리에 쓴 쉐일라도 화사하게 각각 파란색, 보라색, 노란색이었다. 세 사람은 우리가 한국인이라는 데 많은 호기심을 드러냈다. 특히 둘째는 한국말을 섞어 "〈꽃보다 남자〉 봤어요?"라고 묻기도 했다. 한국 드라마를 얼마나 보았는지 나보다 많이 알고 배우들의 이름도 꿰고 있었다.

20분 정도 지난 후, 파티마가 큰 쟁반에 망고, 사과, 오렌지, 포도 등의 과일과 물과 컵을 가지고 들어왔다. 알고 보니 남자들이 먼저 먹고 남은 과일을 가져오는 것이었다. 그것이 오만의 관례였다. 파티마는 우리 앞에서 직접 과일을 깎았다. 아무도 손대지 않은 신선한 과일을 대접하니 안심하라는 의미라고 한다. 세숫대야 크기의 넓은 대접에 깨끗한 물을 받아온 점이 특이했다. 과일을 먹기 전후에 손을 씻는 용도였다. 오만의 식사 문화는 위생이 철저하다. 먹을 때는 무조건 오른손을 쓰는 것이 예의이면서 법도다.

과일을 먹은 후 손을 씻고 조금 기다리니 밥이 나왔다. 노란빛을 띤 길쭉한 쌀밥 위에 양고기가 얹혀 있었다. 지름이 45센티는 족히

오만 중산층 가정의 마즐리스. 벽을 빙 둘러
응접 세트가 놓여 있고, 바닥에는 카펫이 깔려 있다.

오만과 환대

되는 큰 쟁반에 담겨 있었다. 브리야니라는 오만의 전통음식이었다. 오이, 토마토, 양파를 작게 썰고 파슬리를 다져 넣은 샐러드도 나왔다. 주식 역시 남자들이 먼저 먹은 나머지를 여자들이 건네받았다. 나와 하나의 분량은 쟁반에 따로 담아 숟가락과 함께 주었다.

식사가 끝난 후 집에서 구운 케이크와 빵, 각종 주스와 물, 커피, 차가 나왔다. 차는 걸프지역 사람들이 주로 마시는 카락 차이(karak chai)였다. 커피는 오만 사람들이 식사 후 즐겨 마시는 아라비안 커피로, 소주잔보다 작은 사기잔에 나왔다. 엄지와 검지, 장지로 찻잔을 받치고 마신다. 딱 두 모금에서 세 모금의 분량이었다.

식사를 끝내고 후식까지 맛있게 먹었으니 이제 돌아갈 때가 되었다. 그런데 마당 건너편에 있는 남편에게 어떻게 연락하지? 내 눈치를 보고 막내딸이 일어나 나갔다. 곧이어 남편이 일어날 거라는 전갈이 왔다. 우리는 대문 앞에서 만나 함께 집으로 돌아왔다.

그날 밤은 남편과 한 집에 초대를 받았지만 남남 여여로 나뉘어 각자 경험한 일을 나누느라 늦게 잤다. 남편은 아흐멧이 한국 사람처럼 '빨리빨리'를 좋아하는 것 같다고 했다. 한편, 파티마는 내가 보기에 세상 느긋한 성격이었다. 우리 부부와 닮은꼴 같아 기분이 좋았다.

후다

다음 날 오전 10시, 딩동딩동 벨이 울렸다. 어제 약속한 대로 옆집의 둘째 딸 후다가 한국어를 배우러 왔다. 혼자가 아니라 세 명의 친구들과 함께 왔다. 수줍음 뒤에 호기심과 발랄함을 숨긴, 열세 살에서 열다섯 살 된 숙녀들이었다. 다들 한국말을 조금씩 할 줄 알았다.

왜 한국말을 배우고 싶냐고 물었더니 "드라마를 좀더 이해하려고요", "한국 사람이 좋아요", "한국에 가고 싶어서요" 등 각가지 이유가 나왔다. 외국인이 한국어를 배우고 싶다고 제발로 찾아오니 뿌듯하면서도 책임감을 느꼈다. 아직 실력을 잘 모르니 이것저것 시도하기보단 가나다부터 가르치기로 했다. 10여 년 전 중앙아시아 K국의 국립대학에서 3년간 한국어를 가르친 경험이 이렇게 쓰일 줄이야.

먼저 간략하게 한국어의 역사를 얘기해 주었다. 덧붙여 한국의 역사도 설명했다. 그리고 내 이름을 알려주었다. 이름을 어떻게 쓰는

지도 보여주었다. 초롱초롱한 눈빛으로 잘 따라왔다. 한 시간이 후딱 흘렀다.

다음 날 같은 시간에 같은 친구들이 대문 앞에 서 있었다. 우리는 반갑게 인사를 나누었다. 한 차례 한 시간 정도 보았을 뿐인데 오래전부터 아는 사이처럼 편안했다.

"오늘 특별히 배우고 싶은 거 있어요?"

"네, 우리 이름을 한국어로 쓰고 싶어요."

아하! 이런 식으로 수업을 이끌어도 되겠구나 하는 힌트를 얻었다. 얼른 큰 종이를 꺼내 그들의 이름을 한국어로 받아 적었다. 후다, 와다, 사라, 파티마였다. 각각의 이름을 적고 발음을 들려 주었다. 넷은 자기 노트에 그대로 베껴 적었다. 가르치는 김에 '후다'라는 이름에 들어간 자음과 모음을 구별하여 알려주었다. 모음 전체와 자음 전체를 적어 보여준 후 어떻게 읽는지 따라하라고 했다. 그들은 한국어가 배우기 아주 쉽다며 놀라워했다. 자음과 모음을 합하면 한 음절이 되고, 음절이 이어지면 단어가 되고, 단어가 이어지면 언어가 된다는 단순한 도식을 알고는 탄성을 질렀다.

두 차례의 짧은 한국어 수업이 끝나고 주말을 맞이했다. 아흐멧의 집에 손님이 온 것 같았다. 왁자지껄한 걸 보니 한두 명이 온 것 같지는 않았다.

주말이 지나 다시 월요일 오전 10시, 벨이 울렸다. 이번에는 다섯 명의 학생들이 서 있었다. 지난주에 왔던 숙녀 둘은 안 보이고 다른 얼굴이었다. 후다의 사촌들이라고 했다. 차로 두 시간 반 정도 떨어

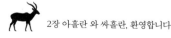

진 시골에 사는 사촌들이 방학을 맞이해 큰아버지 집에 놀러온 것이다.

다음 날에는 아무도 오지 않았다. 연락도 없었다. 그 주에는 한 번도 오지 않았다. 무슨 일이 있겠거니 했다. 한 주가 지나고 후다만 다시 찾아왔다. 사촌들과 시간을 보내느라 못 왔다고 했다. 후다는 갑자기 시작한 한국어 수업이지만 재미있다며 계속하면 좋겠다고 했다.

그날은 문장의 기본 요소를 예문으로 짧게 배우고 개인적인 얘기를 나누었다. 후다는 한국 음식과 문화에 관심이 많았다. 나도 오만의 문화와 전통에 대해 질문을 많이 했다. 후다는 한국 음식을 먹어보고 싶다고 했다. 특히 김치와 라면에 관심을 보였다. 일주일 후 우리는 아흐멧 가족을 집에 정식으로 초대했다.

오만과 환대

드디어 후다의 가족이 우리 집에 왔다.

온 가족이 오만 정장을 차려입었다. 남자들은 모두 정성 들여 꼼꼼하게 접은 꼼마를 쓰고 다리미 냄새가 날 정도로 **빳빳하게** 다린 디시다샤(캔두라)를 입었다. 여자들은 똑같은 복장 같지만, 자세히 보면 쉐일라 끝자락에 저마다 개성을 표현한 문양과 무늬를 넣어 멋을 낸 아바야를 입고 왔다. 특히 큰딸은 정성 들인 모습이 역력한, 화사하게 화장한 얼굴이었다.

나는 무슨 음식을 어떻게 준비해야 할지 몰랐지만 아무튼 최선을 다했다. 닭다리와 닭날개를 맵지 않게 양념해 오븐에 구웠고, 생선전을 큼지막하게 부쳐 냈다. 야채 샐러드에 파인애플과 마요네즈 드레싱을 곁들였고, 소불고기도 볶았다. 밥은 한국의 전기밥솥이 지어 주었다. 후식으로는 한국식 커피와 과일, 케이크를 준비했다.

우리는 한 마즐리스에 다 같이 모였다. 여자 손님과 남자 손님을 따로 맞이할 공간이 없기도 했고, 따로따로 대접해 본 적이 없어 정중하게 양해를 구했다. 처음보다 더 정돈되고 이전에 살던 미국인 가정과 다르게 꾸민 공간을 아흐멧의 온 가족이 호기심 어린 눈으로 찬찬히 둘러보았다.

잠시 후 파티마가 내 손을 잡으며 말했다.

"피곤하게 해서 미안해요."

나는 어리둥절했다. 몸이 좀 피곤한 건 사실이지만 준비하는 내 내 마음이 설레 그런 줄도 몰랐다. 혹시 내 표정이나 태도가 마음에 걸려서 한 말일까? 그때 남편이 나서서 이렇게 응대했다.

"아닙니다. 우리 집에 처음 오신 것을 진심으로 환영합니다! 한국식으로 차려 맛이 어떨지 모르지만 이제 앉으실까요?"

다행히 어색해지려는 분위기가 유쾌하게 바뀌었다. 나중에야 오만 사람들은 초대받았을 때 집주인의 수고에 대한 고마움을 이런 관용어로 표현한다는 사실을 알았다.

식탁에는 젓가락 대신 포크와 나이프를 놓았는데 다들 손으로 음식을 먹었다. 우리도 덩달아 손으로 먹었다. 닭다리를 손으로 잡고 먹는 아흐멧의 가족에게 친근감을 느꼈다. 후다가 김치를 찾기에 얼른 내왔다. 다른 가족들은 한 번씩 시도해 보고 더이상 손대지 않았지만, 후다는 맛있다며 밥과 함께 다 먹었다.

남편은 아랍어를 막 배우기 시작해 인사를 틀 정도였고, 나는 곁눈질로 아랍어의 가나다만 뗀 상태였다. 아흐멧 부부는 아랍어만

할 줄 알았다. 우리는 손짓 발짓을 해서라도 영어를 사용하지 않고 의사소통을 하려고 노력했다. 아흐멧 부부도 큰 눈을 둥그렇게 뜬다든지, 손짓을 한다든지 하며 열심히 관심사를 묻고 전달했다. 그러나 자녀들은 달랐다. 대학을 졸업한 큰딸 누르는 영어를 유창하게 했고, 공대에 다니는 큰아들 아하스와 고등학생인 후다도 영어로 소통하는 데 어려움이 없었다.

아흐멧 부부는 우리가 왜 오만에 왔고 직업도 없이 아랍어를 배우고 있는지, 언제 취업할 건지 궁금해 했다. 남편은 한국에서 태어나 교육받고 자라다가 30대 초반에 미국으로 건너가 공부를 좀더 하고 직장을 잡아 일하게 되었다고 말했다. 그때 나를 만나 결혼한 후, 꿈이 완전히 바뀌어 미국이 아닌 중앙아시아에서 결혼생활을 하며 다른 삶을 살기 시작했다. K국에서 직장을 얻어 새로운 나라와 문화를 배우며 지냈다. 그러다 걸프지역에 관심이 많아졌고, 이곳에서도 취업과 자녀교육을 하기에 큰 문제가 없다는 걸 알게 되어 오만으로 오게 되었다고 설명했다. 기초 아랍어를 1년 배운 다음 대학교에 일자리를 알아볼 거라는 계획까지 말해 주었다. 그들은 궁금증이 풀렸다는 표정을 지었고, 이 지역에 부래미 단과대학이 있다는 정보를 주었다.

우리도 그들의 가정사에 대해 물었다. 아흐멧은 회사에 다니고 있고, 고향은 차로 두 시간 정도 달리면 나오는 시골이라고 했다. 그곳에서 동생 가족이 아버지를 모시고 살고 있었다. 우리 집 길 건너 옆집과 그 앞집 등 동네에 친척들이 흩어져 살고 있는데 나중에 다

소개시켜 주겠다고 했다. 파티마는 전업주부이고, 저녁마다 식사 후 동생을 포함해 여자 친척들과 함께 산책을 한다고 했다. 원한다면 당장 내일부터 같이 하자고 제안했다. 밤 9시 반에 문앞에서 만나기로 했다. 우리는 하이파이브를 하며 결정을 확인했다.

큰딸 누르는 국립공과대학(HCT, Higher Technology of College)을 졸업하고 부래미의 국립병원 병리과 연구실에서 일하고 있었다. 원한다면 아랍어를 가르쳐 줄 수 있다고 했다. 그러나 3교대 근무를 하기 때문에 시간을 맞추기가 쉽지 않았다. 모두가 우리에게 어떻게든 도움을 주고 싶어 하는 걸 느꼈다.

후식을 먹고 나자 좀 더 얘기를 하고 싶은 우리의 바람과 달리 아흐멧은 더 있으면 큰 실례를 범하기라도 하는 듯한 표정과 몸짓으로 가족들을 재촉하며 자리를 뜨려 했다. 그러나 파티마는 달랐다. 느긋하게 일어나 다시 내 손을 잡고 "피곤하게 해서 미안해요"라는 말을 몇 번이나 되풀이했다. 그러고는 두리를 번쩍 들어 안고 문 밖으로 나갔다. 나도 대문 밖까지 따라 나가 두리를 건네받고 인사했다.

"와 주셔서 정말 고마워요, 이제 문지방을 텄으니 자주 오세요."

파티마는 아쉬운 듯 발걸음을 돌렸다. 바로 옆집이고, 내일 또 만날 건데 나도 아쉬웠다.

오만과 환대

배치기

다음 날 저녁식사 후 나는 조용하지만 분주하게 움직였다. 두리와 하나를 목욕 시키고 재운 다음, 은밀하게 데이트하러 가는 사람처럼 살짝 대문을 열고 밖으로 나왔다. 몇 발자국 걸어 파티마 집 앞에 서자 내가 오는 것을 알고 있었다는 듯 대문이 살그머니 열리면서 파티마가 큰딸 누르를 데리고 나왔다. 하루 만에 보는 것이지만 우리는 반갑게 인사했다.

조금 기다리니 다른 쪽에서 아바야를 입은 여자 둘이 우리 쪽으로 걸어왔다. 한 명은 파티마의 여동생 자밀라이고, 다른 한 명은 사촌인 므나였다. 처음 만났는데도 그들은 나를 친절하고 따뜻하게 대해 주었다.

낮 동안 덥혀진 땅은 밤이 되면서 열기를 내뿜었다. 등에 흐르는 땀도 땀이지만 얼굴에 먼지와 열기가 따갑게 와 닿아 걸을 용기가

 2장 아흘란 와 싸흘란, 환영합니다

꺾였다. 그러나 내색하지 않았다. 그들은 나보다 적어도 한두 겹의 옷을 더 입고 있었다. 그들은 매일 밤 만나 걷는다고 했다. 건강 유지를 위해서다. 오만의 여자들은 하루 종일 집에만 있는 경우가 많다. 점심을 먹고 낮잠을 자는 문화인 데다 저녁을 늦게 먹기 때문에 살이 찌고, 운동이나 활동량은 적으니 당뇨나 고혈압에 많이 걸린다. 관절염은 대다수 중년 여성들이 가진 질환이다.

밤 산책의 일원 중 가장 연장자는 파티마였다. 그들은 내 나이를 물어보았다. 나는 솔직하게 대답했다. 그들은 나를 자기들보다 한참 아래로 보았나 보다. 아흐멧이 내 남편보다 나이가 많기 때문인 것 같았다. 놀랍게도 파티마는 열네 살에 결혼해 이제 서른일곱이라고 했다. 누르는 스물 둘, 므나는 스물 넷, 자밀라는 서른. 우리는 서로 믿지 못하겠다면서 가로등으로는 확인할 수 없는 얼굴의 주름을 셀 것처럼 몇 번이고 쳐다보았다.

산책을 마치면 온몸에 땀이 비 오듯 한다. 우리는 항상 "잘 자요, 내일 봐요" 하면서 헤어졌다. 우리는 친해져 낮에도 서로를 자주 방문하게 되었다. 일주일에 한두 번 오전에 파티마 집으로 갔다. 말이 통하지 않아도 우리는 함께 앉아 차를 마시고 TV도 보았다. 그러다가 눈이 마주치면 같이 웃었다. 같이 있는 시간은 15분에서 20분 정도였지만, 그 시간에 우리는 말없이 우정을 계속 쌓아 갔다.

그날도 우리는 밤 9시 반에 대문 앞에서 만나 걷기 시작했다. 주택가를 지나 한적한 공터를 걷고 있을 때, 파티마가 말했다.

오만과 환대

"나는 배가 너무 많이 나왔어."

"나는 아직 결혼도 안 했는데 언니보다 더 나온 것 같아."

자밀라가 말했다. 자밀라는 파티마의 부모님과 같이 살고 있는 미혼 여성이었다. 오만에도 나이 지긋한 미혼 여성이 있다는 것에 관심이 갔다.

"나도 오만에 와 살이 얼마나 쪘는지 몰라요. 이것 봐요."

나는 배를 쑥 내밀며 오른손으로 위아래를 쓸었다. 파티마가 옆에 와서 내 배를 쓸어 보더니 풉 하고 웃었다.

"나는 가만히 있어도 이 정도네!"

파티마는 꼿꼿이 서서 자기 배를 손으로 쓸었다. 아, 그때 나는 그녀의 배가 가슴보다 살짝 더 나와 있는 걸 보았다. 하지만 아무 말도 하지 않았다.

그런데 갑자기 파티마가 어딜 덤벼 하는 표정으로 배를 불룩이며 내 배를 쳤다. 방심하고 있던 나는 "웁쓰" 하며 뒤로 한두 발짝 물러섰다. 그 순간 치기가 올라온 나는 숨을 크게 들이마신 후 배에 잔뜩 힘을 주고 파티마의 배를 밀쳤다. 기습 공격이었다. 나는 큭큭 웃으면서 통쾌해 했다. 그런데 그 틈을 타고 누르가 엄마 대신 내 배를 밀치며 협공을 펼쳤다. 나는 쓰러질 뻔했지만, 얼른 자세를 가다듬고 딸의 복수를 만족스럽게 웃음으로 응원하는 파티마 배를 향해 내 배를 쑥 내밀었다. 동시에 자밀라도 누르에게 배치기 공격을 했다. 협공은 아주 성공적이었다. 파티마가 순간 무릎을 구부리고 앉았다. 누르도 휘청거렸다. 나와 자밀라는 손을 잡고 소리 지르며 협공의 승리를 기뻐했다.

그러나 찰나의 방심은 언제나 틈이 된다는 걸 2초도 걸리지 않아 깨달았다. 젊은 피는 과연 달랐다. 누르는 자밀라의 배를 재빠르게 밀쳤다. 승리감에 아무 생각 없이 웃고 있던 자밀라는 몸을 휘청이며 내 손을 잡고 넘어졌다. 나도 균형을 잃고 같이 넘어졌다.

아! 승리의 순간은 너무 짧고, 패배의 시간은 길고 아팠다. 넘어지면서 손을 놓지 않았기 때문에 자밀라와 내 손이 바닥을 짚으며 꼬였다. 그리고 땅에 닿으면서 타박상을 입었다. 그래도 우리는 여전히 크게 웃었다. 웃음을 멈출 수 없었다. 배 속 깊은 곳에 숨겨져 있었던 살들이 빠져나가고, 그 자리에 우정과 사랑이 채워지고 있었다. 격의 없는 웃음은 우리가 서로 가까워졌음을 알리는 신호였다.

파티마가 손을 내밀어 나를 일으켰다. 누르는 자밀라에게 손을 내밀었다. 자밀라와 나는 잡은 손을 놓지 않고 기우뚱거렸지만 서로를 의지한 채 일어났다.

그날 우리는 잘 자요 대신 "푹 자요!"라고 인사하며 헤어졌다.

유학

우리는 거의 매일 밤마다 걸었다. 가끔은 저녁에 파티마 집에서 차를 마시며 수다를 떨 때도 있었다. 누르는 가운데서 통역도 해주고 살짝살짝 개인 얘기도 하면서 나와 조금씩 가까워졌다.

어느 날 밤 일행과 조금 떨어져 누르와 둘이 걸으며 개인적인 얘기를 하게 되었다. 누르는 별점에 관심이 많다고 했다. 180도의 지평선에 나머지 전부는 하늘인 오만의 광야 마을을 매일 밤 걸었지만, 누르가 별자리에 대해 자세히 얘기해 주기 전에는 하늘을 제대로 본 적이 없었던 것 같다. 누르는 열두 별자리와 별자리 신화까지 전부 꿰고 있었다. 독실한 무슬림인데도 별자리 점을 맹신하며 의지하는 듯했다.

누르는 직장에서 더 성공하고 싶다는 말도 했다. 오만의 국립공과대학(HTC)을 우수한 성적으로 졸업한 후 부래미의 국립병원 병리

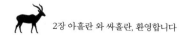

과에서 연구원으로 근무하는 데 만족하지만, 진급을 하려면 더 공부를 해야 한다고 했다.

"외국에서 공부하고 싶어요. 부모님이 허락할 리 없지만요."

누르는 목소리를 낮추어 말했다.

오만에는 많은 젊은이들을 국비로 유학 보내는 제도가 있다. 국왕 술탄 카부스가 국민을 위해 마련한 획기적인 제도가 몇 가지 있는데, 그중 가장 눈에 띄는 세 가지는 무상 교육제도, 무상 의료제도, 국토의 사유화다. 이 제도들은 오만 국민에게만 해당된다.

오만 국민으로 태어나면 누구나 고등학교까지 무료로 다닐 수 있고, 대학생도 90퍼센트 이상은 국가 장학금을 받는다. 누르가 다닌 HTC는 국립대학교로 오만에서 두 번째로 좋은 대학이다. 공대로 특화되었기 때문에 졸업 후 석유 관련 국영회사에 취직할 확률이 높다. 일단 그곳에 취직하면 월급도 다른 곳에 비해 갑절 이상 받을 뿐더러 혜택이 많고 평생직장이어서 해고될 염려도 없다. 누르의 남동생도 이 학교에 다니고 있다. HTC는 전 과정을 영어로만 공부하기 때문에 학생들은 아랍어와 영어를 모두 유창하게 해야 한다.

정부는 이 중에서도 훌륭한 학생들을 뽑아 영어권 나라에 유학을 보내고 있다. 외국에 나가 세계가 어떻게 돌아가는지 보고 배우고 본국에 돌아와 오만의 경제발전과 부국강병을 위해 일하도록 격려하고 투자하는 제도다. 미래의 꿈이 있는 젊은이나 부모들은 이 기회를 잡으려고 한다. 그러나 여학생들에게는 한계가 있다. 누르는 바로 그 점에 대해 말하고 있었다.

"우리 무슬림은 여성들을 소중히 생각해요. 여자가 외부 바람에 거칠어지는 것을 문화적으로나 전통적으로 지양하죠. 그러나 현대에는 이런 생각에 변화가 일어나야 한다고 봐요. 여자라고 무조건 집안에 두고 보호하려는 건 교육받은 여자들을 묶어 두는 것밖에 안 돼요. 저는 직장에 다니고 있어 그나마 나은 편이지만, 친구들 대다수는 대학 졸업 전에 결혼했어요. 부모도 본인도 그게 가장 좋고 안전한 여자의 길이라고 생각해요. 대학 졸업장은 좋은 결혼 조건이 될 뿐이에요. 다행히 남자나 여자나 법적으로는 동등해요. 유학 시험을 보면 남녀 구별 없이 실력 좋은 사람에게 우선권이 주어지죠. 다만 그런 기회가 왔을 때 여자들 대다수가 포기하는 게 문제예요. 저도 유학을 너무 가고 싶지만, 부모님이 분명 반대하실 거예요."

"반대하는 이유가 뭐예요? 국가에서 유학비뿐 아니라 집세, 생활비, 용돈까지 다 대준다면서요."

"다 큰딸을 낯선 곳에 보낼 수 없다는 거예요. 위험하다고 생각하세요. 딸을 외국에 보내는 부모는 자식을 방치했다는 구설수에 올라요. 게다가 우리 부모님은 외국, 특히 미국이나 영국을 별로 좋아하지 않으세요. 영화를 보면 그들의 삶이 문란하고 남녀 구별도 없고 여자를 보호하거나 존중하지 않는 것 같거든요."

"그래도 유학 간 여자들이 있지 않나요?"

"많지는 않아도 있긴 해요. 그런데 어떻게 가는지 아세요? 아버지나 오빠와 같이 가야 해요. 집안 남자가 보호자로 따라가야 유학이 허락되는 거예요. 아버지나 오빠의 생활비는 스스로 부담해야 하고

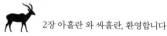

요. 개인 사정이지만 딸이나 여동생을 보호하기 위해 2-3년간 같이 외국에 나가 있는 기간을 우리 오만에서는 인정해 주고 있어요. 직장에서 휴가 처리를 해주고 돌아오면 복직할 수 있게 해주죠."

"그렇군요. 누르, 미리 포기하진 말아요. 우선 자격을 갖춰 놓고 진심을 말씀드려 보세요."

"우리 부모님께 얘기 좀 해주세요. 당신은 서양에서 살아 봤으니 실정을 잘 아시잖아요. 당신이 미국 사람이라면 이런 부탁을 하지 않았을 거예요. 드라마를 보니 한국 사람들은 우리나라처럼 가족적이고, 윗사람을 공경하고, 집안의 체면을 소중히 여기더라고요. 그런 점에서 우리 부모님은 당신 부부를 존경하고 있어요."

"그래요, 그렇게 할게요. 누르도 구체적으로 준비해 보세요."

"고마워요. 우선 아이엘츠(IELTS) 시험에 통과해야 해요. 좋은 성적을 얻을 수 있게 기도해 주세요."

별자리와 별점으로 시작한 대화는 누르의 미래에 대한 얘기로 확대되었다. 누르는 근무가 없는 날 오후면 우리 집에 혼자 찾아와 차를 마시곤 했다. 누르는 성실하게 병원에 다니면서 영어 공부도 열심히 했다. 이후로 밤 산책은 누르와 발맞춰 둘이만 걷는 날이 많아졌다. 그러던 어느 날 조금은 갑작스럽게 파티마가 다시 우리 가족을 집으로 초대했다.

오만 엄마의 진심

이번에는 남자들을 위한 마즐리스에 우리 온 가족이 들어갔다. 에피타이저로 바닥에 음식과 과일, 음료수, 물 등이 준비되어 있었다. 특별한 일이 있어 초대한 건 아니고 지난번 우리 집에 왔던 일에 대한 답례라고 했다.

우리는 우선 아흐멧이 깎아 주는 과일을 맛있게 먹었다. 그는 한쪽 무릎을 꿇고 다른 한쪽은 세우고 앉아 칼로 능숙하게 과일을 깎고 잘랐다. 칼은 20센티미터 길이인데 끝으로 갈수록 곡선을 이루며 날카롭게 좁아지는 모양이었다. 과일보단 양이나 소 각 뜨기에 적합한 칼 같았다. 과일은 그냥 손으로 집어 먹으면 되었다.

드디어 메인 요리로 쌀루나와 브리야니가 들어왔다. 쌀루나는 고기를 넣어 만든 찜 종류다. 국물에 각종 야채와 향신료를 갈아 넣어 풍미가 여간 좋은 게 아니다. 브리야니 위에 쌀루나의 고기를 국물

과 함께 뿌린 후 밥과 고기를 손가락으로 잘 모으고 꼭꼭 눌러 먹으면 맛이 기막히다. 이것이 바로 손맛이 아닐까? 샐러드도 같은 방식으로 먹는다. 입안에 브리야니의 풍미와 사각사각 씹히는 샐러드가 얼마나 환상적인 조화를 이루는지! 포크나 나이프 또는 젓가락을 이용하면 이 맛이 나지 않을 것이다. 우리 가족은 이때부터 브리야니에 빠지기 시작했다.

큰 쟁반 두 개에 남자는 남자끼리 여자는 여자끼리 둘러앉아 두런두런 이야기를 나누며 먹었다. 식사가 끝난 후 파티마가 카락 차이를 따라 주며 말했다.

"누르가 영국으로 공부하러 간다는데 나는 절대 안 보낼 거예요."

유학 시험에 누르가 당당히 합격한 것이다. 우리는 진심으로 기뻐하고 축하해 주었다. 1년에 열 명 보내는 국가 유학시험에 합격하다니 정말 기특했다. 그래서 아흐멧 부부가 우리를 초대했나 보다. 딸의 합격 소식을 나누고 싶었던 것이다. 맏딸을 자랑스러워하는 모습이 역력했다. 누군들 그렇지 않겠는가?

그러나 파티마는 합격은 잘된 일이지만 소중한 맏딸을 밖으로 내보낼 수 없다고 했다. 우리는 파티마의 마음을 이해하고 공감하는 쪽으로 얘기했다. 누르는 어머니의 뜻을 거역하지 못하고 그저 가고 싶다는 말만 했다. 이야기가 진행 중인 것 같은데 아흐멧 눈치가 보였다. 아흐멧이 식사를 빨리 끝내고 자리도 빨리 정리하는 성격이라 우리는 얘기를 마치지 못한 기분으로 자리에서 일어났다. 그리고 "피곤하게 해서 미안해요"라는 인사를 잊지 않고 집으로 돌아왔다.

오만과 환대

그날은 산책을 하지 않을 수도 있겠다는 생각이 들었다. 그러나 밤 9시 30분에 벨이 울렸다. 누르의 마음이 어떤지 듣고 싶어 산책하러 나갔다. 누르는 산책 후 우리 집에서 잠깐 따로 얘기할 수 있냐고 물었다. 나는 그러자고 했다. 파티마는 산책하는 내내 열을 내고 있었다. 누르가 직장에 다니며 얼마나 많이 외부에 노출되고 있는지 역설했다. 누르의 열망에 찬물을 끼얹는 말이었다. 나머지 사람들은 그저 묵묵히 들으며 걸음을 옮겼다.

산책이 끝난 후 우리 집 마즐리스에 누르와 마주앉았다. 말하지 않아도 누르의 심정을 알 것 같았다. 나는 누르 편이지만 내색하지는 않았다. 파티마의 마음도 이해하기 때문이다. 누르는 울었다.

"정말 영국에 유학 가고 싶어요. 기회는 이번뿐이에요. 엄마한테 걱정 끼칠 일은 절대 하지 않을 거예요. 지금까지 엄마 말을 안 들은 적은 없어요. 무슬림 여성으로서 엄마가 걱정할 만한 말이나 행동은 절대 안 할 자신이 있어요. 공부 말고 관심 있는 것도 없어요."

"누르, 파티마는 누르를 못 믿는 게 아닐 거예요. 누구보다 누르를 믿을 거예요. 단지 두려운 거예요. 파티마도 경험해 보지 못한 외국 생활이잖아요. 결혼 말고 누르를 집 밖으로 내보낸다는 생각은 한 번도 안 했을 거예요. 그러니 좀더 여유를 가지고 기다려 봐요. 아직 몇 달 더 남았잖아요."

"일주일 내에 결정해야 해요. 준비 과정이 길지 않아요. 비자 받는 것도 그렇고요."

그 말을 듣는 순간 내 마음도 갑자기 콩닥거리며 바빠졌다. 격려

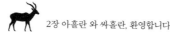

랍시고 여유롭게 한 말이 얼마나 한심하게 들렸을까? 그날 밤 남편과 상의해 이틀 후 아흐멧 가족 모두를 우리 집으로 초대했다. 그 사이에 우리는 아흐멧이 어떤 한국 음식을 좋아하는지 알게 되었다. 나는 정성 들여 음식을 준비했다. 이번에도 온 가족이 정장을 갖춰 입고 우리 집에 왔다. 후다는 미리 와 한국말로 인사한 후 부엌일을 도왔다.

식사하면서 남편과 나는 미국이나 영국 생활이 그리 무섭거나 어렵지 않다는 경험담을 들려 주었다. 개방적이지 않은 이슬람 국가인 오만에도 우리 같은 외국인들이 와서 편안히 지내며 친구를 사귀고 정을 나누는 것처럼, 영국이나 미국에도 전 세계 사람들이 모여 더 나은 삶을 위해 공부하고 친구도 사귀며 서로 영향을 미친다고 말했다. 우리의 경우 오만에 와서 아흐멧 가족같이 좋은 무슬림 이웃을 만나 오만을 좋아하고 이슬람에 대해 더욱 알게 되었지만, 우리가 여전히 한국 사람이라는 것과 신앙에 변함이 없는 것처럼 누르도 영국에서 잘 생활할 거라는 말도 덧붙였다. 아흐멧과 파티마의 표정이 조금 풀리는 듯했다.

2-3일 후 산책할 때 누르가 내게 다가와 팔짱을 꼈다.

"드디어 엄마가 허락했어요. 대신 매일 화상전화로 하루 일을 다 말해야 한대요. 훗!"

우리는 형제잖아!

우리 집이나 아흐멧의 집 구조는 약간 비슷하다. 특히 손님이 오면 외부에서도 사용할 수 있도록 화장실이 방 밖에 하나 딸려 있는 위치가 똑같았다. 우리 집도 아흐멧 집도 쪼그려 앉는 반수세식 화장실이었다.

부래미에 사는 달수가 점점 늘어나면서 우리 집에도 손님이 하나둘 늘기 시작했다. 특히 여름을 지나면서는 밤에 활동하는 습관을 가진 오만 문화에 우리도 길들어 가고 있었다. 라마단 기간에 새벽까지 놀면서 보낸 시간의 결과물이었다. 우리 부부는 음식은 잘 못해도 손님들이 찾아와 마음을 나누고 친구가 되는 걸 좋아했다.

문제는 화장실이었다. 마즐리스에서 즐겁게 담소를 나누다가 화장실에 가려면 부엌을 지나 가족 거실 문을 열고 아이들 방 앞을 지나야 했다. 낮에는 그닥 불편하지 않은데 아이들이 잠든 밤이면 손님들이 미안해 했다. 왔다갔다하는 소리에 아이들이 잠 깨는 모습을 보았기 때문이다. 대책을 마련해야 했다.

이런저런 궁리 끝에 외부 화장실을 이용하자는 데 의견을 모았다. 하지만 쪼그려 앉는 구조에 대해선 고민하지 않을 수 없었다. 일단 물이 잘 내려가지 않고 냄새가 많이 났다. 여름이 긴 나라여서 냄새도 길게 간다고 봐야 한다. 아예 사용하지 않으면 몰라도 한번 사용하면 냄새를 견뎌야 하는 것이다. 며칠 더 고민하다가 양변기로 바꾸자고 결단을 내렸다.

넘어야 할 산은 또 생겼다. 양변기를 어디 가서 구입하며 누구에게 공사를 맡긴단 말인가? 남편은 신혼 초에 전구 가는 법조차 모르는 사람이었다. 그런 일을 해야 한다는 사실도 몰랐고 지금도 크게 다르지 않다. 그래도 자부하는 특별한 기술이 있다. 집안에 무언가 고장나 급히 고치거나 바꿔야 할 때, 얼른 전화해 기술자를 부르는 능력이다!

남편은 아침밥을 먹고 알아보겠다고 나가더니 점심 먹으러 들어와선 밖에 나가 보자고 했다. 그러고는 아주 자랑스럽게 화장실 문을 여는 게 아닌가! 거기에는 바른 지 얼마 안 된 시멘트 냄새를 풍기는 순백색의 양변기가 영롱한 자태를 뽐내고 있었다. 진짜 능력자가 아닌가! 어떻게 이런 일을 짧은 시간 내에 해낸 거지?

사실 남편은 아침에 호기롭게 대문을 나서긴 했지만 막막했다고 한다. 발길은 자연스레 옆집으로 향했다. 일단 아흐멧의 조언을 듣기 위해서였다. 아흐멧은 잠시 기다리라고 하더니 밖으로 나갔다. 남편

오만과 환대

과 차 한 잔만 남겨 두고 홀연히 사라진 것이다. 시원한 마즐리스에 앉아 차를 마시며 20여 분 정도 기다리고 있는데, 아흐멧이 문을 열더니 나와 보라고 했다. 우리 집 대문 앞에 건장한 파키스탄인 인부 두 명이 서 있었다. 아흐멧은 빨리 대문을 열라고 재촉했다. 대문을 열자 그는 인부들을 화장실로 데려가 이것저것 지시를 했다. 그러고는 남편의 어깨를 두드리며 말했다.

"걱정 마. 바로 새 걸로 교체해 줄게."

남편은 어안이 벙벙해 쳐다보기만 했다. 아흐멧은 일이 끝나면 부를 테니 다시 자기 집 마즐리스에서 편히 쉬라며 인부들과 함께 사라졌다. 잠시 후 인부들이 새 양변기를 들고 왔다. 그들은 재빨리 기존의 변기를 떼고, 그 자리에 새 변기를 설치한 다음 시멘트로 스스슥 마무리했다. 물 내리는 부품도 수십 번 해본 사람들처럼 떼어 내고 붙이고 새 것으로 갈더니 모든 것이 감쪽같이 제 기능을 했다.

그동안 나는 화장실과 가장 거리가 먼 두리 방에서 두 아이와 만화영화를 보다가 셋이 함께 잠들어 있었다. 그래서 곡괭이 찧는 소리도, 엄청난 속도로 일이 진행되면서 오가는 대화 소리도 전혀 듣지 못했다. 남편이 열쇠로 문을 열고 들어와 우리를 깨웠을 때 비로소 일어났다. 화장실은 말 그대로 자고 일어났더니 새롭게 바뀌어 있었다.

우리는 아흐멧을 찾아갔다. 아무리 가까워진 이웃이라 해도 이런 일을 자기 일처럼 해준다는 게 쉽지 않다. 직접 인부를 부르고 자기 돈으로 물건을 산다는 건 보통일이 아니다. 우리는 진심을 담아 인사하고 변기 값을 내려 했다.

"주훈, 너는 내 동생이야. 형제 간에 돕는 건 당연해!"

아흐멧은 남편의 손을 잡고 큰 눈을 더 크게 떠 확실하게 얼굴도장을 찍듯이 말했다.

"우리는 형제잖아!"

남편도 나도 더는 말할 수 없었다. 아흐멧은 남편의 손을 꽉 잡고 몇 번이고 반복했다.

"너는 내 동생이야. 나는 네 형이고!"

나는 속으로 '변기 값이 만만찮을 텐데… 돈을 드려야 하는데…'를 계속 되뇌었다. 그러나 남편은 냉큼 이렇게 말했다.

"네, 형님. 오늘부터 형님으로 모시겠습니다. 감사합니다."

그날 밤 우리는 오만에서 보낸 지난 시간을 되돌아보았다. 초창기에는 이런 생각도 했더랬다. '메마른 땅, 오만에 사는 사람도 모래처럼 습기가 없는 걸까?' 오만 사람을 직접 만나기 전에 우리는 이런 생각으로 그들을 가늠하고 정 없는 사람들이라는 카테고리에 넣으려 했다. 적응은 생존의 문제였고, 손을 내밀어도 우리 손을 잡아줄 더 큰 손이 없다는 느낌은 외로움과 서러움, 자기방어를 위한 선긋기로 나타났다. 오만은 우리가 원하여 알아보고 설렘에 겨워 제발로 찾아온 나라였다. 이제 와서 우리를 먼저 맞이하고 받아 달라고 오만과 오만인에게 요구할 권리는 없었다.

그러나 잘 모르고 이해가 부족해 좌충우돌하는 과정에서 우리는 "살람"(salam, 안녕, 평안)이라는 무언의 인사를 받았다. 우리를 뒤돌아 가게 하지 않고 무언의 안녕을 전하는 땅 오만에 정착하면서 차츰 의문이 풀리기 시작했다. 모든 준비를 갖추고 우리를 영접하거나 오리엔테이션하면서 가이드라인을 준 적은 없지만, 오만은 우리를 받아 주었다. "살람" 하고 손을 흔들며 우리를 품어 주었다.

그리고 오늘 우리는 "아흘란 와 싸흘란! 기꺼이 당신들을 환영합니다!", "기쁜 마음으로 당신들을 맞이합니다. 들어오세요. 우리 집에 와서 마음을 나눠요"라는 인사를 받았다.

아흐멧 가족에게 우리가 한 일은 없다. 그들이 먼저 우리 집을 찾아왔고, 음식을 갖다 주었고, 아이들을 보내 문턱을 없앴다. 먼저 집으로 초대해 떡을 떼어 주고 카락 차이를 따라 주었다. 그리고 이제 우리를 형제로 맞이했다. 마음이 설레고, 있는 모습 그대로 받아들여진 사랑의 감정에 겨워 잠을 제대로 이루지 못했다.

남편에게 형님이 생겼다. 그때부터 남편은 "반은 오만 사람"(Half Omani)이라고 자신을 소개한다. 이름도 오만식으로 바꾸었다. 아흐멧 형님이 지어 준 것이다. '하비브'. 풀이하면 '사랑스런 사람'이라는 뜻이다. 부부지간이나 부모자녀 사이에서 주로 쓰는 호칭이기도 하다. 한국어로 '자기', 영어로는 '스위티'나 '허니' 정도 된다. 남편은 함바씨(Hambassi)라는 성도 얻었다.

이제 하비브 함바씨는 아흐멧 함바씨의 동생이다.

고향 가는 길

아흐멧의 이름은 '아흐멧 모함메드 함메드 압둘라 함바씨'다. 오만 사람들은 자기 이름 뒤에 아버지, 할아버지, 증조할아버지 이름을 붙이고 맨 뒤에 성을 쓴다. 즉 아흐멧의 아버지는 모함메드, 할아버지는 함메드, 증조할아버지는 압둘라다. 그리고 부족의 이름은 함바씨다. 우리는 이 복잡하고도 신기한 관성명을 실제 생활에서 맞닥뜨린 적이 있다.

하나가 드디어 타왐국제학교 부설 유치원에 다니게 되었다. 그 전에 몇 달 다녔던 어린이집은 돈만 제 날짜에 내면 절차상 준비할 서류가 따로 없었다. 그런데 정식으로 학교에 입학하려니 복잡한 서류를 작성해야 했다. 서류의 맨 첫 줄에 하나의 이름을 적어야 하는데 네 줄이나 선이 그어져 있었다. 하나의 이름과 아버지, 할아버지, 증조할아버지 이름을 적고 나중에 성을 써야 했다. '하나 주훈 주천

오만과 환대

봉수 김'(Hana Joohoon Jucheon Bongsoo KIM)이 하나의 공식 이름이 되었다. 이 이름은 서류에 기입할 때만 쓰는 건 아니었다. 학교에서 상벌을 줄 때, 졸업식, 입학식, 기타 모든 행사에 사용해야 한다. 선생님들은 읽기도 어려운 이 이름을 무슨 일이 있을 때마다 다 부르는 정성을 보인다.

남편은 아흐멧을 형님이라고 부르기 시작하면서 아흐멧의 성을 따라 쓰기로 했다. 약속한 것은 아니지만 형제 관계를 맺으면서 자연스레 한 성을 사용하게 되었다. 아흐멧은 무척 기뻐했다. 남편 또한 함바씨라는 성을 따르면서부터 틈날 때마다 그의 집에 찾아가 차를 마시며 자녀 얘기, 세상 돌아가는 얘기, 한국과 미국에서 경험한 일 등을 나누었다.

우리 집에 손님이 오면 이제는 당연히 아흐멧 집에 데리고 가서 인사를 시켰다. 최소한 하룻밤 이상 묵고 가는 손님들은 그 집에 가서 차를 마시든 식사를 하든 해야 했다. 그 손님들이 한국 사람이면 아흐멧은 더욱 좋아했다. 마침내는 두 시간 반 거리에 있는 그의 고향 집에도 가게 되었다.

고향으로 가는 길은 하나하나 사진으로 찍어 남기고픈 풍경이었다. 이런 풍경은 아마 오만에만 있을 것이다. 오만은 국토의 80퍼센트가 사막이고, 나머지 20퍼센트는 산과 광야, 그리고 해변이다. 사막과 광야는 비가 온 후에 차이가 난다. 비가 오고 나서 땅에 초록빛이 보이면 광야다. 땅 아래에 아직 생명을 품은 흙이 있다는 뜻이

다. 그러나 사막은 비가 오든 안 오든 변함없다. 비를 모조리 흡수해도 원래 모습을 유지한다. 파고 파도 모래만 나온다. 해안에서 멀어질수록 사막은 깊어진다. 사막과 해안의 경계선에는 산이 있다. 나무 없이 돌만 있는 돌산이다.

오만의 산을 사랑하기까진 시간이 좀 걸렸다. 그것은 모래처럼 서걱서걱한 내 마음에 꿀이 들어와 맛있는 과자가 된 듯한 심장의 변화였다. 어떻게 민둥산을 바라보기만 해도 힐링이 되고 끌어안고 싶은, 사랑스러운 태고의 아름다움으로 승화시킬 수 있었을까? 그것은 지금까지 답을 얻지 못한, 나도 알 수 없는 마음의 변화다. 이런 변화가 있고 나서 우리 가족은 시간이 날 때마다 산으로, 광야로 나

오만과 환대

가고 사막에도 갔다. 특히 산자락 끝에 있는 광야 혹은 와디(wadi, 건천)는 우리의 정서를 무장해제 시키는 곳이다. 와디는 강 모양을 하고 있으나 평소에는 말라 있다. 그러나 비가 내리면 물이 모여 흐른다. 하늘에서 내리는 비만 와디를 적실 수 있다.

아흐멧의 고향으로 가는 길에 서너 개의 와디를 지났다. 마침 비가 온 다음 날이라 물이 흐르고 있었다. 물이 흐르는 와디를 차로 물보라를 일으키며 가는 기분은 짜릿했다. 물가에 많은 가족들이 나와 소풍을 즐기고 있었다.

와디를 지나고 꼬불꼬불 들판이 맘대로 흩어져 자리한 광야와 몇 개의 높고 낮은 돌산을 지나니 갑자기 평평한 땅이 나타났다. 동네임을 알아볼 수 있는 표시는 하나도 없지만 동네의 시작이었다. 말뚝으로 경계를 표시한 곳이 보였다. 그 동네의 축구장이었다. 축구장은 근처에 사람이 살고 있다는 가장 분명한 표시라고 한다. 나중에 집으로 돌아오는 길에 그곳에서 축구하는 청소년들을 보았다. 소년들은 나름대로 옷을 맞춰 입고 경기를 하고 있었다. 선수들과 구별된 옷을 입은 심판도 있었다. 경기장 밖에 몇몇 관중까지 있으니 제대로 된 축구 경기였다. 문득 파티마의 말이 생각났다.

"오만의 소년들은 옷이 딱 두 종류예요. 캔두라와 축구복이요."

그만큼 오만의 젊은이들은 축구를 좋아한다.

동네 입구에서 오른쪽으로 난 외길을 따라가니 집이 한 채 나왔다. 아흐멧의 동생 가족과 아버지가 사는 곳이었다. 마당에는 울타리가 없었다. 집은 넓어 보였다. 마당을 앞에 두고 마른 야자나뭇가지로 지붕을 덮은 넓은 공간이 있었다. 기둥 네 개로 차양을 받치고 사방이 열린 곳이었다. 야외용 돗자리 위에 카펫이 깔려 있고, 그 위에 아흐멧의 아버지가 앉아 계셨다. 우리를 알아본 아버지가 반가워하며 일어나셨다. 파티마는 나와 하나를 데리고 집 뒤로 갔다. 집 뒤에 집안으로 들어가는 문이 있었다. 이미 부래미에서 우리 집에 와 같이 밥 먹고 놀기도 한 마리암과 동생들이 우리를 반갑게 맞아 주었다.

나는 여주인과 얘기를 나누었다. 같이 밤 산책하는 므나의 친언니로 이름은 카밀라였다. 카밀라도 구면이었다. 우리는 악수하면서

오만과 환대

볼인사를 했다. 환영하는 따뜻한 마음을 느낄 수 있었다. 모두 자리를 잡고 앉았다. 카밀라는 파티마와 조용조용 얘기를 나누다가 나를 자주 쳐다보며 웃음 지었다. 내 얘기를 하는 것 같았다. 못 알아듣는 걸 다행이라고 여기며 눈이 마주치면 나도 웃음으로 응대했다. 오만 사람들과 얘기할 때면 갑자기 말이 끊기고 조용해지는 순간이 있다. 그들은 그런 침묵을 자연스럽게 받아들인다. 누구도 어색해 하지 않는다. 시간이 지나면 누군가가 얘기를 꺼낼 것이고, 그러면 새롭게 대화를 이어 가면 된다.

파티마와 카밀라가 이야기를 끝냈을 때 잠시 정적이 흘렀다. 우리는 조용히 서로를 쳐다보면서 미소를 지었다. 아무도 대화에 쫓기지 않고 의무감 없이 편안히 있는 이 시간은 아주 강력한 의미가 되었다. 짧은 시간 내에 우리는 서로를 용납하게 된 것이다. 내가 누구인지 알리고 드러내지 않아도 상대방을 알 수 있는 길이 있다. 바로 침묵, 서로를 정직하게 보여주는 고요함이다. 그 시간에 우리는 서로를 있는 모습 그대로 용납하고 인정하는 깊이로 들어갔다.

잠시 후 카밀라의 아들 둘이 여러 과일이 담긴 큰 쟁반과 물컵과 물그릇을 들고 들어왔다. 남자들이 에피타이저를 끝낸 것이다. 이제 여자들의 차례가 되었다는 뜻이다. 카밀라는 능숙하게 과일을 깎아 잘랐다. 우리는 넓은 그릇에 담긴 물에 손을 씻고 과일을 먹기 시작했다. 분위기는 편안하고 자유로웠다. 초대한 사람도, 초대받은 사람도 아무런 거리낌이 없었다. 많은 대화가 아닌, 잠깐의 침묵이 준 선물이었다.

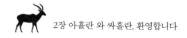

이어서 두 소년이 다시 큰 쟁반을 들고 들어왔다. 남자들이 먹고 남은 브리야니와 쌀루나, 샐러드였다. 카밀라는 나와 하나를 위해 음식을 따로 담아 주었다.

카밀라는 시골에 사는 게 어렵지 않다고 했다. 산 밑이어서 지하수를 쓸 수 있고, 덕분에 채소밭도 가꾼다고 했다. 채소밭은 생각보다 넓었다. 관리는 파키스탄 노동자가 하고 있었다. 카밀라는 채소 몇 가지를 뽑아 나눠 주었다. 우리나라의 열무순 같은 것과 근대였다. 채소와 과일이 귀한 오만에서 직접 기른 것을 선물받으니 기쁘고 감사했다. 우리는 준비해 간 케이크와 빵, 과자, 과일바구니를 드렸다. 식사를 마친 다음 동네를 한 바퀴 돌아보기로 했다.

이 동네는 아흐멧의 씨족 마을이었다. 집집마다 사촌, 당숙, 육촌 등 혈연 관계가 없는 집이 없었다. 그중 어렸을 때 가장 친하게 지냈던 집으로 우리는 들어갔다. 그 집에도 연세 든 할아버지와 할머니가 계셨다. 처음 보는 한국 사람에 대한 호기심 반, 경계심 반으로 대접하는 가족이었지만 분위기는 좋았다. 특히 아흐멧과 친한 육촌 형제 되는 분은 남편에게 질문을 많이 했다. 나이가 들었으면 취직부터 해야지 왜 언어를 배우면서 시간을 낭비하냐고 조언도 했다. 무슬림의 좋은 점을 얘기하며 무슬림이 되면 천국에 갈 수 있다고 포교도 했다. 옆에서 아흐멧도 한마디 거들었다.

"나도 하비브를 무슬림으로 만들기 위해 매일 기도하고 있어! 본받을 점이 많고 정직하고 참 좋은 사람인데, 한 가지 흠은 아직 무슬림이 아니라는 거야!"

동네를 한 바퀴 돌고 나서 산 쪽으로 올라가니 작은 계곡이 나왔다. 바위 사이에 물이 고여 있었다. 아흐멧의 둘째 아들 아싸드는 웃통을 벗고 물속으로 뛰어들었다. 물위로 솟구쳐 다시 물에 몸을 던지는 다이빙을 연속으로 몇 번이나 했는지 모른다. 우리는 그냥 발만 담갔다. 우리는 발길을 돌려 아흐멧의 동생인 살렘 집에 가서 작별인사를 나누었다. 마리암이 부래미에 오면 꼭 우리 집에 들르겠다고 약속했다. 아흐멧의 고향을 방문한 이후로 우리 사이는 더욱 편안해졌다.

처음 가 본 결혼식

아흐멧과 파티마의 친척들은 부래미 우리 동네에 흩어져 살고 있다. 이들은 모두 한 고향 사람들이다. 이모이지만 사돈이기도 하고, 당숙이지만 시아버지이기도 한 관계로 얽혀 있다. 하루는 파티마의 집과 대각선에 위치한 집을 방문했다. 그 집의 남자 주인은 파티마와 친척이고, 여자 주인은 아흐멧과 친척이었다.

집안 여자들이 마즐리스에서 우리를 맞이했다. 나도 오만 사람들처럼 인사를 했다. 이들은 처음 만나면 일어나 악수를 하지만 만남의 횟수가 늘어나고 친해지면 인사 방식이 달라진다. 먼저 한 손으로 악수를 하면서 다른 한 손으로는 상대방의 어깨를 가볍게 안는다. 동시에 얼굴을 비껴 맞대며 볼에 뽀뽀를 한다. 얼굴을 바꿔 가며 세 번에서 다섯 번 정도 더 볼을 맞댈 수 있다. 그러면서 안부를 묻고 대답한다.

볼을 맞대는 인사가 끝나면 악수한 손을 놓지 않고 얼굴을 마주 보며 계속해서 안부를 묻는다. "식사는 잘 하세요? 생활은 어때요? 둘째가 아프다고 들었는데 괜찮아요?" 등. 경우에 따라 대답 없이 서로의 안부만 계속 묻기도 한다. 최소한 3분에서 5분 정도 시간이 걸린다. 그 자리에 몇 명이 있더라도 똑같은 방식으로 한 명 한 명에게 그렇게 인사한다. 형식적인 면이 있긴 하지만 친하지 않으면 하지 않기에 친숙함의 표시다.

더 친해지면 카심(khashim)이라는 인사를 나눈다. 코와 코를 서로 부딪히며 하는 인사다. 여자들끼리 아니면 남자들끼리 "살람"이라고 말하며 콧등과 콧등을 부딪힌다. 카심은 주로 동성끼리 하고, 가족이나 가까운 친척 사이에서도 한다. 어른이 아이의 어깨를 끌어안고 머리에 입을 맞추는 경우도 있다. 사랑스런 자녀에게 복을 빈다는 의미다. 반대로 젊은이가 나이든 분에게, 특히 손자 손녀가 할아버지나 할머니의 정수리에 입을 맞추는 경우도 있다. 이는 존경의 표시다.

이 집안의 여주인은 길에서 자주 만났던 아주머니였다. 나보다 나이가 더 들어 보였다. 그분도 나를 알아보며 반가워했다. 다른 여자 분은 별로 말이 없었다. 조금 떨어진 곳에 앉은 세 여자는 모두 딸들이라고 했다. 그중 한 명이 한 달 후에 결혼을 한다고 했다. 그녀는 상기된 표정으로 결혼 준비 얘기를 하며 나를 결혼식에 초대했다. 나는 기꺼이 가겠다고 대답했다.

그날 저녁, 산책하면서 나는 파티마에게 그 집의 자녀들이 꽤 많은 것 같다고 말했다. 파티마는 웃으며 대답했다.

"그 집의 자녀가 사실은 25명이에요."

"25명이 다 친자식이에요?"

"그럼요. 첫 번째 부인과 두 번째 부인에게 낳은 자녀를 다 합한 수예요. 오늘 우리를 대접한 분이 첫 번째 부인이고, 말 없이 구석에 앉아 있던 분이 두 번째 부인이에요. 겉으로는 사이가 좋은 것 같지만 알고 보면 그렇지 않아요. 다음 달에 결혼하는 딸은 첫 번째 부인의 딸이에요. 자식이 많은데 모두 같은 집에 살다 보니 매일 이런저런 일들이 생겨요."

오만뿐 아니라 이슬람 국가에서는 이슬람법상 남자가 합법적으로 네 번까지 결혼할 수 있다. 남자의 경제력에 따라 각각의 부인에게 따로 집을 사 주어 그 부인이 낳은 자녀들과 같이 살게 하거나, 한 집에서 방을 따로 주어 모여 살 수도 있다. 두 번째, 세 번째, 네 번째 여인을 자기들끼리 '파트너'라고 부른다. 남편을 공유하기 때문이다. 이들은 서로 이름을 부르기 때문에 우리나라와 달리 호칭에 덜 민감한 편이다. 이들의 자녀는 첫 번째 부인이 낳은 자녀와 동등하게 호적에 올라가고 동등한 대접을 받으며 사회에서도 차별을 받지 않는다. 남편이 두 번째 부인과 결혼하며 패물을 해주는 경우, 첫 번째 부인에게도 똑같은 패물을 주어야 한다. 아무래도 첫 번째 부인이 집안의 대소사에서 대표격이고 관습적으로 더 대우를 받는다.

한 달 후 결혼식에 갔다. 결혼식은 바로 그 집 앞 공터에 집보다 더 큰 텐트를 치고 그 안에서 이루어졌다. 바닥에 카펫을 깔아 손님들이 앉을 수 있도록 했다. 네 군데에 설치한 대형 에어컨이 돌아가며 더위를 식혀 주었다. 저녁 8시 반쯤 시작한다고 들어 그 시간에 맞춰 준비를 끝내고 집 안에서 파티마를 기다리고 있었다. 누르, 후다, 와다를 데리고 9시에 파티마가 벨을 눌렀다. 대문에서 만나자마자 이렇게 늦어도 괜찮냐고 물어보았다. 파티마는 여유 있는 표정으로 10시나 되어야 신부가 나타날 거라고 말했다.

결혼식장에서는 음악이 쿵쾅거리며 크게 울렸다. 나는 무슨 옷을 입고 결혼식에 가야 할지 몰라 파티마에게 미리 물어보았다. 이런 기회에 오만 여인처럼 꾸며 보고 싶었지만, 파티마는 굳이 아바야를 입을 필요는 없고 그저 입고 싶은 옷을 입으라고 했다.

선물은 무엇을 할지 고민하다가 여유분으로 갖고 있던 기초 화장품 세트를 포장해 가져갔다. 오만 사람들끼리는 결혼할 때 특별히 선물이나 부조금을 내지 않는다고 한다. 결혼식에 참석해 함께 식사하는 것으로 충분하다고 생각한다. 하지만 우리 부부를 형제처럼 대해 주는 파티마의 체면을 생각해서라도 나는 선물을 준비하고 싶었다.

결혼식에 온 여자들은 그리 많지 않았다. 친척들과 동네 아주머니들이 전부였다. 모두 한결같이 검은색 아바야를 입고 있었다. 그러나 신부의 친자매들은 화려한 드레스를 입었고, 머리에는 아무것도 쓰지 않았다. 신부 못지않게 꽃과 핀과 장식으로 머리를 꾸몄다.

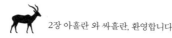

화장도 화려했다. 그들은 손님들 사이를 다니며 인사하고 음식을 권했다. 남자들은 텐트 안에 들어올 수 없었다. 오직 여자들만 참석하는 결혼식이다.

음식으로 과일과 브리야니와 음료수가 나왔다. 손님들은 큰 쟁반에 둘러앉아 음식을 먹으며 교제를 나누었다. 구두를 신고 바닥에 앉아 있으려니 불편했다. 대형 선풍기가 돌아가고 있었지만 바람이 닿지 않는 곳은 땀이 줄줄 흐를 정도로 더웠다. 그러나 아무도 불평하지 않았다. 음식을 먹은 후 사람들이 한두 명씩 일어나 밖으로 나갔다. 음악이 더 크게 울리고, 신부의 자매들은 음악에 맞춰 춤을 추기 시작했다.

손님들이 나가는 것과 상관없이 친척들은 남아 신부를 기다리며 춤추는 신부의 자매들을 바라보았다. 난생 처음으로 눈앞에서 밸리댄스 하는 광경을 보았다. 오만에서, 그것도 아주 보수적인 시골 동네에서 이런 공연을 보게 될 줄이야. 가장 화려한 드레스를 입고, 스카프인 쉐일라를 풀어 엉덩이에 살짝 묶은 다음 손을 위로 올리며 추는 밸리댄스는 화려함을 넘어 관능적이었다.

밤 10시가 되었을 때, 신부가 텐트 앞에 도착했다는 연락이 왔다. 동시에 아바야를 차려입은 한 무리의 여자들이 들어왔다. 부래미에서 한 시간 떨어진 도시 소하르에서 온 신랑의 가까운 친척들이었다. 신부의 자매들이 그들을 안내하고 음식을 차려 냈다. 그 사이에 음악이 바뀌었다. 신부를 맞이하는 음악이었다.

모든 시선이 천막 입구로 쏠렸다. 신부는 텐트 입구에 혼자 서 있

오만과 환대

었다. 아버지 없이 크고 화려한 흰색 꽃다발을 든 채 발을 떼지 못하고 한참을 서 있었다. 신부의 자매들이 신부 옆으로 가 입을 막았다 떼며 소리 지르고 신부를 환영하는 기쁨을 연신 표현했다. 신부는 음악에 맞춰 발을 떼었다. 혼자 30미터는 됨직한 레드카펫을 밟으며 천천히 걸어 들어와 신부가 앉도록 준비된 무대에 올라갔다. 무대는 너비가 10미터 정도 되었다. 신부는 그곳을 두 번 정도 왔다 갔다하며 하객들에게 인사를 했다. 그런 다음 화려하고 멋드러진 의자에 앉았다. 가까운 가족들이 한 명씩 무대 위로 올라가 신부에게 입 맞추며 인사하기 시작했다. 나도 일행을 따라 무대 위로 올라가 신부에게 "결혼을 진심으로 축하해요. 행복하세요. 축복해요"라고 말하며 선물을 건넸다.

하객들의 인사가 다 끝나고 음악이 바뀌자 모든 여자들이 쉐일라를 정돈하여 쓰기 시작했다. 어디서 가지고 왔는지 신부의 자매들도 쉐일라를 쓰고 얼굴에 차도르까지 내렸다. 조명도 어두워졌다. 알고 보니 신랑이 신부를 데려가기 위해 텐트에 들어오는 순서였다. 오만 여자들은 낯선 남자가 오면 무조건 쉐일라를 써야 한다. 파티마는 검은 장갑까지 끼고 왔다(파티마처럼 보수적인 여성들은 언제나 검은 장갑을 가지고 다닌다).

오만의 결혼식, 특히 여자들이 모인 결혼식장에 유일하게 들어올 수 있는 남자는 신랑뿐이다. 신랑은 아내를 데리러 모든 여자들의 눈빛과 수군거림을 감수하고 홀홀단신 레드카펫을 지나 신부에게 걸어가야 한다.

2장 아흘란 와 싸흘란, 환영합니다

101

신랑은 긴장한 얼굴로 천막 입구에 섰다. 오만의 전통 복장을 하고 있었다. 꼼마를 쓰고, 허리에 한자르(khanzar, 끝이 구부러져 올라가 있는 오만의 전통 칼)를 차고 있었다. 신랑은 음악에 맞춰 성큼성큼 신부에게 걸어가 얼굴을 덮고 있는 베일을 벗기고 머리에 입을 맞추었다. 그런 다음 주머니에서 반지를 꺼내 신부의 손가락에 끼워 주었다. 그 사이에 여자 사진사가 돌아다니며 사진을 찍었다. 신랑은 신부의 손을 잡고 우리를 보고 마주섰다. 얼굴은 완전히 굳어 있었다. 눈동자조차 움직이지 않았다. 신부도 고개를 숙이고만 있었다. 둘은 오늘 처음 만난 것이라고 했다.

신랑이 신부의 손을 잡고 걷기 시작했다. 신랑신부의 자매들은 열심히 입에 손을 댔다 뗐다 하며 "오오오오오~" 하고 외쳤다. 신랑이 계단을 내려갈 때 넘어질 뻔했으나 다시 자세를 바로잡았다. 신부를 붙잡은 손을 놓지 않으려고 애처로울 정도로 힘을 주고 있었다. 그 손은 점점 올라가기 시작해 어느새 어깨까지 올라왔다. 신랑신부만 그 사실을 모르는 듯했다. 둘 다 잡은 손을 놓치면 안 된다는 사명감에 불탄 의지만 얼굴에 확연했다.

우리는 차마 소리 내지 못하고 킥킥대다가 나중에는 끅끅 소리가 나도록 웃었다. 각자 집으로 돌아가면서는 내일 밤 꼭 산책을 하자고 약속했다.

오만과 환대

3장 알 아이샤 싸위야,
이웃으로 살아가기

취직

남편은 1년 동안 다니던 아랍어 학원을 그만두었다. 이 학원은 2년 코스다. 1년만 공부했다는 것은 절반을 수료한 게 아니라 하다가 말았다는 뜻이다. 그동안 남편은 아랍어를 재밌게 배웠다. 틈만 나면 공부하고 이웃과 어울리며 연습했다. 아랍어 코스 2년을 마치면 수료증을 받을 수 있다. 이 수료증은 아랍 지역, 특히 걸프지역에서 취업하는 데 도움이 많이 된다. 아랍어를 사용하는 22개국의 공용어 후사(정통 아랍어)를 배우기 때문에 신문을 보든, 방송을 듣든 소통이 가능해진다. 또한 걸프지역에서만 사용하는 암미야(지역 방언)도 함께 배워 오일머니가 많은 걸프지역에서는 아주 유용하다. 반면, 1년만 배운 사람에게는 아무 수료증도 주지 않는다.

그런데도 남편이 과감히 그만둔 것은 직장을 잡기 위해서였다. 오만에 오기 전에는 취직이 그리 어려울 것 같지 않았다. 그러나 막상

오만과 환대

오만에 살면서 알아보니 경쟁이 치열했다. 서로서로 아는 사람을 소개하고 이끌어 주는, 보이지 않는 손이 틈새에서 움직이고 있었다. 특히 인도나 파키스탄, 이집트, 시리아에서 온 사람들은 자기 근무처에 자리가 나면 아는 사람끼리 밀어 주거나 끌어 주고 있었다. 남편은 이력서를 제출한 후 연락이 오기만을 목 빼고 기다리다가 이웃들에게 이런 실정을 듣고 나서야 취업 전선을 뚫기가 얼마나 어려운지 알게 되었다.

그때부터 남편은 이력서를 들고 수도 무스캇은 물론 남부, 북부지역을 마다하지 않고 대학교가 있는 곳이면 어디든지 찾아다녔다. 주중에는 혼자 당일치기로 다녀오고, 주말에는 가족여행 삼아 가끔 먼 지역까지 함께 다니기도 했다. 그렇게 한동안 시간만 보내다가 부래미에 새로운 종합대학이 생긴다는 소식을 들었다.

오만에서 사립대학 설립은 일종의 비즈니스다. 그것도 안정적인 수입이 보장되는 실속 있는 사업이다. 오만의 대학생들 대부분은 정부에서 주는 장학금을 받는다. 정부에서 내주는 등록금이니 깎일 일도, 날짜를 지나칠 일도 없다. 학교 부지나 공사비 등도 교육 사업에 해당하기 때문에 일단 학교를 세우면 여러모로 혜택을 받는다. 이는 교육계에 몸담고 있는 사람뿐 아니라 비즈니스에 밝은 사람이라면 누구나 아는 비밀이다. 그러니 인구 8만의 작은 도시지만, 오만에서 네 번째로 큰 종합대학교가 부래미에 들어서는 것이 그리 놀랄 일도 아니었다.

대학교 이름은 부래미 종합대학(University of Al Buraimi)이다. 그해

8월에 개강하는 걸 목표로 학교 건물을 알아보고 직원을 뽑는다고 들었다. 남편은 그곳에도 이력서를 냈다. 원래 남편은 아랍어 어학 과정이 끝나면 수도인 무스캇으로 가길 원했다. 오만에 오기 전부터 무스캇으로 마음에 정했다. 그래서 수도에 있는 대학들을 집중적으로 찾아다니며 이력서를 제출하고 인사를 다녔다.

오만의 대학에서는 교육학과와 법학과를 제외하고 모두 영어로 수업을 한다. 그래서 대학마다 외국에서 온 교수들이 대다수다. 그 중 미국과 영국, 호주, 뉴질랜드 등 영어권에서 온 사람들도 있지만, 영어권 나라에서 학위를 받은 비영어권 사람들이 훨씬 더 많았다. 그러나 행정 직원은 오만인이 대다수였다.

무스캇의 대학에서 면접을 보러 오라는 곳도 몇 군데 있었지만, 그렇지 않은 곳이 많아지면서 남편은 점점 초조해 했다. 그 사이 아이들은 무럭무럭 자라고, 우리는 이웃들과 친해지며 안정되었지만 경제 형편은 갈수록 안 좋아지고 있었다. 아랍어 배우는 걸 그만두고 취직자리를 알아보러 다닌 지 벌써 한 학기가 지났다. 각 대학마다 새 학기가 이미 시작되었다. 그럼에도 남편은 포기하지 않았다. 그럴 수 없었다. 하나님께서 우리를 오만으로 불러 주신 목적이 분명 있다는 믿음이 그를 붙잡아 주었다.

남편이 취직 자리를 알아보러 분주히 다니는 걸 알고 있던 아흐멧이 어느 날 찾아왔다. 남편보다 더 수심에 찬 얼굴이었다. 오만 사람들도 우리 한국 사람들처럼 어떤 직업을 가지고 있는가를 중요시한다. 아흐멧은 남편이 대학에서 교수로 일할 계획이라는 말을 듣고는 주변 친척이나 친구에게 '교수 동생'이라며 자랑했다. 그런데 그 후로 1년 반이 지나도록 취직을 못하고 있으니 걱정될 만도 했다.

"동생, 걱정하지 마. 알라가 돌보실 거야!"

아흐멧이 남편의 어깨를 두드리며 말했다.

무슬림인 아흐멧도 희망을 갖고 있는데, 만물을 지으신 창조주 하나님을 믿고 있는 우리는 어떠해야 할까? 남편은 주님을 온전히 의지하는 마음을 다시 굳게 하고 의지를 불태웠다. 다음 날부턴 가까운 곳부터 알아봐야겠다며 신설 중인 부래미 대학을 방문했다. 꼭 수도 무스캇이 아니어도 친형이나 다름없는 아흐멧의 가족이 있는 부래미에서 취직되어도 좋겠다는 소망을 품은 것 같았다.

10월 첫 주, 그날도 남편은 부래미 대학에 가 본다며 나갔다. 두 시간 후 대문간에서 "여보" 하고 크게 부르는 소리가 들렸다. 남편의 얼굴에는 웃음이 가득했다.

"내일부터 출근하게 됐어!"

남편이 들려준 이야기는 다음과 같다.

그날도 여느 때처럼 남편은 부래미 대학 사무실에 들렀다. 학교는 이미 개학하여 학생들과 교수들이 분주하게 오가고 있었다. 남편이 지원한 경영학부의 학장은 그동안 한 번도 보지 못하고 비서만 만났기에 그날도 비서와 인사를 했다. 그런데 비서가 이렇게 말했다.

"오늘 마침 학장님이 처음 출근하셨어요. 한번 인사 나누세요."

남편은 비서를 따라 학장 사무실로 갔다. 학장은 오스트리아 사람이었는데, 경영학부 학장직과 부래미 대학 총장직을 겸하고 있었다. 학장은 학교와의 계약 문제로 수업 시작 전에 올 수 없었다고 먼저 양해를 구했다. 출근하고 나서야 얼마나 학기가 진전되고 있는지 알았다며 일을 빨리빨리 진행할 수밖에 없다고 했다. 그리고 남편에게 물었다.

"내일부터 당장 출근할 수 있어요?"

"네? 내일부터요?"

"네, 내일부터요. 여기 수업 시간표와 교실 위치도를 드릴게요."

"할 수는 있지만 너무 갑작스럽네요."

"미안합니다. 저도 당황스러워요. 최소한 교수들을 뽑아 놓고 학생들을 받은 줄 알았는데 와 보니 가르칠 사람이 아무도 없네요. 당장 내일부터 가르칠 사람이 필요한데 마침 와 주셨으니 정말 감사합니다. 이력서가 이렇게 쌓여 있어도 이제부터 면접 보고 채용하려면 시간이 얼마나 걸리겠습니까? 게다가 다 외국에서 와야 하는데…."

학장은 사정 이야기를 신속하게 들려 주었다.

"참, 집은 어디세요? 혹시 한국에 갔다와야 하는 건 아닌가요?"

"아닙니다. 현재 부래미에서 살고 있습니다."

학장은 남편의 두 손을 굳게 잡으면서 말했다.

"아이고, 참 잘 되었습니다. 저를 도와주시는 거예요. 내일부터 출근하시면 감사하겠습니다."

그렇게 남편은 부래미 대학에 공식적으로 채용되었다. 가르치는 과목은 회계학이었다. 남편은 얘기를 하면서도 믿기지 않는다는 표정을 여러 번 지었고, 나 또한 남 얘기를 듣는 것 같았다. 분명한 건 남편이 당장 다음 날부터 출근해야 한다는 것이었다. 먼저 감사 기도를 드리고, 이 소식을 아흐멧 부부에게 전했다. 그들은 크게 웃으며 자기 일처럼 기뻐해 주었다.

그날 저녁, 평소처럼 아이들을 재우고 산책을 나갔다.

"마부룩!(축하해) 마부룩!"

파티마뿐 아니라 다른 친구들도 손을 잡으며 축하해 주었다. 산책을 마치고 집 앞에서 헤어질 때, 파티마가 나를 꼭 끌어안으며 말했다.

"이제 우리는 진짜 이웃이에요."

"진짜 이웃이요? 전에는 가짜 이웃이었나요?"

"그전에는 언제든지 떠날 수 있는 사람이었죠. 하지만 이제 직장이 생겼으니 쉽게 떠나지 않을 거잖아요. 그렇죠?"

그렇다! 이제 우리는 오만에서 직업을 가지고 정착하게 되었다.

"네, 맞아요. 우리는 부래미에서 살 거예요. 무스캇이나 소하르에 가지 않고 파티마 가족 옆에서 계속 살 거예요."

가슴이 뭉클했다. 그동안 우리 부부는 한 번도 이런 생각을 하지 못했다. 아흐멧 가족을 몹시 좋아하면서도 왜 이들과 오래오래 함께하고 싶다는 생각을 못했을까? 아무래도 우리는 더 배워야 하나 보다. 사랑을 하되 온 마음과 몸과 정성으로 하는 법을 말이다. 매순간 그 옆에서!

3장 알 아이샤 싸위야, 이웃으로 살아가기

벌집

남편은 하루도 빠지지 않고 마당의 라벤더나무에 물을 주었다. 비단 우리 집만 그런 건 아니었다. 저녁식사를 마치고 대문 밖에 나가 보면, 옆집의 아흐멧도 길고 흰 러닝셔츠 차림에 허리를 몇 번 휘감은 천을 걸치고 대추야자나무에 물을 주고 있었다. 거의 집집마다 볼 수 있는 풍경이었다. 대각선 집이나, 인사를 튼 왼쪽 길 건너집 모함메드 아저씨도 같은 차림을 하고 나무에 물을 주었다.

우리 집 마당의 라벤더는 내가 예전에 다른 데서 본 라벤더와 달랐다. 고상하고 은은한 향을 풍기는 보라색 꽃다발과는 거리가 멀다. 우리 집의 라벤더는 그야말로 쭉쭉 치고 올라오는 나무다. 처음 이사할 때 내 허리께까지 온 라벤더는 나중에 남편의 키를 훌쩍 넘기도록 자랐다. 대문을 열면 양 옆으로 줄지어 있는 라벤더나무가 주는 위로와 유쾌함은 말로 다할 수 없었다. 가지 맨 끝에 보라색으

오만과 환대

로 종알종알 줄줄이 맺힌 꽃들을 보려고 고개를 들면 기분이 상쾌해졌다.

대부분의 집은 대문 옆에 화단 같은 공간을 만들어 대추야자나무를 심었다. 대추야자나무는 잎사귀가 커서 초록색을 여간해서 볼 수 없는 사막이나 광야에서 관상용으로 많이 심는다. 실용적인 면에서도 그 열매는 과거엔 사막에 사는 아라비아 사람들의 식량으로 쓰였다. 가을이면 짙은 갈색, 밤색, 붉은 색 등으로 탐스럽게 열매를 맺는데, 종류만 해도 140여 종이 넘는다고 한다.

예로부터 오아시스 지역으로 유명한 부래미에는 대추야자 농장이 특히 많다. 주변으로는 높고 낮은 돌산들이 꽤 있어 지나던 구름이 산을 넘지 못하고 서성이다가 부래미 지역에 비를 자주 내린다. 물론 우리가 살면서 경험한 비는 1년에 많아야 서너 번이었다. 그것도 한두 번은 해가 쨍쨍할 때 15분 정도 흩뿌리다 가는 비였다. 한 번 정도는 소나기처럼 아주 심하게 쏟아질 때가 있다. 하수 시설이 전혀 없는 오만은 비가 오면 전부 땅에 흡수된다. 부래미와 근처에 있는 땅들은 이 비를 잘 모아 땅 밑의 지하수로 흘려 보낸다. 사막에 왠 지하수인가 하겠지만 오만은 이런 신비가 가능한 지형이다.

대추야자는 당도가 높다. 내 입맛에 대추야자는 우리나라의 말린 곶감과 비슷한 맛이다. 길쭉하고 엷은 갈색의 투명한 껍질이 섞이고 검지 길이의 열매를 최상품으로 친다. 가장 흔한 종류인 붉은 빛이 도는 대추야자는 할루와(halwa)와 시럽을 만드는 데 많이 사용한다. 할루와는 오만을 비롯한 아랍 가정에서 꼭 내놓는 후식이다. 초콜릿 색깔의 달콤한 젤리와 비슷한데 100퍼센트 대추야자로 만든다. 지금도 오만 가정에서는 직접 집에서 만들어 먹고 손님에게도 대접한다. 당도가 매우 높아 한국 사람들은 먹기 힘들어하기도 한다. 우리는 이 음식에 익숙해졌는지, 고기를 먹고 시큼 쌉쌀한 아라비안 커피에 할루와나 대추야자를 곁들어야 제대로 한끼를 잘 먹은 기분이 든다.

오만 사람들은 광야에 광범위하게 퍼져 있는 조각목이라고도 부르는 싯딤나무를 마당에 심기도 한다. 우리 집 옆에는 커다란 싯딤

대추야자를 수확하는 모습

오만과 환대

나무가 자라고 있다. 아카시아 나무과에 속하는 이 나무는 잎사귀도 있지만 가시가 더 많다. 나도 가시에 한번 찔려 보았다. 독성이 너무 강해 약을 발라도 후유증이 2주 정도 계속되었다. 이 나무가 1년에 두 번 노란 꽃을 피울 때면 벌들이 자주 주위에서 윙윙거린다. 이 작은 꽃들이 건조하고 메마른 공기에 특별한 향기를 내뿜기 때문이다.

우리 집 마당에는 대추야자나무 외에 낙엽이 좀더 풍성한 나무들이 세 종류 정도 더 있고, 안방과 하나 방의 창문 아래에는 부겐빌레아 꽃나무가 자랐다. 짙은 분홍색과 흰색 꽃이 일 년 내내 핀다. 이 꽃은 향기가 없는 것 같은데 벌이 많이 날아온다. 환기시키려고 창문을 열었다가 벌이 집안에 들어와 내쫓느라 몇 번이나 고생했다. 부겐빌레아를 비롯해 우리 집의 모든 나무와 식물은 사시사철 그 모습을 유지했다. 우리 가족은 이 정원을 정말 사랑하고 아꼈다. 4월에서 11월 사이에는 날이 뜨거워 밖에 나갈 수 없었지만, 12월이 되면서 기온이 조금씩 내려가 2월까지는 나비가 날아다니고 벌이 윙윙 거리는 마당에서 아이들과 노는 게 우리 가족의 가장 큰 낭만이고 추억이었다.

어느 날 정원에 벌떼가 날아다니는 모습이 눈에 띄었다. 가만히 보니 이들이 움직이는 방향이 일정했다. 경로를 살금살금 쫓아가 보았다. 부겐빌레아나무 사이에 내 얼굴보다 더 크고 밤색빛이 도는 짙은 회색 바구니가 달려 있었다. 벌들은 그곳에 들어가기도 하고 나오기도 했다. 벌집이었다. 벌집 끝에선 꿀이 조금씩 떨어지고 있었다. 이런 곳에 벌집이 있다니!

그날 밤 산책길에서 벌집 이야기를 파티마에게 했다. 다음 날 아흐멧이 찾아와 벌집을 보여 달라고 했다. 벌집을 찬찬히 들여다보던 아흐멧은 자기도 어떻게 해야 할지 모르겠다며 돌아갔다. 벌집을 보러 다시 갔더니 벌들이 새 벌집을 옆에 짓기 시작하고 있었다. 하나로는 모자랐던 모양이다. 며칠 뒤 아흐멧의 동생 살렘 가족이 우리 집에 놀러 왔다. 그날 저녁 살렘은 낫과 비슷한 연장을 들고 모자를 쓰고 장갑까지 낀 모습으로 나타났다. 그는 벌집을 채취하기 위해 근처로 조심스럽게 걸어갔다. 우리는 살렘이 혹시 벌에 쏘이지 않을까 조마조마한 마음으로 멀찌감치 서서 지켜보았다. 다행히 벌들은 순순히 자신들의 집과 꿀을 내주었다.

오만과 예멘에서 나는 꿀은 아라비아 지역에서 상당히 유명하다. 꿀의 맛과 색과 질감은 다른 지역에서 나는 것과 달리 마치 탕약을 다린 것 같다. 값도 사우디아라비아산이나 호주산보다 세 배 정도 더 비싸다. 오만 사람들은 그 꿀을 보약처럼 생각하고 집에 쟁여 놓는다. 오만 꿀은 일반 꿀에 비해 단맛이 훨씬 적고 덜 반짝이며 검은 색을 띤다. 한마디로 꿀 같지 않은 꿀이다. 건조한 땅이지만 나무가 있고, 꽃이 있으며, 꿀까지 있는 오만! 살아 보지 않으면 몰랐을 이런 신비로움을 간직하고 있는 오만이 갈수록 더 좋아졌다.

라마단

옆집 아흐멧네를 시작으로 앞집, 뒷집, 대각선 집에 모두 오만 사람이 살고 있다는 걸 차츰 알게 되었다. 처음에는 아흐멧 가족하고만 왕래했으나 파티마나 후다를 통해 다른 집들과 인사하면서 관계가 점점 더 넓어졌다. 특히 라마단(이슬람의 명절 중 하나다)은 이웃과의 관계를 깊고 넓게 만드는 기폭제가 되었다.

오만 사람들에게 라마단은 축제다. 라마단 기간에는 해 뜨고 나서 해 질 때까지 물을 포함해 아무것도 입으로 넘기지 않는다. 해 뜨기 전에 미리 먹는 음식을 사후르(sahur), 해 진 후에 먹는 음식을 이프타르(iftar)라고 한다. 이프타르는 '금식을 깬다'라는 뜻이 있다. 새벽부터 아무것도 먹지 않고 일몰까지 기다렸다 해가 진 후 금식을 마치고 먹는 식사를 의미한다. 보통은 위에 자극을 주지 않게 생수를 곁들인 대추야자와 스프 정도를 가볍게 먹는다. 이프타르를

먹은 후 한두 시간이 지나면 만찬을 먹는데, 고기와 샐러드, 브리야니, 쌀루나 등 풍성히 차린 음식을 온 가족이 함께 먹으며 하루 종일 배고픔을 잘 견딘 것을 서로 격려한다.

여자들은 오후 기도가 끝나면 음식을 준비하기 위해 부엌에 들어간다. 라마단 기간에는 달콤한 디저트 종류를 특히 많이 만든다. 각종 케이크와 과자 등을 직접 굽고 모양을 낸다. 음식을 만드는 여자들의 속내에는 밤에 모여 서로 자랑하고 품평할 것을 상상하는 그림도 있다. 저녁을 먹은 후 밤 10시가 지나면 이웃들 간에 서로 방문하여 차를 마시고 담소를 나눈다. 이 시간에 대문 밖에 서 있으면 진풍경을 볼 수 있다. 남자들은 낮에 볼 때보다 더 하얗게 보이는 캔두라를 다려 입고 꿈마를 쓰고 오른손에 찻주전자(달라, dhala)를 들고 이웃을 방문한다.

가까운 이웃집에 약속 없이 대문을 열고 남성용 마즐리스로 들어가면 방 중앙에 손님에게 대접할 과일 쟁반이 놓여 있다. 그 옆에는 낮부터 집안 여자들이 정성 들여 구운 비스킷과 케이크, 이때만 원 없이 먹을 수 있는 초콜릿이 종류별로 예쁜 그릇에 소복히 쌓여 있다. 큰 볼에는 찻잔이 대여섯 개씩 담겨 있는데, 새로 오는 손님들마다 볼에 담긴 물로 찻잔을 씻어 대접하기 위해서다. 자기 찻주전자를 들고 간 남자는 볼에 담겨 있는 찻잔을 꺼내 차를 따라 주인에게 주고 자기도 마신다. 예쁘게 깎아 낸 손톱 모양의 초승달 빛 아래 흰 옷을 입고 마을 골목과 거리를 분주히 오가는 오만 남자들의 발걸음은 라마단이 깊어 가면서 더욱 분주해진다. 보름을 향해 서

서히 차오르는 달처럼 그들만의 관계와 정을 쌓기 위해 찻주전자를 들고 행여 한 집이라도 놓칠세라 부지런히 찾아다닌다.

라마단 기간에 제일 바쁜 사람은 여자들이다. 주부들은 오후 기도 시간이 끝나면 곡기를 입에 대지 않은 상태로 음식 만드는 일에 열중한다. 끊임없이 튀기고, 볶고, 굽고, 썰고, 끓이는 일은 전부 여자들의 몫이다. 이때에는 집안의 모든 여자들이 일에 참여한다. 예닐곱 살의 여자아이도 옆에서 심부름을 한다.

이프타르가 끝난 후 저녁을 먹고 나면 여자들의 마음은 더욱 바빠진다. 남자들 못지않게 여자들도 라마단 기간 동안 서로 방문하여 밤새도록 이야기꽃을 피운다. 여자들의 방문은 남자들의 방문과 차원이 다르다. 보통은 낮에 만든 쿠키나 맛있는 빵 종류, 가볍게 먹을 수 있는 오만 특유의 분식 등을 쟁반에 담는다. 쟁반 지름이 50-60센티 정도 되기 때문에 여자들은 이것을 머리에 이고 간다. 검은 아바야를 입고, 옆에는 딸을 서너 명씩 데리고, 머리에는 쟁반을 인 여자들이 소리 없이 이 집에서 저 집으로 사브작사브작 오가는 진풍경이 펼쳐진다.

여자들은 보통 집안에 있는 여성용 마즐리스에 다 같이 모인다. 열 살 미만의 남자아이들이 엄마를 따라 들어오기도 하지만 드문 일이다. 여자들은 오늘은 무엇을 만들었고, 재료는 무엇을 사용했고, 둘째 딸이 처음으로 어떤 조리법을 시도해 봤다는 등의 얘기로 말문을 떼며 각자 준비한 음식을 내놓는다. 그런 다음 다른 집의 음식을 먼저 맛보고 평가하기 시작한다. 이때가 가장 긴장되는 순간이다. 모두 음식 심사단처럼 음식을 여기저기 돌려 훑어본 후 조금씩 떼어 씹으면서 음미한다. 음식을 삼킬 때도 눈을 허공에 고정하고 신중하게 넘긴다. 그런 후 각자 평가하기 시작한다. 그러나 정작 칭찬 일색의 평가에 나는 조금 실망했다. 자기 음식에 대해 비판받지 않으려는 고도의 전략이라는 건 하루 만에 알게 된 비밀이다.

라마단 기간에 여자들은 대개 헤나(henna) 문신을 한다. 헤나나무 잎을 빻아 서로의 손과 발에 문양을 그려 넣는다. 천연 헤나는 보통 2주 정도 유지된다. 라마단이 끝날 무렵이면 처음 했던 헤나 문신이 다 지워져 있다. 라마단 축제가 끝났음을 알리는 것이다. 라마단이 끝나는 날이나 그 전날에는 다시 모여 헤나를 한다. 집집마다 최소한 한 명은 헤나를 잘하는 사람이 있다. 그중에서도 실력이 좋은 사람은 동네에 소문이 나서 예약을 받고 이 집 저 집으로 불려 다닌다.

라마단 기간에 오만 사람들은 보통 서로 만나 용서를 구한다. 가족 간에, 친척 간에, 이웃 간에, 친구 간에 지난날을 돌아보며 잘못을 솔직하게 털어놓고 용서를 구하는데, 이때만큼은 용서 못할 일이 없다. 그래서 밤마다 할 얘기가 많은가 보다. 라마단 기간에 보내는 길고 긴 밤의 이야기는 항상 그들의 신 알라(Allah)의 이름으로 끝맺는다. 그들과 헤어지는 시간이 되면 나 또한 내가 믿는 신 하나님(Almighty God)의 이름으로 혼자 조용히 마무리하곤 했다.

오만과 환대

십 대

언제부턴가 남자아이들이 매일 우리 집 앞에서 축구를 하기 시작했다. 남편과 악수 한 번 한 것이 허락을 뜻하는 양 그들은 당당하게 공을 찼다. 아예 대문을 골대 삼아 쾅쾅거리며 공을 차기도 했다. 주의를 줘도 그때뿐이었다.

한번은 쿵 하는 소리가 나서 얼른 커튼을 젖히고 밖을 내다보았다. 동네 사람들이 슬슬 일어나는 낮 시간이었다. 이웃집 남자아이가 담을 넘어 우리 집 안마당에 들어온 것이다. 이제 중2가 된 남학생이었다. 그 학생은 안에서 대문을 열었다. 그것도 큰 문 두 짝을 다열었다. 그러더니 자전거를 끌고 들어와 그늘 있는 벽에 기대어 놓고 나갔다. 두 시간 후 다시 쿵 소리가 나더니 그 학생이 또 한번 담 넘어 들어와 자전거를 끌고 나갔다. 다음 날은 다른 녀석이 왔다. 두 녀석이 번갈아 가며 오기도 하고, 때론 같이 오기도 했다. 다행히 현관

문을 열고 들어오진 않았다. 물론 나는 현관은 항상 잠그고 있었다.

대문이 축구 골대가 되고, 옆집 중학생 아들 두 명의 잦은 월담의 날이 계속되던 중, 한 미국인 가정이 우리 집에 저녁을 먹으러 왔다. 식사 도중 밖에서 나는 쾅쾅 소리를 듣더니 그는 귀한 조언을 해주었다. 그 가정은 우리보다 4년 먼저 이 마을에 살고 있어 우리보다 오만 사람과 문화에 대해 잘 알고 있었다.

"남자애들한테 말해 봤자 안 들어요. 특히 당신이 친절하다는 걸 안 순간 이용하려 들 거예요. 그 아이들의 부모에게 직접 말하면 달라지죠. 특히 현장에서 말하세요. 증거와 증인을 꼭 세우고요."

정말 아이들의 행동은 날이 갈수록 심해졌다. 이제는 밤에도 공을 찼다. 남편은 며칠 밤 동안 축구하는 아이들을 유심히 살펴보았다. 그들이 어느 집의 누구 아들인지, 몇 째인지, 몇 학년이며, 이름이 무엇인지도 다 알아냈다. 남편은 딱 한 명을 택했다. 한 명을 정하기까지 고민을 많이 했다. 모두 친하거나 친해진 가정의 아들들이었기 때문이다. 그중 누구에게 얘기를 해야 이 상황을 이해하고 받아들일까 고민하지 않을 수 없었다. 마침내 끝집의 아이를 택했다.

평소처럼 아이들의 축구가 시작되고 나서 남편은 슬그머니 집을 나섰다. 찻주전자 달라와 비스킷을 들고 끝집으로 간 것이다. 그 사이에도 축구는 계속되었고 쾅쾅거리는 소리도 여전했다. 그러다가 갑자기 정적이 찾아왔다. 고함 소리, 공 차는 소리, 대문 흔들리는 소리 등이 싹 사라졌다.

잠시 후 남편이 들어왔다. 손으로 이마 닦는 시늉을 했다. 결론은

오만과 환대

시나리오대로 얘기가 잘 되었다는 것이다. 남편이 끝집에 가서 그 집 주인 아저씨와 차를 마시며 그동안의 고충을 털어놓자, 아저씨는 분연히 일어나 땀을 뻘뻘 흘리며 공 차던 아들을 꿰듯이 집으로 데리고 갔다고 한다. 우리는 안도의 한숨을 쉬었지만 미안한 마음도 들었다. 체면을 중요시하는 오만 사람의 자존심을 상하게 한 건 아닐까 걱정도 되었다.

그 일이 있고 나서 정말 몇 달 간 우리 집 앞에서 축구 시합은 벌어지지 않았다. 그러나 우리 집 담을 넘던 두 학생은 잊을 만하면 담을 넘었다. 한번은 내가 참다못해 소리쳤다.

"집에 사람이 있는데 왜 벨을 누르지 않고 담을 넘어오니? 도둑이나 담을 넘는 거야!"

며칠 후 이 학생들의 아버지인 함메드가 우리 가족을 집에 초대했다. 마침 이 집의 아들 둘이 우리 집을 자기들 아지트인 양 사용하는 것에 대해 얘기할 좋은 기회라고 생각했다. 하지만 자칫 우리에게 호의를 가지고 있는 사람의 체면을 깎는 일이 되진 않을까 걱정도 되었다. 우리는 이 일이 우리의 실속만 차리는 일이 되면 아예 말도 꺼내지 않게 해달라고 기도했다. 그러나 이 일이 오히려 이웃 간에 더 신뢰하고 좋은 관계로 발전될 계기가 된다면 용기를 달라고도 기도했다.

함메드 가정은 아흐멧 가정보다 좀더 개방적이었다. 우리는 정성스레 차린 식사를 하며 대화를 나누다가 아이들의 축구와 자전거 얘기를 살며시 꺼냈다. 함메드는 우리 얘기를 얼른 알아듣고는 자신은 아들들에게 자전거를 사 준 적이 없고, 그러니 담을 넘는 학생들이 자기 아들일 리 없다고 말했다. 우리는 곧바로 잘못 알고 얘기한 것 같다며 사과했다. 함메드는 흔쾌히 사과를 받아들였다. 하지만 두 아들을 바라보는 눈길은 험악하기 그지없었다. 우리는 얼른 화제를 바꾸었다.

다음 날 함메드의 아내 므나가 오전 나절에 우리 집에 차를 마시러 왔다. 그동안 딸을 보내 나를 초대한 적은 있어도 혼자 우리 집에 찾아오기는 처음이었다. 므나는 두 아들의 얘기를 꺼냈다. 딸들과 달리 아들들이 십 대가 되면서 달라지더니 지금은 엄마 말을 잘 듣지 않는다고 하소연했다. 그러면서 아들들이 언제부터 우리 집 담을 넘었는지, 자전거는 어떤 것인지, 자기 아들들인 건 분명한지 조심스레 물었다. 므나는 거의 울 듯한 표정이었다.

사실 아들들이 자전거를 갖고 싶다고 졸랐지만 사 주지 않았다고 한다. 그런데 언제부턴가 자전거를 타고 동네를 돌아다닌다는 소문을 들었다며, 다시는 담을 넘는 일이 없게 하겠다고 몇 번이나 말했다. 끝내는 눈물을 보였다. 아들들이 부모의 마음도 모르고 부모 얼굴에 먹칠을 하고 다닌다고 한탄했다. 나는 이 얘기를 아무에게도 하지 않았으니 이웃들이 모를 거라고 말해 주었다. 그리고 눈물 젖은 므나의 손을 잡고 두 아들을 위해 기도했다.

이후로 우리 집의 담을 넘는 사람은 없었다. 두 형제는 이제 자기 자전거를 가지고 밤마다 동네를 몇 바퀴씩 돌게 되었다.

오만과 환대

그러나 몇 달이 지난 후 우리 집 대문을 골대 삼은 축구는 다시 시작되었다. 아이들이 키도 더 크고 기운도 세졌는지 대문이 부서져라 공을 차는 바람에 걱정되지 않을 수 없었다. 그러다가 남편이 취직을 하게 되었다. 우리 동네에선 남편이 직장 없이 아랍어만 배우고 있다는 걸 알고 있었기에 취직이 큰 화젯거리가 되었다. 신기하게도 이후로 우리 집 대문 앞에서 아이들이 축구하는 일이 사라졌다. 파티마 말마따나 정말 우리를 이웃으로 대해 주는 걸까? 이제는 여기서 오래 살 사람이니 함부로 대하지 않겠다는 뜻일까?

우리 집 대문을 골대로 사용하던 동네 소년들

희생제, 이드 알 아드하

우리 대문을 골대로 사용하지 않도록 끝집의 주인 아저씨와 얘기하고 몇 주 후, 우리 가족은 저녁식사 초대를 받았다. 그렇잖아도 미안한 마음을 가지고 있던 우리는 더욱 미안해졌다. 우리가 먼저 초대해 아들들의 얼굴도 자세히 보고 여자들끼리 인사도 했어야 하는데 먼저 초대를 받았기 때문이다. 혹시나 해서 우리는 그 집의 가족 수를 물어보았다. 10명에서 20명 사이라고만 말하고 제대로 가르쳐 주지 않았다. 그래서 알아서 적당히 선물을 준비해 갔다. 오만 사람들에게는 선물이 중요하다. 소소하더라도 각자의 것을 준비해 가면 아주 좋아한다.

끝집 아저씨의 이름은 모함메드, 아주머니는 아니싸였다. 모함메드는 털털한 시골 아저씨 분위기였고, 아니싸는 둥글둥글하면서도 영리해 보이는 인상이었다. 십 대 아들을 두어 나이가 그리 많지 않은 줄 알았는데, 우리 골목에서 유일하게 나보다 나이가 많은 부부였다. 가 보니 축구를 하던 두 아들은 막내에 속했다. 여자들이 화려한 캔두라를 입고 나오는데 여덟 명이나 되었다. 그것도 현재 대학생인 십 대 후반의 딸 외에는 모두 20-30대의 처녀들이었다. 이 중에 결혼을 앞둔 셋째 딸이 있었고, 두 명은 직장에 다니고 있었다. 우리는 웃으며 인사를 나누었다. 하나같이 밝은 딸들의 모습이 인상적이었다. 이 집도 아저씨가 두 번째 부인이 있는 집안이었다. 가족 수는 합해 22명이라고 했다.

한번 초대를 받았으니 우리도 그 집안 사람들을 초대해야 하는데 가족 수가 너무 많아 엄두가 나지 않았다. 그래서 궁여지책으로 초대하는 대신에 선물을 사서 주기로 했다. 큰 케이크를 주문하고, 한 사람에게 하나씩 소소하나마 선물을 사서 포장했다. 그리고 네 식구가 멋지게 차려입고 끝집을 찾아가 선물을 전했다.

초대를 받아간 것이 아니기에 간단히 차만 마시고 나오면서 솔직히 얘기했다. 집으로 초대하고 싶었지만 그러기에 힘들 것 같아 선물을 사왔다고, 미안하지만 받아 달라고 했다. 그들은 이렇게 하지 않아도 된다며 기분 좋게 우리의 마음을 받아 주었다. 집으로 돌아오는 우리도 기분이 좋았다.

그런 일이 있고 나서 끝집에서 우리를 찾아왔다. 다음 날이 이드 알 아드하(Eid Al Adha)여서 소를 잡을 것이니 와서 구경하라고 했다. 이슬람권에는 해마다 두 번의 큰 축제가 있다. 라마단이 끝나면 치르는 이드 알 피트르(Eid Al Fitr)가 그중 하나다. 이때에는 가정에 따라 희생제물을 잡기도 하고 안 잡기도 한다. 의무는 아니기 때문이다. 반면, 일명 희생제라고 하는 이드 알 아드하는 사실상 모든 무슬림에게 가장 큰 명절이다. 이때에는 모든 가정에서 희생제물을 알라에게 바쳐야 한다.

아브라함이 알라의 명으로 이스마엘을 제물로 바치려는 순간, 알라가 염소를 대신 주며 이스마엘을 죽이지 말라고 하여 시작된 희생제를 무슬림은 해마다 올린다. 원래는 한 사람 당 짐승 한 마리를 바쳐야 하지만, 오만의 부래미에서는 한 가정 당 한 마리씩 바친다. 가족 수가 적으면 양이나 염소를 잡고, 가족 수가 많으면 소를 잡는다. 부자는 낙타를 잡는다고 한다.

우리는 아침을 일찍 먹은 후 카메라를 들고 끝집으로 갔다. 끝집 안마당의 대추야자나무에 소가 묶여 있었다. 바닥에는 건초더미가 나지막이 쌓여 있었고, 한편에는 소똥이 있었다.

작업복으로 갈아입은 예닐곱 명의 아들들이 분주하게 왔다갔다 하며 소 잡을 준비를 했다. 모함메드는 아들들에게 무언가를 계속 지시했다. 오래 입어 앞이 늘어진 긴 런닝셔츠에, 격자 줄이 쳐진 흰색 천을 치마처럼 허리에 둘러 질끈 동여매고 있었다.

아들 둘이 카우보이가 쓰는 것 같은 새끼줄을 소에게 던졌다. 소의 머리와 몸이 들어갈 수 있도록 큰 원을 지은 새끼줄이었다. 새끼줄을 잡아당겨 원이 좁혀지면 소는 동물적인 감각으로 다리를 움직여 그 원에서 빠져나온다. 그러면 다시 새끼줄을 던진다. 그렇게 두 아들이 번갈아가며 소와 새끼줄 씨름을 했다. 그러는 동안 소는 점점 더 흥분해 이리저리 날뛰며 뱃속에 남아 있는 똥을 싸기 시작한다. 30분 넘게 씨름한 끝에 마지막으로 던진 새끼줄을 소가 앞발로 건너뛰는 순간, 아들 하나가 얼른 새끼줄을 잡아당겨 뒷발 두 개를 묶어 버렸다. 소는 중심을 잃고 폭 쓰러졌다. 그러자 아버지와 아들들 모두가 달려들어 소를 눌렀고, 새끼줄을 던진 아들이 다른 새끼줄로 앞발 두 개를 마저 묶었다. 소는 버둥댔지만 더이상 일어날 수도 자세를 바꿀 수도 없었다.

아들들은 저마다 자기 역할을 잘 아는 것 같았다. 아니면 모함메드가 하는 끊임없는 잔소리를 내가 이해하지 못했을 수도 있다. 소가 하얀 거품을 입에 문 채 거친 숨을 몰아쉬는 사이 다른 일이 일사천리로 진행되었다. 큰 대야 두 개가 소의 목 밑에 놓였고, 다른 한 대야에는 집안에 있는 칼이란 칼은 죄다 모아 놓은 듯 크고 작은 칼들이 들어 있었다. 이제 무슨 일이 일어날지 알기에 나는 하나와 함께 자리를 떴다.

이후에 아들 일곱 명이 달려들어 소가죽을 벗기고 각을 떴다는 얘기를 남편에게 전해 들었다. 그리고 보니 오만의 남자들은 어릴 적부터 소나 양을 직접 잡는다. 그들은 소의 각 부위를 알고, 어느 근육을 따라 칼을 대야 피를 가장 적게 흘리는지 경험으로 익힌다.

오만의 여자들은 또 어떠한가! 남자들이 각 떠 놓은 고기를 부위별로 양념하여 재운다. 창자는 창자대로 불순물을 빼고 깨끗이 씻어 새끼 꼬듯이 꼰다. 이것을 손바닥 길이만 하게 몇 개로 만들어 맛

있는 요리를 한다. 이것은 먹어 본 사람만 아는 맛이다. 또한 여자들은 어떻게 해야 냄새를 제거할 수 있는지도 안다. 오만의 여자들은 고기를 다룰 때 작은 도끼를 사용한다. 뼈와 뼈를 구분하여 나눌 때는 칼보다 도끼가 훨씬 정확하고 힘있게 사용되기 때문이다. 한쪽에서는 각 뜬 고기를 용도에 따라 칼로 썰고, 다른 한쪽에서는 부위에 따라 도끼질을 하고, 또 다른 한쪽에서는 분류한 고기들을 요리법에 맞게 재우거나 다른 곳에 가져가 저장한다.

다음 날 오후, 끝집에서 고기를 가져왔다. 전날 잡은 소고기를 24시간 훈제한 슈와, 꼬치구이한 것, 내장과 간, 천엽 등을 따로 양념해 굽거나 삶은 것들이었다. 공짜 구경을 했으니 우리가 대접해야 하는데 반대로 풍성한 대접을 받았다.

이 고기는 두께가 1밀리도 안 되는 얇디얇은 빵에 싸 먹어야 제맛이다. 손으로 직접 만든 호부스라는 빵이다. 아니싸는 호부스를 20-30개 정도 따로 보내 주었다. 이 빵을 아침부터 몇백 개나 만들었을까? 우리는 답례로 축구공과 초콜릿, 케이크를 보냈다. 이후로 우리는 더욱 친해졌다. 약간 남아 있던 미안함도 어느새 사라지고, 서로 편안한 농담을 주고받는 사이가 되어 갔다.

남편의 취직 후 우리의 일상에서 크게 두 가지가 달라졌다. 먼저, 아이들의 간식을 필요하면 살 수 있게 되었다. 사과를 좋아하는 하나에게 꾸준히 사과 간식을 싸 주니 엄마 노릇을 제대로 하는 기분이 들었다. 두 번째는 오만 이웃들의 반응이었다. 취직 전이나 후나 우리의 삶은 변함없는데 이웃들이 더 자주 찾아왔다. 방문을 마치며 가는 길에는 내게 왜 직장을 잡지 않냐고 꼭 물었다.

아흐멧은 남편의 월급이 얼마인지 대놓고 물었다. 아흐멧은 자기와 큰딸의 월급 액수를 말해 주며 물었지만 남편은 끝까지 대답하지 않았다. 이유는 여러 가지인데 오만 사람들이 생각보다 뒷담화를 잘하기 때문이다. 우리는 이웃들을 만나면서 그 자리에 없는 사람에 대해 이러쿵저러쿵 얘기하는 걸 많이 들었다. 우리는 외국인이니 그들의 뒷담화 대상이 되는 걸 여러모로 조심해야 했다. 특히 돈과 관련해선 더욱 신경을 썼다. 돈은 어느 누구에게나 예민한 영역이다.

시간이 지나도 아흐멧은 남편을 자랑스럽게 여겼다. 가까이서 우리의 실수와 부족함을 보았을 텐데도 변함없이 따뜻하고 친절했다. 파티마도 항상 나를 '부래미 대학에서 일하는 하비브의 아내'라고 사람들에게 소개했다. 싫지는 않지만 살짝 부담이 되긴 했다.

어느 날 정말 생각지 못한 기회가 내게도 찾아왔다. 이웃나라 아랍에미리트의 아랍에미리트 대학교(UAE University) 내에 한국어과가 생기는데 교수요원이 필요하다는 정보를 한국 분이 전해 주었다. 아직 아이들이 어리고 언제 국경이 닫힐지 몰라 처음에는 별 관심이 없었다. 그래도 지인의 부탁이 있어 이력서를 간단히 써 보내 놓고는 신경 쓰지 않았는데, 면접을 보러 오라고 연락이 왔다.

면접은 생각보다 간단했다. 놀랍게도 면접이 끝나자마자 학교 측은 내게 언제 출근할 수 있는지 물었다. 보통은 가을학기에 학년이 시작되는데 면접을 본 때는 1월이었다. 그래서 새 학년 새 학기가 시작되는 가을에 할 수 있다고 대답했다. 그런데도 학과장은 겨울방학이 끝나고 시작되는 새 학기부터 바로 나오라고 말했다. 교원이 당장 필요한 데다가 내가 국경 넘어 30분 거리에 살고 있으며 대학에서 3년 이상 외국인을 가르친 경력이 조건에 딱 들어맞기 때문이라고 이유를 밝혔다.

과분한 자리지만 나는 자녀들이 아직 어린 데다가 차도 없고 박사학위도 없다는 점을 밝혔다. 나중에라도 떳떳하고 싶었기 때문이다. 학과장은 박사학위는 당장 필요한 게 아니니 문제되지 않고, 차량은 급한 대로 택시를 타고 다니면 되고, 수업 시간을 자녀들의 유치원 시간에 맞춰 조절해 주겠다는 해결책까지 제시했다.

우리는 그 자리에서 계약서에 사인을 했다. 이어서 출근 날짜가 정해지고, 동료 교수들과 대면 인사를 하고, 강의실까지 안내받는 초스피드 오리엔테이션을 받았다. 뒤돌아 나올 때 학과장은 잊어버린 걸 챙기듯 첫 출근 때 강의 계획서를 만들어 오라고 뒤통수에 대고 말했다. 그리하여 나도 취직이 되었다.

한국어 강의 첫 시간이 지금도 생생히 기억난다. 최대 20명이 앉을 수 있는 작은 강의실에 50명 정도가 들어와 앉아 있었다. 검은색 아바야를 입고, 큰 눈에 짙은 눈화장을 하고, 각종 브랜드 향수를 뿌린 여대생들이 호기심이 가득한 100개의 눈망울을 굴리며 나를 기다리고 있었다. 교실은 열기로 꽉 찼다. 학생들은 나를 보자마자 한국말로 소리쳤다.

"안녕하세요오오! 환영합니다아아~"

너무 놀라웠다. 언제 연습한 거지? 나도 큰 목소리로 기쁘게 화답했다.

"안녕하세요? 만나서 반가워요!"

학생들은 크게 웃으며 박수를 쳤다. 나도 따라서 박수를 쳤다.

나는 칠판에 내 이름을 쓰고 그 밑에 경력을 적고는 한국말로 천천히 말해 주었다. 많은 학생들이 이해하는 것 같았다. 속으로 놀랐지만 티내지 않고 가족 소개를 이어 가기 위해 칠판을 지우려 했다.

그때 맨 앞의 학생이 일어나더니 손가락으로 칠판을 터치하는 게 아닌가. 그러자 깨끗한 다음 페이지가 나타났다. 스마트 칠판이었다. 신기해서 쳐다보고 있으니 그 학생이 다른 기능도 알려주었다.

"감사합니다. 가르치러 왔는데 오히려 제가 배웠네요. 앞으로 여러분이 좋은 선생님이 되어 주세요."

우리는 서로 가르쳐 주는 사이가 되기로 약속했다.

내가 한국어 강의를 나가면서부터 우리 집의 일상은 조금씩 달라지기 시작했다. 남편 위주로 돌아가던 집안 싸이클은 이제 온 가족 개별 단위로 달라져야 했다. 내가 일을 하게 되었기 때문이다. 우리는 이런 문제들을 하나하나 풀어가려고 노력했다. 할 수 없는 것은 어느 정도 타협하고 포기도 하면서 서로의 역할에 적응해 갔다.

오만과 환대

모자의 눈물

내 수업을 듣는 여학생 중에 모자(Mawza)가 있었다. '모자'는 아랍어로 바나나라는 뜻이다. 걸프지역에선 이 이름을 여자들에게 주로 쓴다. 처음에 모자는 눈에 띄는 학생이 아니었다. 그러나 쉬는 시간이나 점심시간에 자주 찾아오고 질문도 하면서 점점 존재를 드러냈다. 하루는 나에게 이슬람에 대해 가르쳐 주고 싶다고 했다. 나는 좋다고 했다. 대신 나는 예수님에 대해 가르치고 싶다고 했다. 서로 동의했다. 우리는 4개월 정도 매주 따로 만났다. 모자는 A4용지 두 장 분량의 학습지를 매번 준비해 왔다. 한국어로 된 꾸란도 주었다.

모자 덕분에 이슬람과 무슬림에 대해 많은 것을 배울 수 있었다. 이슬람은 종교를, 무슬림은 이슬람을 믿는 사람을 칭한다는 사실도 처음 알았다. 이슬람은 아랍어로 '알라'에 대한 복종을 의미한다고 한다. 정확히 말하자면 무슬림은 이슬람을 믿는 남자이고, 여자는 무슬리마다.

모자는 무슬림 경전을 '홀리 꾸란'(Holy Quran)이라고 불렀다. 꾸란은 알라의 말씀이 담긴 책이므로 집안에서 가장 높은 곳에 둬야 하고, 읽기 전에 몸을 정결히 해야 한다. 여성은 생리 중에는 꾸란을 만질 수 없다. 무슬림은 하루에 메카를 향해 다섯 번, 즉 동트기 전, 정오, 오후 중반, 해진 후, 잠자기 전 기도를 드리는데 시간은 매일 다르다. 각 가정마다 예배 시간을 알려주는 전자시계가 있다. 요즘은 휴대폰으로 시간을 확인해 모스크에서 아잔(azan) 소리가 나지 않아도 스스로 알 수 있다. 이 외에도 어떻게 이슬람이 시작되었고, 무함마드는 누구이며, 세정 의식인 우두(wudu)는 어떻게 하는지, 라마단, 이프타르, 알 아드하, 메카 등에 대해 자세히 알려주었다.

모자는 정말 열심히 준비했고 열정과 성의를 다해 가르쳤다. 그러면서 무슬림이 되면 얼마나 좋은지 매번 역설했다.

어느 날 모자가 나 혼자만 자기 집에 초대하고 싶다고 했다. 마침 휴일이어서 남편에게 하나와 두리를 맡기고 김밥을 만들어 모자의 집에 갔다. 알아인의 부촌에 자리 잡은 모자의 집은 상당히 컸다. 노란색과 황금색으로 칠해진 거대한 2층 집이 삼각형을 이루며 세 채로 나뉘어 있었다. 모자는 나를 본채로 안내했다. 부모님과 결혼하지 않은 언니 둘, 그리고 자기가 같이 살고 있고, 침실만 열 개라고 했다. 다른 두 집에는 결혼한 오빠들과 언니들의 가정이 둘셋씩 같이 살고 있고, 매주 금요일마다 40-50명이나 되는 온 가족이 본채에서 모인다고 했다. 모자는 열두 남매 중 막내였다.

모자의 아버지는 저널리스트로, 신문에 자주 논고를 내고 책도 여러 권 출간했다. 10미터 정도 되는 한쪽 벽에는 온통 이슬람 관련 서적뿐이었다. 모자는 몇 권의 책을 뽑아 들고는 내용을 들려 주었다. 아버지가 아랍에미리트의 왕뿐 아니라 주변 중동 지역의 왕들과 찍은 사진도 보여주었다. 막내딸이 얼마나 아버지를 존경하고 사랑하며 드러내고 싶어 하는지 알 수 있었다.

모자는 아버지처럼 살고 싶다고 했다. 아버지의 삶에는 진실과 화평만 있다고 했다. 그러면서 나에게 무슬림이 되길 권했다. 심지어 눈물도 흘렸다. 나는 적잖이 당황했지만 모자의 얼굴을 바라보며 그의 말에 귀를 기울였다. 모자는 이렇게 덧붙였다.

"당신이 무슬림이 되면 우리 아버지가 굉장히 기뻐하실 거예요. 아버지를 기쁘시게 하고 싶어요."

나는 의사를 정확히 표현했다.

"무슬림이 되진 않겠어요."

모자의 눈물은 실망과 좌절의 울음으로 바뀌었다. 그러나 그녀를 기쁘게 하기 위해 마음에 없는 말을 할 수는 없었다.

3-4주가 지난 후 모자에게 연락이 왔다. 결혼한 언니가 부래미에 살고 있는데, 나와 함께 언니 집에 가면 좋겠다고 청했다. 모자의 본가와 달리 언니의 집은 협소한 아파트였다. 모자의 언니와 조카들은 오만에 사는 여느 우리 이웃과 다를 바 없는 형편이었다.

얼마 후 학교에서 모자와 산책하면서 그 집의 가정사를 듣게 되었다. 왜 모자가 살고 있는 알아인의 본가와 부래미에서 사는 언니네의 사는 모습이 다른지 이유를 알 수 있었다.

원래 모자의 집은 오만에 있었고, 현재도 거의 모든 친척이 오만에 살고 있다. 그런데 아랍에미리트가 연합국으로 탄생하면서 저널리스트였던 모자의 아버지는 아랍에미리트의 유명인사를 많이 아는 덕분에 그 국가의 여권을 얻게 되었다. 아랍에미리트 국민이 되고 국가 기관에서 일하면 많은 혜택이 따랐다. 땅을 분양받고 무이자로 목돈을 은행에서 대출받는 것도 그중 일부였다. 모자의 아버지도 나라로부터 땅을 받고 집을 지었는데, 어느 해인가 아랍에미리트 왕이 국민들의 은행 빚을 탕감해 주면서 모자 아버지는 대궐 같은 집 세 채와 땅을 자연스레 소유하게 되었다.

그러나 아랍에미리트의 풍요로움보단 원래의 소박한 삶을 선택한 자녀들이 있었다. 언니가 그중 한 명이었다. 언니는 남편을 따라 오만 국적을 유지하며 오만에 남아 살고 있다.

모자는 오만의 정서가 자기와 훨씬 더 잘 맞는다고 했다. 특히 오만 사람들의 순박함과 이슬람 정신에 가장 가까운 삶을 볼 때, 오만에 사는 게 더 행복할지 모른다는 생각도 든다고 했다. 그러나 아랍에미리트에 살면서 누리는 풍요로움은 오만에선 불가능하다고 했다. 자기는 언니들을 통해 오만과 아랍에미리트의 삶이 얼마나 다른지 정확히 보고 있다고 말했다. 그러면서 물었다.

"선생님은 오만이 좋아요, 아랍에미리트가 좋아요?"

오만과 환대

둘 다 소중하지만 하나를 선택해야 하는 경우 나는 어떤 선택을 할까? 그동안은 무엇을 선택하며 살아 왔던가? 더 좋은 편을 선택했을 것 같다. 자신을 깊이 들여다보며 물으면, 무엇이 더 소중하고 무엇을 더 좋아하는지 자신은 알기 때문이다. 더 좋은 편이라는 건 편안함과 안락함 등 겉으로 보이는 걸까, 아니면 내면을 채워 주는 충만감일까? 마음으로는 후자를 추구하지만 삶은 전자를 따라 살아가고 있는 건 아닐까? 내가 만약 모자라면 오만을 선택할 것 같다고 결론적으로 말했다.

모자의 집을 방문한 후로 우리의 상황은 뒤바뀌었다. 내게 영향을 주려 했던 모자가 오히려 내게 영향을 받기 시작했다. 모자는 나의 과거, 현재, 미래에 대한 질문을 많이 했다. 특히 내가 오만을 선택할 것 같다고 말한 후로 나의 신앙과 철학에 관심을 많이 가졌다. 우리는 서로의 생각과 마음을 나누는 깊은 대화를 이어 갔다. 그리고 모자는 변화되었다. 성령님이 이끄시는 삶에 대한 질문을 백만 번도 더 하더니 스스로 성령님이 인도하시는 삶에 반응하는 사람이 되었다.

모자가 아부다비의 항공회사에 취직되면서 잘 아는 한국 분이 그녀와 함께 몇 년간 성경 말씀을 나누며 공부했다.

부래미

아흐멧 가족을 중심으로 이웃들과 점점 신뢰와 우정이 쌓여 가는 정점에 집주인이 찾아왔다. 자기네가 들어와 살 계획이니 3개월 안에 다른 집으로 이사를 가라고 했다. 마른하늘에 날벼락 같은 소식이었다. 우리는 이 일을 곧바로 아흐멧 부부에게 알렸다. 아흐멧은 걱정하지 말라며 직접 주인과 얘기를 해보겠다고 했다. 아흐멧이 나서면 일이 잘 해결될 것 같았다.

과연 아흐멧은 좋은 소식을 전해 주었다. 주인을 만났는데 당분간은 살아도 된다고 했단다. 얼마나 다행인지…. 우리는 정말이지 이사 가기 싫었다. 그동안 이웃은 물론이고 집 자체와도 정이 들었기 때문이다. 흰개미 때문에 집안에 페인트칠을 다시 하고, 마즐리스를 오만식으로 꾸미려고 소파도 치수를 재어 주문했다. 정성껏 가꾼 대문 앞의 라벤더나무도 이제는 남편 키보다 훨씬 크게 자랐다.

오만과 환대

아이들이 편안하게 놀고 쉬는 집, 이웃이 언제든 찾아와 목을 축이고 가는 집, 대문을 잠그지 않아도 마음 편한 집을 우리는 떠나기 싫었다.

사실 집 자체가 낡기는 했다. 어쩌다 한번 비라도 오면 천장과 벽 사이에서 물이 콸콸 샌다. 전기 콘센트에서도 물이 나올 정도다. 수도 무스캇은 사정이 어떨지 몰라도 부래미의 집들이 대부분 그렇다. 그래도 우리는 이 집을 좋아했다. 열심히 청소하고, 가꾸고, 사람들을 초대하고, 추억을 만들어 가면서 우리 집이 된 것이다. 이 집을 떠난다는 건 고향을 떠나는 것과 같았다.

서너 달 후 다시 주인에게서 연락이 왔다. 더이상은 시간을 줄 수 없다고 했다. 알아인에 사는 연세 든 어머니가 고향 집에서 노후를 보내고 싶어 한다고 했다. 석 달의 여유를 더 받았다.

부래미는 오만에서도 상당히 특이한 지역이다. 오만의 다른 어떤 지역보다 부래미에서는 외국인 신분으로 이사 다니는 것이 자유로운 편이다. 거주비자가 없어도 집을 렌트할 수 있기 때문이다. 100퍼센트 이슬람 국가인지라 보안을 최우선으로 여기는 곳에서 거주비자 없이 매월 혹은 두 달에 한 번씩 비자 여행을 하면서 집을 렌트하고 정착해 살 수 있다는 것은, 이 땅에선 외국인을 향한 제제가 다른 지역과 다르다는 뜻이다. 사실이 그랬다.

오만이 '오만'이라는 국호를 사용하면서 국제사회에 떠오르기 시작한 때는 1970년대다. 술탄 카부스 빈 사이드 알사이드가 왕위에 오르면서 무스캇과 오만으로 분리되어 있던 영토를 하나로 통합해 나라 이름을 오만이라 명하고, 수도를 무스캇이라 이름했다. 오만이라는 나라가 형성되기 전에는 각 지역마다 영주(쉐이크)가 있었고, 영주를 중심으로 지역이 운영되었다. 일종의 토호국이었다. 그러나 술탄(제왕이라는 의미로, 보통의 왕과는 격이 다르게 부르는 호칭이다) 카부스는 평화롭지만 강력하고 지혜로운 리더십을 발휘하여 분쟁 지역들을 때로는 힘으로, 때로는 부드러운 정치력으로 오만이라는 한 나라로 규합했다. 그리고 어느 정도는 각 지역 영주의 지위와 위엄, 승계권, 명예 등을 변함없이 인정해 주었다.

아랍에미리트는 일곱 개 지역이 각 토호국으로 영주들이 그 지역에서 왕 역할을 하고, 가장 크고 부유한 지역인 아부다비 왕이 전체를 통치하는 왕을 겸임하는 제도다. 그러나 오만의 왕 술탄은 오직 한 명뿐이다. 우리는 부래미에 살면서 현재 왕인 술탄 카부스가 얼마나 국민들에게 신망과 사랑을 받는지 보았다.

부래미는 아라비아 반도 내륙에 위치하며 오아시스가 있는 기름진 땅이다. 주변에 나지막한 돌산이 많아 비가 올 때마다 산 밑에 저장된 지하수가 많다. 그래서 대추야자 농장이 다른 지역보다 많다. 땅도 수로만 잘 되어 있으면 밭농사지만 농작할 수 있는, 그야말로 사막 지역에선 모든 나라들이 탐낼 만한 조건을 갖추고 있다. 아라비아 반도의 땅들이 현대 국가로 자리매김할 때, 부래미는 오만은 물론 아랍에미리트와 사우디아라비아가 눈독 들이는 뜨거운 관심 지역으로 부상했다.

오만과 환대

역사적으로나 지리적으로 보면 당연히 오만에 귀속되어야 할 듯하지만 정치 역학은 그렇지 않았나 보다. 그래서 세 나라는 부래미 둘레에 국경선을 쳤다. 누구든지 부래미에 들어가려면 이 국경선을 통과하게 했다. 부래미에 사는 오만 사람들도, 다른 지역에 사는 오만 사람들도 여권을 내고 정식으로 출입국 절차를 거쳐야 한다. 그래서 내륙에 사는 오만인이 명절에 부래미에 가려면 아기부터 어른까지 여권을 들고 국경을 통과해야 한다. 돌아갈 때도 역시 같은 방법으로 여권을 국경 사무실에 제출해야 한다. 물론 이사를 갈 때도 국경을 통과하는 것이므로 세관원들이 이삿짐을 모두 체크하는 통관 절차를 따른다.

이렇게 작은 부래미 땅에 철책선을 설치하고, 오만 땅이지만 오만 땅이 아닌 상태로 서로 눈치만 보고 있을 때, 당시 오만의 국왕 술탄 사이드 빈 타이무르, 즉 현재 술탄 카부스의 아버지가 전국에서 군대를 소집했다. 역사 자료에 의하면, 그는 8천 명의 군인을 이끌고 부래미로 가 사우디아라비아와 아랍에미리트 군대와 마주하며 담판을 지었다고 한다. 그리고 영주에게 선택할 것을 강력히 권했다. 부래미의 영주는 오만 국왕의 위엄과 결단, 통솔력을 보고 오만에 귀속되기로 선택했다. 그때부터 부래미는 정식으로 오만에 속한 지역이 되었고 지도에도 그렇게 표시하고 있다. 사우디아라비아 주둔군은 철수했고 아랍에미리트도 영토권 주장을 철회했다.

그러나 모든 분쟁이 해결된 현재까지도 국경선과 사무실은 계속 유지되고 있어 누구든지 부래미를 지나가려면 먼저 국경을 통과해야 한다. 그리고 가장 중요한, 외국인에게 적용하는 행정이 제대로 이루어지지 않고 있었다. 그래서 일자리가 없어도 외국인으로 부래미에서 주거가 가능했다.

부래미는 국경을 접하고 있는 아랍에미리트와 특히 왕래가 잦다. 많은 부래미 사람들이 아랍에미리트에서 일하기 때문에 아침마다 출근하는 사람들로 국경이 자주 막힌다. 아랍에미리트 사람들 또한 오만에 친척이 많다.

처음 부래미에 정착했을 때 우리는 거주비자가 없었다. 도둑이 제발 저린다고, 부래미의 오만 사람들은 아무런 의심 없이 대해 주는데도 우리 스스로 눈치를 보았다. 그러나 취업 후로는 떳떳해졌다. 새 집을 얻어야 하는 시점이 되어서야 비자가 우리에게 얼마나 안정감을 주는지 느꼈다. 우리는 집을 알아보기 시작했다. 지금까지 살아온 것과 같은 규모의 집을 찾아보았다. 그러나 그 동네에 같은 조건으로 세 나온 집은 없었다.

시간은 흘러 이사 날짜가 2주 앞으로 다가왔다. 우리는 마음이 급해져 이 동네를 포함한 가까운 곳으로 대상지를 넓혔다. 조금 더 지역을 넓히니 적절한 집을 바로 찾을 수 있었다. 현재 사는 집에서 도보로 7-8분 거리였다. 부래미 안에서 겨우 10분 거리로 이사하는데도 우리의 마음은 마치 고향을 떠나는 것 같았다.

4장 따아막, 더 깊은 곳으로

긴 이사

이사는 규모가 어떻든 부담이다. 나그네에게는 피해 갈 수 없는 길이지만, 아무리 자주 짐을 싸고 풀어도 이사는 익숙해지지 않는다. 나는 집안에서 아이들을 돌보며 그릇부터 하나하나 담기 시작했다. 남편은 가구 해체와 짐 옮겨 줄 사람을 알아보러 밖에 나갔다.

　저녁 무렵 키가 작고 다부지게 생긴 인도인 아저씨가 같이 들어왔다. 아저씨는 방방마다 돌아다니며 가구의 크기와 모양새를 꼼꼼히 살핀 후, 고개를 끄덕이며 이 정도면 거뜬히 할 수 있다고 했다. 남편은 이삿짐 차가 있는지, 같이 짐 쌀 사람은 몇 명인지 물어보았다. 아저씨는 개인 소유의 차가 있고 동료도 올 것이니 걱정 없다고 자신 있게 말했다. 가구를 해체하고 조립하는 일에 아주 능숙하다고 호언장담도 했다. 우리는 이사 비용을 정하고 헤어졌다. 아저씨의 자신감에 마음이 편해졌다.

이삿날이 되었다. 기다리던 인도인 아저씨가 왔다. 자기가 먼저 가구를 해체해야 하므로 동료는 오후에나 온다고 했다. 살짝 불안한 느낌이 스쳤지만, 우리 할 일도 많아 별다른 생각 없이 알았다고 했다. 그런데 아저씨가 가져온 차는 아주 작았다. 용달차 급도 안 되었다. 차가 있다고 호언장담할 때, 한국식으로 이삿짐 트럭을 상상했기에 당연히 큰 차가 올 줄 알았다. 어떻게 이 차로 차보다 더 크고 긴 가구들을 운반할 수 있겠냐고 남편이 물었더니, 아저씨는 걱정하지 말라며 이제 와 계약을 파기하면 몇 배의 손해배상을 청구하겠다고 오히려 으름장을 놓았다. 다행히 장롱 해체하는 모습을 보니 일은 허투루하지 않을 것 같았다. 아저씨가 가구를 다 해체한 것은 저녁 무렵이었다. 가구를 제외한 짐은 아저씨의 도움 없이 우리가 직접 그 전에 다 싸 놓았다.

해가 넘어가 어스름해질 무렵, 아저씨의 동료가 왔다. 역시 키가 작지만 단단한 몸의 소유자 같았다. 두 사람이 가구와 전기제품 나르는 모습을 보며 놀라지 않을 수 없었다. 우선 힘이 장사였다. 오만의 전통 응접 세트는 옮기기가 여간 어렵지 않은데, 그 크고 무거운 걸 용하게 들고 각도를 조절하여 좁은 문을 지나 대문 밖에 서 있는 차까지 한 번에 옮겼다. 작은 차에 자로 잰 듯 빈틈 없이 짐을 채워 넣는 기술도 놀라웠다.

드디어 짐이 다 나갔다. 동시에 나도 청소를 끝냈다. 허리를 쭉 펴고 하늘을 올려다보았다. 밤이었다. 길지 않은 기간 동안 살았지만, 오만을 알게 해주고 오만 사람을 사랑하게 해준 이 집이 고마웠다.

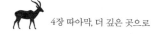

아무리 뜨거운 날씨라도 영원하지 않고 지나가는 때가 있음을 배우게 해주고, 오만에서도 정원을 가꿀 수 있다는 걸 알려주고, 벌과 흰개미, 도롱뇽, 비둘기 등 모든 생명체와 한 집에서 같이 사는 경험을 하게 해준 이 집에 벌써 추억의 색이 칠해졌다.

특히 아흐멧 가족과 이웃해 살면서 서로 싸우는 소리, 웃는 소리, 손님 맞이하는 소리까지 나누는 정을 알게 해준 이 집을 떠나기가 아쉬웠다. 처음 이 집을 보았을 땐 궁궐 같았는데, 이제 보니 허름하고 낡은 집이었다. 그러나 이 집에서 사는 동안 궁전에서 사는 것 같은 평안함과 기쁨, 나눔, 성장, 안전한 관계 등을 경험했다. 많은 생각이 몰려와 청소도구 정리하는 것도 잊은 채 멍하니 앉아 있는데 누군가 들어오는 기척이 났다.

아흐멧과 파티마가 자녀들과 함께 손에 무엇인가를 들고 들어왔다. 대문이 열려 있어 벨을 누르지 않았기에 처음에는 몰랐다. 우리에게 잘 가라고 인사하러 온 것임을 한눈에 알 수 있었다. 역시 하리스를 들고 왔다. 눈물이 핑 돌았다. 그동안 얼마나 고마웠는지 인사하려 했지만 마음을 전할 수 있는 적당한 표현이 한국말로도 생각나지 않았다. 앞으로 안 볼 것도 아닌데 우리는 서로 서운해 했다. 그래서 남자는 남자끼리 여자는 여자끼리 한참을 안아 주었다. 여러 말보다 침묵 속의 따뜻한 포옹이 마음을 더 잘 전달할 수 있음을 알았다. 하나와 두리도 언니, 오빠, 형들과 인사를 나누었다.

새 집에 와 보니 인도인 아저씨들은 아직도 부엌에서 서랍장을 달고 있었다. 처음 아파트에 살기 시작할 때는 정리할 게 없을 정도

오만과 환대

로 살림살이가 간단했다. 오만에 올 때 30킬로그램 가방 네 개가 전부였는데, 지금은 이렇게 짐이 많아졌다. 새벽 1시를 넘기고서야 아저씨들이 허리를 펴며 일어났다. 이렇게 시간이 오래 걸릴 줄은 아저씨들도 우리도 전혀 예상하지 못했다.

하이땀과 자밀라

다음 날 일어나자마자 방방마다 다니며 가구를 재배치했다. 그때 안방의 장롱 문짝이 뒤집혀 달려 있다는 걸 알았다. 손잡이 위치도 다르고 모양도 짝이 맞지 않아 좀 불편했지만, 다시 아저씨를 불러 재조립하느니 그냥저냥 지내는 편이 나을 것 같다는, 이사로 지친 마음의 소리를 들었다.

한창 정리에 집중하고 있을 때 벨이 울렸다. 현관문을 여니 낯선 오만 사람들이 서 있었다. 한눈에 한 가족임을 알 수 있었다. 우리는 손을 털며 그들을 마즐리스로 안내했다. 나는 차를 내오려고 얼른 부엌으로 갔다. 전기주전자에 물을 붓고, 기억을 더듬어 차를 넣어 둔 박스를 찾고, 과일을 차려냈다. 이사 와 처음 온, 알지도 못하는 손님을 무방비 상태에서 맞이했다. 그런데 왠지 기쁨이 차올랐다.

어른 두 명, 남자아이 두 명, 여자아이 한 명이었다. 자리에 앉자

오만과 환대

마자 남편이 먼저 우리 가족을 소개했다. 상대방 가족도 자신들을 소개했다. 부부의 이름은 각각 하이땀과 자밀라였다. 건너편 집에 사는데 새로 이웃이 된 우리를 환영하러 왔다고 했다. 다행히 우리의 아랍어 실력이나 그 가족의 영어 실력이나 엇비슷했다. 하나가 눈치 있게 종이와 연필을 가져왔다. 나는 우리 가족의 가계도를 그렸다. 나와 남편을 중심으로 양쪽에 선을 그어 각자의 형제자매들을 그리며 가족을 한 명 한 명 소개했다.

이제 그들의 차례였다. 그들은 자녀가 여덟 명이었다. 같이 온 아들 두 명과 딸 한 명은 초등학생이었다. 나이를 맞춰 보니 하나와 두리가 그 셋 사이에 들어갔다. 특히 딸은 하나보다 한 살이 많지만 같은 학년이었다. 이 세 명 위로 다섯 명이 더 있는데 각각 중학교, 고등학교, 대학교에 다닌다고 했다.

이런 가계도가 오가는 사이, 자연스럽게 하나와 막내딸은 자리를 옮겨 옆에 붙어 앉았다. 누가 시키지도 않았는데 자기들끼리 눈짓하며 무릎으로 살금살금 걸어갔다. 하나와 두리가 장난감을 가져왔다. 그 사이에 어른들은 가계도를 더 그리며 가족의 정보를 교환했다. 우리는 서로의 언어로 그린 가계도를 비교하면서 웃기도 하고 질문하기도 했다.

자밀라가 갑자기 "아차" 하며 무엇인가를 내어놓았다. 하리스였다. 아직도 따끈따끈했다. 나는 다시 부엌에 가서 빈 그릇과 수저를 가져왔다. 하리스를 같이 나눠 먹었다. 이상하게도 처음 만나는 가족 같지 않았다.

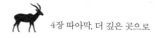

대문을 나서며 자밀라가 오늘 저녁에 밥을 가져오겠다고 했다. 이사하면 밥 하는 게 제일 힘드니 저녁밥을 짓지 말고 기다리라고 했다. 나는 엉겁결에 "아이고, 감사합니다"라고 말해 버렸다. 할 일이 많은데 어떻게 밥을 지어 먹을지 내심 걱정하고 있었기 때문이다. 자밀라는 내 등을 토닥이며 웃었다.

우리는 점심으로 남은 하리스를 마저 먹었다. 식사 준비를 걱정하지 않아도 되니 정리 속도도 빨라졌다. 저녁이 되었을 때는 웬만한 살림살이는 제자리에 가 있었다. 피곤한 몸을 펴고 밥을 기다리며 방방마다 다시 먼지를 털고 청소를 시작했다. 청소가 끝나면 내일부터는 일상이 시작된다.

시간이 꽤 흘렀다. 배꼽시계는 울다가 지쳐 소리도 내지 못하고 있었다. 배고프고 잠 오는 아이들을 달래며 자밀라가 혹시 약속을 잊은 건 아닐까, 이제라도 식당에 갈까 하는 생각을 했다. 그러나 식당에 간 사이에 자밀라 집에서 사람이 올지 모르기 때문에 시간을 벌겸 돌아가며 샤워를 했다. 촉각은 온통 대문에 가 있었다. 온 가족이 말끔히 씻고 머리 말리고 잘 준비까지 끝냈는데도 저녁밥은 감감소식이었다. 밤 9시 반이 지났다. 우리가 잘못 알아들은 걸까? 냉장고에 남은 음식을 아무 거라도 먹이고 아이들을 먼저 재우려고 일어나는데 벨이 울렸다.

오전에 왔던 앞집의 아들 둘이 묵직해 보이는 그릇을 들고 있었다. 하나는 하리스, 다른 하나는 브리야니였다. 기다린 보람이 있었다. 브리야니 그릇부터 열었다. 김이 모락모락 올라왔다. 군침이 돌

오만과 환대

왔다. 한켠에 쿠킹호일로 둥그렇게 싼 것을 펴니 샐러드였다.

우리는 얼른 손을 씻고 앉아 아무 생각 없이 손으로 브리야니를 먹기 시작했다. 오만 사람처럼 브리야니를 손으로 꼭꼭 눌러 입에 넣고, 닭고기를 뜯어 샐러드에 싸서 다시 입에 넣었다. 그렇게 홀린 듯 아무 말없이 브리야니를 먹었다. 아무도 신호하지 않았는데 문득 고개를 들어 서로를 바라보았다. 그리고 "풉, 크크크" 하고 웃었다. 모두 입술에 밥풀을 서너 개씩 붙이고 있었다. 오만 사람들이 식사하는 저녁시간에(우리에겐 늦은 시간이지만), 그들이 먹는 음식을, 그들의 습관을 따라 우리도 모르게 먹고 있었다.

열지 않은 하리스는 그 다음 날 우리의 아침과 저녁이 되었다. 남은 브리야니는 남편과 아이들이 학교에 싸 갔다. 앞집의 대접으로 이사를 잘 마무리하고, 다음 날 정식으로 장을 보았다.

물탱크

짐 정리는 하루, 이틀 사이에 다 끝났다. 집은 생각보다 낡았고, 오랫동안 사람이 살지 않아 고장나고 부서진 곳이 많았다. 수도꼭지가 물이 나오는 도중에 뚝 떨어진다든지, 전기선이 햇빛에 녹아 갑자기 전기가 나간다든지, 녹슨 창틀이 빠지고 흔들렸다. 벽마저 스치기만 해도 허물어지고 떨어져 나갔다.

가장 큰 문제는 옥상에 있는 대형 물탱크였다. 물이 간헐적으로 나오다가 몇 시간씩 단수가 되었다. 알아보니 교체해야 했다. 오만의 모든 집에는 물탱크가 지붕 위에 있다. 흰색이고 단단하고 두꺼운 플라스틱으로 만들어졌는데 보기보다 무겁다. 집주인은 물탱크를 교환하라고 두 명의 방글라데시인 인부를 보냈다. 먼저 고장난 물탱크를 옥상에서 내리고, 새로 산 것을 올린 다음 설치해야 했다. 고장난 것을 내리기도 쉽지는 않았다. 밧줄을 이용해 인부 두 사람이 힘겹게 내렸다.

다음으로 새 것을 올려야 하는데 두 사람으로는 턱없었다. 두 인부는 지붕 위에 앉아 쉬다가 지나가는 남편을 보았다. 그때 남편은 퇴근 후 옷을 갈아입고 집안의 부서진 곳을 여기저기 점검하고 있었다. 두 사람은 남편에게 물탱크를 위로 올리라고 소리치며 손짓했다. 남편은 기꺼이 도우려는 마음으로 물탱크를 밧줄로 묶었다. 전문가가 아니니 제대로 묶일 리 없었다. 두 사람은 위에서 소리치며 남편에게 핀잔을 주었다. 영어와 아랍어, 방갈리를 쓰면서 한 말이라 다 이해할 수는 없었지만 말투와 태도로 보아 혼내는 것임을 충분히 알 수 있었다. 그러나 지름 3미터, 높이 4미터나 되는 단단한 통을 혼자서 단단히 묶기란 쉽지 않았다.

결국 한 사람이 옥상에서 내려왔다. 자기가 묶을 테니 남편은 올라가 잡아당기라고 손짓했다. 남편이 그의 말을 다 알아듣지 못하는 게 어쩌면 피차에게 좋은 일이지 싶었다. 남편이 위로 올라갔고, 아래로 내려온 인부가 열심히 묶은 물탱크를 위에서 두 사람이 잡아 끌기 시작했다. 급기야 아래로 내려왔던 인부도 부리나케 옥상으로 올라가 셋이 "원 투 쓰리" 하며 밧줄을 잡아당겼다. 1미터쯤 올라갔을 때, 물탱크가 기울어지기 시작했다. 사방으로 묶었지만 한쪽으로 무게가 쏠리며 떨어지기 직전까지 갔다.

그때 한 인부가 재빠르게 옥상에서 방범창을 밟으며 아래로 내려와 기울어진 물탱크를 손으로 받쳤다. 위에 있는 사람이나 밑에 있는 사람이나 안간힘을 썼다. 세 남자는 구령 넣을 힘도 없는지 끙끙

대는 소리만 냈다. 마침내 옥상으로 물탱크가 올라갔다.

세 남자는 땀으로 범벅되었다. 그 와중에 두 인부는 남편에게 왜 그렇게 일을 못하냐고 손가락질하며 소리쳤다. 틀린 말도 아니니 남편은 아무 말도 못하고 고맙다는 말만 했다. 내가 다가가 내 남편이라고 밝히며 음료수를 권하니 그 순간 인부들의 말씨와 태도가 변했다. 일하러 온 같은 인부인 줄 알았다고 변명하며 사과했다.

사실 남편이나 그 인부들이나 외모로 별 차이가 나지 않았다. 셋다 피부가 까맣고, 땀과 먼지 투성이 옷을 입었고, 눈은 퀭하니 들어가 있었다. 지난번에 이삿짐을 나른 인도인 아저씨들이나, 이 방글라데시인 인부들이나, 우리 가족이나 고국을 떠나 이국 땅에서 사는 이방인이요 나그네가 아닌가. 남편은 시원한 음료수를 나누며 이국 땅에 사는 나그네로서 함께 땀 흘리며 공감대를 맺어 감사하다고 인사했다.

　　　　　　　　　　　　　　　　　　　오만과 환대

관심

일주일 후 우리는 이사한 새 집으로 제일 먼저 아흐멧 가족을 초대
했다. 기다리고 있었다는 듯 그들은 풍성한 꽃다발을 들고 왔다. 우
리는 방마다 다니며 집을 구경시켜 주었다. 이사하느라 그동안 못했
던 밤 산책을 다시 나가겠다고 파티마에게 말했다. 비록 가까이 살
지는 못하지만 밤마다 만날 수 있다는 기대감이 다시 우리 사이를
충만케 하는 것 같았다. 둘째 딸 후다는 우리 집에 따로, 혼자 놀러
와도 된다는 허락을 우리 앞에서 당당하게 받아냈다.

　다음 날 우리는 허니 케이크를 샀다. 가장 큰 것으로 다섯 개를
사서 양 옆집과 맞은편 세 집을 찾아가 전해 주었다. 다음 날에는
과일바구니와 오븐에 구운 닭다리를 들고 앞집에 다시 갔다. 지난번
에 받은 하리스와 브리야니 그릇을 돌려 주면서 특별히 더 감사를
표하고 싶었기 때문이다.

하이땀과 자밀라가 마당까지 나와 우리를 반겨 주었다. 안으로 들어오라며 끌었다. 남편은 두리를 안고 남자들이 들어가는 마즐리스로, 나는 하나와 함께 자밀라를 따라 안쪽의 응접실로 들어갔다. 하나는 자연스럽게 내 손을 놓고 그 집의 막내딸 싸미라 옆에 앉았다. 둘은 아랍어와 영어로 소곤대기 시작했다. 큰딸과 둘째 딸은 술탄카부스 대학교에 다니는 재원이었다. 한 집에 한 명만 술탄카부스 대학교를 다녀도 온 집안의 영광인데, 이 집에는 두 명이나 다니고 있었다. 게다가 인물까지 출중하고 영어 실력이나 태도 등도 빠지는 데가 없었다.

나는 딸들의 통역에 의지해 영어로 의사소통을 했다. 처음 만났을 때 서로 나눈 가계도 덕분에 우리는 이미 양가의 가족 관계를 파악하고 있었다. 자밀라는 먼저 우리 친정어머니의 안부를 묻고, 언니, 오빠들은 무고한지, 남편의 형과 누나들도 잘 지내는지 확인했다. 나는 하나하나 대답해 주었다. 나 또한 자밀라와 하이땀의 부모님과 형제자매들의 안부를 하나하나 물으며 챙겼다.

그런 다음 큰딸에게 무슨 공부를 하고 있는지 물었다. 건축학을 공부하고 있다고 했다. 다음 질문을 하려는데, 이번에는 나에게 질문이 폭풍처럼 쏟아졌다.

"한국 화장품을 사고 싶은데, 어떻게 해야 살 수 있어요?"

"한국 사람들은 피부가 좋은 것 같아요. 어떻게 관리하세요?"

"지금 몇 살이에요?"

둘째 딸도 눈을 동그랗게 뜨고 내 입을 빤히 바라보았다. 미용에

오만과 환대

관심이 많은 여대생들 같았다.

나는 대답하기 전에 둘째 딸에게도 무슨 공부를 하는지 물었다. 물리학을 전공한다고 했다. 내친 김에 이름도 물어보았다. 큰딸은 사라, 둘째 딸은 살마, 셋째 딸은 샤키라, 넷째 딸은 싸미라였다. 모두 'S'자 돌림이었다. 이 집이 자녀들에게 얼마나 관심을 쏟고 있는지 알 수 있었다. 나는 이름까지 다 듣고 난 다음, 사라의 질문에 대답해 주었다. 그들은 한국 화장품을 직접 구입하여 사용해 보고 싶어 했다. 적극적인 관심이 신선하게 와 닿았다.

안주인 자밀라의 나이는 나보다 정확히 아홉 살이 적었다. 그녀는 열네 살에 결혼해 이듬해에 큰딸을 낳았다고 한다. 팔남매의 어머니인데 아직 마흔이 안 되었다니 내심 인정하기가 쉽지 않았다.

우리의 대화는 풍성하고 끊이지 않았다. 과일도 먹고, 카락 차이와 수제 쿠키를 먹으며 오랜 인연을 이어 온 가족처럼 편안히 얘기하고 있는데 두리가 건너왔다. 갈 시간이 된 것이다. 대문을 나올 때, 하이땀이 다음 주 금요일 점심에 우리 가족을 초대했다.

그날 밤 우리 부부는 하이땀과 자밀라의 자녀들에 대해 늦게까지 이야기를 나누었다. 그리고 공책에 적어 놓는 걸 잊지 않았다. 이제는 점점 기억보다 문서에 의지해야 하는 나이가 되어 가고 있다.

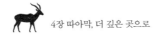

오만칩스, 싯딤나무 가시, 이

아이들은 어른들과 다르다. 상대가 나를 어떻게 생각할까 재지 않고 만날 약속을 미리 하지도 않는다. 놀고 싶으면 찾아와 그냥 벨을 누른다. 우리가 하이땀 집을 다녀온 다음 날, 그 집의 막내들인 싸미라와 사딕이 놀러 왔다. 작은 비닐봉지를 들고 왔다. 하나와 두리는 환호성을 지르며 말도 잘 통하지 않는 친구들을 맞이했다. 이 아이들은 도대체 어떻게 의사소통을 하며 놀까?

방문에 기대어 살며시 들여다보니 하나와 싸미라는 머리를 맞대고 그림을 그리고 있었다. 아무 말 없이 도화지 한 장에 각자의 상상력을 채워 갔다. 하나가 그린 나무에 싸미라가 색칠을 하고, 싸미라가 그린 오만 사람의 옷에 하나가 색을 덧입혔다. 둘은 서로 그린 것을 보며 웃고 고쳐 주기도 했다. 한편 두리와 사딕은 노는 게 달랐다. 두리의 장난감을 이리저리 만지고 조작해 보는 사딕에게 두리는 한국말로 설명을 해주었다. 신통하게도 사딕은 이해한 듯 두리의 말대로 장난감을 조작했다.

나는 안심하고 모처럼 나만의 휴식을 취했다. 하나와 두리가 집에 있는데도 방해받지 않고 조용히 차를 마시니 꿀맛이었다. 정확히 5시 30분이 되자 싸미라와 사딕은 가겠다고 일어났다. 저녁기도 시간에 맞춰 돌아가는 것이었다. 아이들이 돌아간 다음 방에 들어가 보니 오만칩스 봉지가 여기저기 눈에 띄었다. MSG로 샤워한 오만칩스. 하나와 두리에게 사 주지 않으려고 그렇게 애썼건만!

다음 날 같은 시간에 다시 벨이 울렸다. 이번에는 싸미라의 바로 위 오빠인 사이드도 왔다. 손에는 어제 가져온 같은 비닐봉지가 또다시 들려 있었다. 신기하게도 사이드, 싸미라, 사딕은 나이가 아주 어린 두리와 같이 노는 것을 불편하게 여기지 않았다. 어린 두리를 당연하게 모든 놀이에 끼워 주었다. 제일 큰 사이드가 두리를 안고 다니며 술래잡기 놀이를 했다. 그래서 더 자주 술래를 하는데도 두리를 내려놓지 않았다. 싸미라는 하나와 착 달라붙어 있었다.

사이드와 사딕은 하나에게 한없이 관대했다. 가끔 싸미라가 인상을 찌푸리며 두 형제와 대화하는 걸 보았다. 아무래도 하나에게 이유 없이 잘 해주는 것에 질투가 생기는 것 같았다. 그러나 재미있게도 어느 순간에는 세 남매가 똘똘 뭉치고, 때로는 다섯이 한 뭉텅이가 되기도 했다. 형제자매가 많은 곳에서 태어나 자란 아이들의 자연스러운 힘을 보는 듯했다. 가족이면 누구든, 어떤 상황에서든 같이한다는 오만 사람들만의 형제애. 이들이 낯선 우리에게도 그 우애

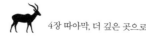

4장 따아막, 더 깊은 곳으로

를 나눈다고 생각하니 마음이 따뜻해졌다.

아이들은 점점 놀이 범위를 넓혀 갔다. 방 안에서 거실로, 온 집 안으로, 마당으로, 마침내 밖에까지 나갔다. 하이땀 집 뒤에 큰 공터가 있고, 공터 뒤에는 모스크와 모스크에 딸린 작은 슈퍼마켓이 있었다. 아이들은 처음에는 우리 집 앞에서 놀았다. 도로를 건너면 바로 하이땀의 집이기 때문에 양쪽 집에서 아이들이 노는 모습을 볼 수 있어 서로 안심했다.

그런데 어느 날 시간이 다 되었는데도 아이들이 들어오지 않았다. 노는 소리도 들리지 않았다. 궁금해서 나가 보니 아무도 없었다. 앞집에 가 보니 하나는 싸미라와 같이 있었다. 두리는 형들을 따라 기도하러 모스크에 갔다고 했다. 남자들끼리 간 것이니 분명 하이땀이 동행했을 거라는 생각이 들어 안심되었다. 저녁을 차려 놓고 두리가 돌아오길 기다렸다. 남편이 하이땀 집에 가 보았으나 아직 아무도 돌아오지 않았다고 했다. 금요일을 제외한 평일의 저녁기도 시간은 보통 짧다. 그런데 오늘은 왜 이렇게 길게 느껴질까? 두리 걱정에 아무도 저녁을 못 먹고 있었다. 하이땀과 그 아들들이 같이 있어 걱정하지 않아도 될 것 같은데 걱정되었다. 모스크까지 찾으러 가면 실례일 것 같아 기다리기로 했다.

드디어 두리가 왔다. 두리는 대문간에서 우리의 얼굴을 보자마자 울음을 터뜨리며 주저앉았다. 혼자였다. 얼굴은 땀과 눈물 자국으로 지저분하고 옷도 먼지 투성이었다. 제대로 걷지도 못했다. 안고 목욕

탕으로 가 살살 옷을 벗기는데 소리치며 울었다. 발등은 부어 있었고 가시가 여기저기 박혀 있었다.

이 고통을 어떻게 참고 집까지 걸어왔을까? 족집게로 가시를 하나하나 빼기 시작했다. 너무 작아 잘 보이지 않는 가시가 발가락 사이에도 박혀 있었다. 큰 가시도 서너 개나 찾았다. 두리는 서러움이 폭발했는지 엉엉 울었다. 그리고 저녁을 먹으며 상황을 털어놓았다.

"형아들이 축구하자고 해서 갔어. 축구하는데 기도하러 가야 한다고 형아들이 갔어. 사딕 형아가 같이 모스크에 가면 오만칩스 사준다고 해서 같이 갔어. 그런데 나는 무슬림이 아니라서 모스크에 들어가면 안 된대. 나한테 무슬림 되고 싶냐고 물었어. 아니라고 말했어. 그랬더니 밖에서 기다리래. 아무리 기다려도 안 나와 담에 올라가 안을 바라보다가 떨어졌어. 나무 밑에 떨어졌는데 가시가 많아 찔린 거야. 너무 아팠지만 울지 못했어. 혼날까 봐 다시 담을 넘었어. 거기에도 가시가 많았어. 엄마, 사딕 형아 집 앞에 있는 나무 있잖아, 가시 많은 거. 그 나무가 모스크에도 많아. 너무 아파서 집으로 온 거야."

두리가 찔린 가시는 싯딤나무 가시였다. 우리 동네 사람들의 집 앞에는 싯딤나무가 하나씩 꼭 있었다. 가시만 있는 것 같은 이 나무에도 꽃이 필 때가 있다. 봄에 핀다. 이 꽃은 향기가 좋다. 은은하다. 그 꽃을 찾아 많은 벌들이 가시 많은 이 나무에 날아든다. 또한 알 아드하, 알 피트르에는 희생제물로 드릴 소나 양들을 이 나무에 매어 놓는다. 던져 준 건초를 먹으며 희생되는 날까지 이 짐승들은 이

나무에 묶여 지낸다. 건초의 양과 비슷한 양의 배설물을 남겨 놓고 이들은 사람들을 위해 희생된다. 그들의 마지막 삶을 붙잡아 준 싯 딤나무, 그 나무 가시에 우리 두리가 수도 없이 찔린 것이다. 형들과 축구할 때 모두 신발을 벗으니 자기도 벗고 그 여린 발로 여기저기 뛰어다녔다. 형들과 노는 게 좋아 아픈 줄도 모르고….

아이들은 쉽게 회복된다. 이틀 후 두리는 언제 아팠냐는 듯 쿵쿵 뛰면서 앞집에 놀러가기 시작했다. 하나와 두리는 앞집에서 노는 걸 더 좋아한다. 닭도 많고, 염소와 양, 정원도 있기 때문이다. 앞집의 뒷마당에는 닭장과 염소 우리가 있다. 닭은 병아리까지 합쳐 20마 리 정도 된다. 싸미라와 사딕은 아침마다 닭장에 가서 달걀을 가져 오고 염소에게 먹을 풀을 준다. 이 일은 하나와 두리의 마음을 빼앗 기에 충분했다.

어느 날 학교에서 학부모 통지서가 왔다. 여학생들에게 이가 생겼 다는 것이다. 확인해 보니 하나뿐 아니라 두리에게도 이가 있었다. 집안에 긴급경보를 발동했다. 모든 이불을 걷어 삶고, 옷도 삶고, 이 와 서캐를 죽이는 샴푸를 사서 아이들의 머리를 감기고, 참빗으로 시시때때로 빗겼다. 며칠을 이렇게 해도 이는 없어지지 않았다. 급기 야는 나에게도 이가 옮았다. 누구를 만날 수도 없었다. 음식을 먹을 때도 왠지 찝찝했다. 고개만 돌려도 이가 음식에 떨어질 것 같았다. 노이로제에 걸린 것처럼 매사에 예민해졌다. 몸도 지쳐 갔다.

그렇게 힘든 나날을 보내고 있는데 자밀라가 왔다. 나는 우리 집

오만과 환대

에 이가 생겨 들어오라는 말을 할 수 없다며 미안하다고 했다. 그랬더니 자밀라는 대수롭지 않다는 듯 발을 쑥 들이밀면서 웃었다.

"이는 우리 집에도 있어요. 그래도 소헤르는 거의 매일 우리 집에 왔잖아요. 우리는 이를 없애려 하지 않아요. 지내다 보면 없어져요."

"아, 그런 거구나!"

나는 탄성을 질렀다. 그냥 같이 사는 거라는 말을 다 받아들이진 못했지만, 내가 할 수 있는 일이 많지 않다는 걸 인정했다. 이를 없애려고 모든 집기와 옷과 이불을 불태우지 않는 한, 머리를 다 밀고 새 옷으로 갈아입지 않는 한, 우리는 이가 없어질 때까지 기다려야 하는 절대불가침의 시간을 보내야 한다. 이와 동거하면서 말이다. 그런 깨달음이 들자 갑자기 평안과 자유로움을 느꼈다.

동네마다 하나씩 있는 모스크

청혼자

하이땀 가족과 우리는 점점 더 가까워졌다. 막내들인 아이들이 오가며 놓인 다리는 두 가족이 서로 격의 없이 만날 수 있는 통로가 되었다. 특히 큰딸 사라와 둘째 딸 살마의 관심이 화장품에서 마사지로 옮겨 간 것이 나와의 관계에서 기폭제가 되었다. 내가 마사지를 해주기로 하면서 우리는 밤에 정기적으로 만났다. 여자들끼리 모여 서로의 얼굴을 맡기며 지내는 시간은 서로의 마음을 열기에 충분했다. 마침내 두 자매는 주말이 되어 집에 돌아오면 자연스럽게 우리 집에 차를 마시러 왔다. 주말 밤, 두 처녀의 정기적인 방문으로 두 가족 사이에는 보이지 않는 신뢰의 둑이 쌓여 갔다. 하지만 다 큰 처녀들이 남의 집에, 그것도 외국인 집에 주말마다 오간다는 건 보수적인 무슬림 마을에선 아무래도 신경 쓰이는 일이다. 이웃의 눈을 의식하지 않을 수 없다.

오만과 환대

우리 집에선 매주 화요일 오전에 한국인 여자들이 모여 같이 기도했고, 수요일 밤에는 남자들이 모였다. 금요일에는 서양인들을 포함해 이 동네의 외국인 기독교인들이 모여 가정예배를 드렸다. 또한 남편 학교의 남학생들이 주로 일요일 밤에 놀러 왔다. 남학생들은 고향에 다녀온 얘기를 나누며 보통은 마당에서 식사를 했다. 불을 피워 놓고 바비큐하는 걸 제일 좋아했고, 식사가 끝나면 매번 남은 불로 찻물을 끓이며 오만 노래를 불렀다.

2층집으로 둘러선 이웃들이 우리 집 마당의 풍경을 못 보았을 리 없다. 우리에 대한 얘기를 서로 하지 않았을 리도 없다. 이런 상황을 다 알고도 하이땀이 과년한 두 딸을 우리 집에 밤늦게(이들에게는 그냥 저녁식사 후) 정기적으로 보내고 있었다. 우리를 어떻게 믿고….

엄마보다 더 나이 많은 나를 재미있어 하며 찾아오는 두 자매 못지않게 나 또한 다정한 이들과 매주 만나 얘기를 나누는 것이 재미있었다. 결혼과 미래는 이 두 숙녀에게 가장 흥미로운 주제였다.

오만에서는 여자의 경우, 대학 4학년 나이에 결혼을 가장 많이 한다. 고등학교 2, 3학년에 결혼시키는 가정도 있지만 극히 드문 경우이고, 보통은 대학교 2학년쯤 될 때 혼담이 시작된다. 친인척 간에 혼담이 오갈 경우에는 양가 어른들이 알아서 결정한다. 그러나 요새 젊은 사람들은 혈통 내 결혼을 차츰 선호하지 않는 추세라고 한다. 결혼을 하기 위해서는 친척이든 아니든 남자가 여자의 부모를 찾아가 청혼하는 것이 일반적이다. 아는 사람을 통해 신부에 대해

듣고 마음에 들면 부모와 함께 찾아와 청혼한다. 청혼 자리에는 양쪽 부모와 당사자가 함께한다. 간혹 집안의 유지를 대동하는 경우도 있는데, 이는 상대방에게 신뢰를 주기 위해서다.

여자 쪽 아버지는 남자의 가문을 특히 중요하게 물어본다. 그 다음으로는 경제적 능력을 본다. 학력보다 안정된 직장을 우선시할 때가 많다. 보통 청혼의 승낙 여부는 여자 쪽 부모가 한다. 물론 예비 신부의 의견이 중요하지만 부모가 결정하는 쪽으로 따라가는 경우가 대다수다.

사라도 대학교 3학년이 되면서 집에 청혼하러 오는 사람들이 많아졌다. 술탄카부스 대학에 다니는 재원이기 때문이었다. 오만 사회도 일 년이 무색할 정도로 급속히 달라지고 있는데, 그중 눈에 띄는 변화가 여성들의 취업이다. 특히 고학력 여성은 그렇지 않은 여성에 비해 좋은 직장에 취직하는 비율이 높다. 그래서 청혼자들이 보는 상대 여성의 조건은 학력, 집안, 외모 순이라고 한다. 여성의 학력에 따라 남성이 여성에게 결혼을 승낙한 조건으로 주는 돈의 단위마저 달라진다.

사라는 물었다.

"소헤르는 결혼할 때 어떤 부분이 가장 중요했어요? 선택을 후회하진 않나요?"

"나는 서로의 신앙을 가장 중요하게 생각했어요. 그 다음은 마음을 나눌 수 있는 사람인가, 용납하고 배려하는 사람인가를 보았어요."

오만과 환대

"살면서 후회하거나 이혼하고 싶은 때는 없었나요?"

"남편과 결혼한 걸 후회한 적은 없어요. 실망한 적은 있지만요."

사라는 결혼에 관한 질문을 계속해서 했다.

사실 사라는 좋아하는 남자가 있었다. SNS를 통해 대학 2학년 때 알게 된 오만 청년이었다. 같은 대학에 다녔고 사라보다 두 살 위인 그는 이미 졸업해 공무원이 되어 있다. 그 청년도 사라를 사랑하여 결혼하고 싶어 했고 사라도 그랬다. 청혼이 들어오기 시작할 무렵, 사라는 이 고민을 가장 많이 했다. 부모님 몰래 사귀었는데 이제 와서 말할 용기가 나지 않는다고 했다. 그렇다고 부모님이 정해 주는 사람과 결혼하긴 더욱 싫다고 했다. 나는 용기를 내보라고 적극적으로 권면했다.

사라는 엄마인 자밀라에게 자초지종을 털어놓았다. 남자친구 이야기는 당연히 아버지의 귀에도 들어갔다. 하이땁과 자밀라는 일언지하에 반대였다. 이유는 남자가 멀리 산다는 것과 그 집안을 어떻게 믿을 수 있냐는 것이었다. 더 큰 문제는 그 사람과 집안에 대해 아는 사람이 없는데 보증할 길이 없다는 것이었다. 직업이 탄탄해도 소용없었다.

그 남자는 사라의 말을 듣고 자기 어머니와 함께 사라의 집에 청혼하러 왔다. 정면승부를 하기 위해서였다. 그러나 사라의 얼굴도 보지 못하고 마즐리스에서 차만 마시고 돌아가야 했다. 사라는 깊은 슬픔에 빠졌다. 결혼하기 싫다고도 했다. 사라는 한동안 마음을

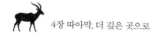

잡지 못했다. 부모님을 원망하기도 했다. 그러나 안타깝게도 사라는 실연의 고통도 맘껏 표현할 수 있는 형편이 못 되었다. 장녀인 데다가 졸업이 가까워 오는데 졸업 전에 결혼 결정이 나야 집안에 평화가 온다는 부담감 때문이었다. 사라는 계속해서 찾아오는 청혼자들을 부모님이 잡은 날짜에 맞춰 만났다. 그러면서 다들 이렇게 살아간다고 스스로에게 말하고 상황을 받아들이기 시작했다. 청혼자들이 급격히 늘면서 사라의 마음은 자연스럽게 그들에게 쏠렸다.

어느 날 부모님, 특히 아버지가 마음에 들어 하는 청혼 상대가 나타났다. 부래미에서 한 시간 정도 떨어진 곳에 사는 청년이라고 했

오만과 환대

다. 하이땀이 신뢰하는 분의 조카였다. 청혼자는 오만에서 가장 큰 공영 석유회사에 다니고 있었다. 부족도 하이땀이 동급으로 여기는 부족이었다. 다만 학력은 고졸이었다.

하이땀은 사라에게 그의 장점에 대해 계속 얘기했다. 그때쯤에는 사라의 마음도 어느 정도 누그러져 있었다. 또한 청혼하러 온 날 그 남자가 사라에게 웃음을 지어 보였는데 그 미소가 마음에 든다고 했다. 말 그대로 딱 한 번 보고 결정해야 하는 오만의 청혼 풍습은 좋은 점도 있지만, 결단을 해야 하는 여자에겐 여간 고민되는 일이 아니다. 사라가 장녀로서 책임감 있게, 그리고 동생들에게 본이 되려고 애쓰는 모습이 보였다. 물론 사라가 끝까지 싫다고 하면 부모님도 강요하지는 않는다. 그러나 지금까지 사라는 부모님이 좋다는 쪽으로 살아왔다. 공부도, 대학도, 전공도…. 그리고 마침내는 결혼도 그렇게 순종했다. 결국!

사라의 마음을 전달받은 하이땀과 자밀라는 신속하게 일을 추진했다. 바로 다음 주에 예비 신랑과 부모가 찾아왔다. 사라는 차만 마시고 그 자리에서 일어났다. 청혼자와 그의 부모, 하이땀 부부가 남아 결혼 날짜와 비용, 지참금 등에 대한 얘기를 나누었다. 그날은 사라의 초청으로 나도 그 집에 있었다. 여자들만 모여 있는 응접실에서 사라의 여동생들과 조용히 기다리고 있는데, 사라가 들어왔다. 사라는 살짝 흥분된 표정이었다. 첫마디는 이랬다.

"아빠가 그 사람에게 맹세 시켰어요. 나 외에 다른 여자를 만나거나 둘째 부인을 맞이하지 말라고요. 그 사람이 맹세했어요. 아빠는

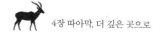

만약 그런 일이 일어나면 그를 죽이겠다는 말씀도 하셨어요. 그는 잘 알겠다고 했어요. 그 사람의 부모님도 그런 일로 아들이 죽는다면 아무 말도 하지 않겠다고 약속했어요."

사라는 그 말을 하며 눈물을 글썽였다. 다른 딸들도 아버지의 사랑에 감동한 표정이었다. 나 역시 그랬다. 딸의 연애를 허락한 것도 아니고, 딸이 좋아하는 사람에게 시집 보내는 것도 아니지만, 딸이 결혼 후 한 여자로, 아내로 자리를 굳건히 유지하도록 울타리를 쳐 준 것이다. 그것이 딸을 향한 하이땀의 진심이었다. 사라는 아버지의 진심을 알고 받아들였다. 예비 신랑의 이름은 모함메드였다.

약혼식

사라의 결혼 소식에 우리 가족은 흥분했다. 그러나 사라의 집에 비할 바가 못 되었다. 팔남매 중 장녀가 결혼하게 되었으니 온 가족이 처음 겪는 일에 대한 설렘과 기대감으로 충만해 있었다. 물론 사라의 어머니 자밀라는 달랐다. 나는 자밀라와 따로 얘기하기 위해 사라와 살마가 없는 주중 오전에 혼자 들렀다.

평소 자밀라와 얘기를 나눌 때 우리의 공통된 주제 중 하나는 자녀를 어떻게 잘 양육할 것인가였다. 간혹 내가 아이들 때문에 힘들어하는 모습을 보이면, 자밀라는 항상 손가락으로 8을 표현하며 내입을 막곤 했다. 그날도 자밀라는 자녀들 한 명 한 명에 대한 얘기를 들려 주었다. 여덟 명이지만 누구 하나 자밀라의 관심과 돌봄에서 벗어나지 않았다.

이윽고 사라 차례가 되었다. 사라가 청혼을 받아들인 후 결혼까

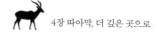

지 무슨 일을 어떻게 진행할지가 내심 궁금한 터였다.

"결혼식은 언제 할 거예요? 준비는 어떻게 하나요?"라고 나는 질문을 쏟아냈다. 자밀라는 6개월 뒤에 결혼식을 하고, 그 전에 약혼식을 할 거라고 차분하게 대답했다. 결혼 준비는 지참금 액수에 따라 달라진다는 말도 했다. 청혼을 받아들인 후 바로 혼인신고를 마쳤다는 말도 했다. 사라는 아직 학생이고 신랑 될 사람과 같이 살지도 않지만, 둘은 이미 법적으로 부부가 되었다. 이슬람법이 그렇기 때문에 오만 사람들은 아무 문제없이 받아들이는 전통이다.

나는 또 물었다.

"맏딸이 결혼하는 기분은 어때요?"

자밀라는 갑자기 고개를 푹 숙였다. 눈물이 꽃무늬 캔두라 위로 뚝 떨어졌다. 나는 옆으로 가서 가만히 등을 쓸어 주었다. 자밀라는 한동안 울었다. 그리고 아쉽고 걱정되는 마음을 쏟아냈다. 그 말을 다 알아들었다 해도 나로서는 그녀에게 해줄 말이 없었을 것이다. 십 대에 낳아 키우며 자기도 모르게 의지하고 마음을 나누었던 딸이 장성하여 품을 떠나는 것을 전적으로 인정하고 받아들이기 쉽지 않을 거라고 어렴풋이 짐작할 뿐이었다.

감정을 가라앉힌 자밀라는 약혼식 얘기를 시작했다. 보통은 약혼식을 하지 않고, 결혼 일주일 전에 신부의 친구와 친척들을 초대해 신랑 될 사람에게 무엇을 받았는지 보여주는 파티를 한다고 한다. 신랑이 주는 지참금으로 옷과 구두, 액세서리, 보석 등을 사는데, 얼마나 예쁘고 화려한 것을 샀는지 손님들에게 자랑하고 부러

오만과 환대

움을 받는 자리라고 한다. 사라는 이 일을 생략하기로 했다. 지참금이 그리 많지 않기 때문이었다. 사라의 친구들은 한화로 보통 3천만 원에서 6천만 원을 받는데, 사라는 2,100만 원을 받았다.

지참금도 어차피 은행에서 대출을 받는 것이므로 결혼하면 둘이 갚아야 하는 빚이라고 자밀라는 설명했다. 그래서 사라 아버지가 형편에 맞게 받자고 했다는 것이다. 대신 신랑 될 사람이 신의 직장이라고 할 만한 공영 석유회사에 다니고 월급도 꽤 괜찮다고 했다. 자밀라와 하이땀 부부는 정말 실속 있게 사는 이들이었다. 체면을 중요시하는 무슬림 동네에서 이런 결정을 하려면 큰 용기가 필요하다.

약혼식에는 사라의 친척들이 대거 온다. 또한 예비 신랑 모함메드의 가족 전체와 친척들도 온다. 이들은 당연히 집에서 약혼식을 하기로 했다. 하이땀과 자밀라는 결혼생활 중 이런 큰 행사는 처음 치러 본다고 했다. 소를 잡아야 할지, 낙타를 잡아야 할지, 마당에 어떤 카펫을 깔지 등을 고민했다. 큰 아들 살렘은 맏아들답게 큰일들을 척척 처리했다. 우선 가마솥을 빌려 왔다. 그렇게 큰 솥은 처음 보았다. 어림짐작으로 지름이 2미터는 족히 되었다. 주걱은 또 어떻고! 말 그대로 삽이었다. 재질만 나무일 뿐이었다. 고기는 모함메드 집에서 낙타를 사 주기로 했다. 가장 큰 문제가 해결된 셈이다.

그밖에 많은 손님들을 대접할 다과, 하리스 등 음식에 대해 우리는 머리를 맞대고 상의했다. 우리 집 마당에도 카펫을 깔아 손님을 맞고 마즐리스를 제공하겠다고 남편이 제안했다. 우리 집 마당은 정원도, 나무도 없는 대신 넓었다. 자밀라는 고마워하며 그렇게 하자

고 했지만, 하이땀은 말이 없었다. 며칠 후 하이땀이 좁아도 자기 집에서 손님을 치를 것이라는 말을 전해 왔다. 그러나 우리 가족은 꼭 참석해 달라고 말했다.

나는 무슨 일이든 돕고 싶었다. 착하고 말없는 자밀라가 혼자서 얼마나 고생할지 눈에 선했다. 자밀라는 괜찮다고만 했다. 그래서 사라에게 도울 일이 있는지 물어보았다. 사라는 거침없이 몇 차례의 마사지와 메이크업, 사진 촬영을 부탁했다. 마사지는 이미 그 집에서 자밀라와 딸들에게 여러 번 해준 적이 있었다. 다른 일들도 어려운 부탁은 아니었다. 결과적으로 마사지만 해주게 되었지만….

약혼식은 저녁 8시에 시작되었다. 나는 하나와 다른 한국인 친구 둘을 데리고 사라의 집으로 갔다. 남편은 두리와 같이 갔다. 여자들은 안방과 거실, 마즐리스에 옴닥옴닥 모여 앉았다. 마당에는 남자들이 모였다. 마당에서 집으로 들어오는 길에는 흰 천으로 가림막을 하여 남녀가 서로 보지 못하게 해놓았다.

우리는 사라가 스튜디오처럼 꾸민 방에서 동생들과 사진 촬영을 하고 나오길 기다리며 하리스와 각종 과일을 먹었다. 이윽고 사라가 나왔다. 파티에 어울릴 법한 머리와 드레스, 화장을 한 모습이 꼭 영화배우 같았다.

사라는 동생들과 함께 시댁 식구들이 빼곡히 앉아 있는 마즐리스로 갔다. 이날은 남자들도 여자 손님들에게 마즐리스를 내줘야 한다. 남자는 아예 집안으로 들어올 수 없다. 오직 한 명, 사라의 약혼자만 집에 들어올 수 있고 사라 옆에 앉아 있어야 한다. 나도 사라 뒤를 쫓아 마즐리스에 들어가고 싶었지만 자리가 없었다.

드디어 낙타 브리야니가 나왔다. 살렘이 누나의 약혼식을 위해 뒤꼍에서 일꾼들과 비지땀을 흘리며 만든 음식이었다. 그날 먹은 낙타 고기는 다른 어떤 결혼식에 가서 먹은 것보다 맛있었다. 그때 자밀라가 달라와 차이 잔을 들고 다니면서 손님들을 대접했다. 몹시 지치고 피곤해 보였다. 사라의 여동생들은 사라 옆에 있어야 하기 때문에 오늘은 모든 일이 자밀라의 몫이 될 수밖에 없었다. 음식을 다 먹은 후 카락 차이 아니면 오만식 커피를 마시는 게 코스처럼 정해져 있는 것이 오만의 식사 문화다. 힘들어도 그 과정을 건너뛸 수는 없다.

나는 슬며시 부엌으로 들어갔다. 달라 몇 개에 벌써 카락 차이가 담겨 있었다. 쌓여 있는 차이 잔 다섯 개를 움켜쥐고 밖으로 나와 앉아 있는 오만 여인들에게 차를 권유했다. 그들은 한복을 입은 나를 빤히 쳐다보며 마지못한 듯 차를 받아 마셨다. 웬 낯선 외국인이 빨간색 치마와 초록색 저고리를 입고 아무 관계 없을 것 같은 무슬림의 집에서 차를 따라주고 있나 하는 표정이 역력했다.

나는 살짝 부드러운 미소를 지으려고 노력하며 다음 손님에게 차이 잔을 건네고는 눈짓으로 마시겠냐고 물었다. 막상 차 시중을 들어 보니 몸을 구부렸다 폈다를 계속해 허리에 보통 부담이 가는 게 아니었다. 우리가 앉아 있던 방을 다 돌고 마즐리스로 갔다. 발 디딜 틈조차 없었지만 어찌어찌해서 들어가 한 사람 한 사람에게 물어보

고 차를 따라 주었다. 그러면서 사라와 모함메드를 볼 수 있었다. 모함메드는 얼굴이 빨개져 있었다. 사라와 둘이 있는 것도 땀날 일인데, 말 상대를 해줄 남자가 그 방에 한 명도 없었기 때문이다. 게다가 모든 여자들이 사라와 모함메드만 쳐다보고 있었다.

사라는 나와 눈이 마주치자 살짝 웃어 주었다. 사실 사라도 모함메드 못지않게 굳은 표정이었다. 마즐리스에 앉아 있는 여자들 중 3분의 2는 시댁 식구이니 그럴 만도 했다. 시어머니는 모함메드 옆에서, 시누이는 사라 옆에서 가져온 선물을 펼쳐 보여주고 있었다. 최신형 아이폰과 금목걸이, 팔찌 세트, 구두 등이었다. 그들은 케이스를 열어 다른 사람들도 보라고 옆으로 돌렸다. 이 선물은 모함메드가 준 지참금에 포함되지 않은, 시어른들이 직접 사라에게 주는 것이었다.

차까지 마신 동네 사람들은 일어나기 시작했다. 멀리서 온 친척들도 밤이 늦어 길을 떠나고 가까운 가족들만 남았다. 나도 하나를 데리고 집으로 돌아왔다. 남편은 이미 집에서 두리를 재우고 있었다. 옷을 갈아입고 다시 자밀라의 집으로 갔다. 설거지만 해도 보통 일이 아니고 청소는 더 큰 일이었다. 다행히 살마와 샤키라가 부지런히 설거지를 하고 있었다. 나는 마지막에만 살짝 거들고 집으로 왔다. 다시 남편이 가서 마당에 깐 카펫을 털고 돌돌 말아 빌린 사람들에게 가져다주는 일을 했다.

그 다음 주 금요일, 하이땀이 우리 가족을 점심식사에 초대했다. 약혼식 때 자밀라가 얼마나 고생했던지 발목이 부어 사흘간 일어나

오만과 환대

지 못했다고 한다. 그러면서 아무 일도 도와주지 않은 친척들에 대해 불편한 마음을 털어놓았다. 나 같아도 그럴 것 같았다. 살마는 친척들이 자기 가족을 부러워하는 동시에 시기한다고 말했다. 모든 친척들 중 술탄카부스 대학에 간 자녀는 사라가 처음이고, 뒤이어 아들 살렘도 HTC를 갔을 뿐 아니라, 살마마저 술탄카부스를 갔기 때문이라고 했다. 또 한 가지 이유는 친척들이 사라에게 많이 청혼했는데, 사라가 친척이 아니라 전혀 다른 집안에 시집을 가 빈정이 상했다는 것이다.

아, 오만의 가족도 한국의 가족들과 다를 바 없는 성정을 가졌구나! 이런 과정을 묵묵히 받아들이며 걸어가는 하이땀, 자밀라 부부가 존경스러웠다.

사라의 결혼식

약혼식이 끝난 후 사라는 바빠졌다. 졸업과 취업, 결혼 준비를 동시에 해야 했기 때문이다. 개인 회사에 취직하면 졸업하자마자 일할수 있지만, 사라는 공무원이 되고 싶어 노동고용청에 자신의 정보를 등록했다. 건축, 건설, 설비에 관련된 자리가 있으면 배치를 받을 것이라고 기대했다. 희망 지역은 당연히 부래미였다. 이 일로 자밀라에게 기도해 주었기 때문에 나도 왠지 책임감을 갖게 되었다. 그래서 만날 때마다 사라의 손을 잡고 부래미 시청 건축과에 취직되게 해달라고 하나님께 기도했다.

사라의 가족은 사라에게 금목걸이 등 패물을 사 주기 위해 니즈와로 갔다. 니즈와는 결혼하는 오만 여자들이 선호하는 금은방이 많은 곳으로 유명한 도시다. 오만 여자들은 남자가 준 지참금으로 가장 먼저 보석을 산다. 니즈와를 다녀온 후 사라는 차를 마시자고

오만과 환대

나를 불렀다. 오만 여자들은 목걸이를 길게 늘어뜨린다. 배꼽 정도까지 늘어뜨리는 것이 오만 스타일 같다. 사라는 각기 다른 모양의 금목걸이 세 개를 보여주었다. 오만에서만 볼 수 있는 문양이었다. 금 팔찌 다섯 개도 보았다. 한꺼번에 착용한 것을 보니 부티가 줄줄 흘렀다. 압권은 새끼 손톱만한 꽃잎이 다섯 개나 달린 꽃반지였다. 정교한 세공까지 더해져 화려함의 극치를 이루었다.

사라는 자밀라에게 금목걸이를 선물했다. 그것도 오만의 전통 문양으로 세공된 것이었다. 자밀라는 남편에게 못 받아 본 것을 딸한테 받는다며 활짝 웃었다. 오만 여자의 결혼 준비는 다름 아니라 쇼핑 일색이다. 사라는 캔두라 열다섯 벌, 구두 열 켤레, 핸드백 열 개, 화장품 두 세트, 시계 다섯 개, 속옷 등을 구입했다.

모함메드는 자주 과일바구니를 들고 찾아와 한 시간 정도 마즐리스에서 사라의 부모님과 얘기를 나누고 갔다. 그 자리에는 사라도 함께했다. 그러나 단 둘이는 있을 수 없었다. 그들은 얼굴을 자주 보진 못했지만 SNS로 끝없는 대화를 이어 갔다. 모함메드는 키가 크고 활짝 웃는 인상이었다. 선하지만 장난꾸러기 같은 표정도 있었다. 그의 근무지는 석유가 나는 사막 한가운데 있었다. 모함메드는 2주는 사막에서 근무하고 2주는 집에서 쉰다. 쉬는 주에는 당연히 사라를 보러 왔다.

사라의 결혼식은 차분하게 준비되어 갔다. 결혼 날짜도 잡혔다. 4월이었다. 어느 날 사라가 중요한 질문이 있다면서 같이 왔던 살마

를 먼저 집으로 보냈다. 한 번도 없던 일이라 나는 약간 긴장되었다. 도대체 무슨 질문일까?

사라는 내게 임신 준비를 어떻게 했냐고 물었다. 첫날밤을 어떻게 지냈냐고도 물었다. 나는 속으로 당황했다. 결혼 전의 내 모습이 살짝 떠올랐다. 나에 비하면 사라는 얼마나 치밀한가! 사라도 여성의 주기에 대해선 잘 알고 있었다. 그러나 그것이 이론처럼 실제가 될 수 있는지 궁금해 했다. 남성의 심리와 생리작용에 대해서도 물었다. 나는 떠오르는 대로 대답했다. 참, 하나님은 오만 사람이나, 한국 사람이나 같게 만드셨구나.

다음 날 자밀라를 찾아갔다. 이런 일은 아무래도 엄마가 지도해 주는 게 나을 것 같았기 때문이다. 그래서 자밀라에게 물었다.

"사라가 다른 결혼 준비도 잘 하나요?"

"다른 결혼 준비요? 뭐 말인가요?"

"아무래도 남자를 처음 만나는 것이니…."

자밀라는 얼른 알아들었다.

"아, 나도 사라에게 말해 줘야겠다고 생각은 했는데, 막상 말하려니 못하겠더라고요. 소헤르가 대신 얘기해 줄래요?"

"아, 아니에요. 나 같으면 쑥스럽더라도 직접 할 것 같아요. 내 딸이니까요."

그러고 나서 자밀라는 바로 사라와 얘기를 한 모양이었다. 사라는 내게 상기된 표정으로 엄마가 너무 좋다고 말했다. 엄마와 비밀도 없다고 했다. 엄마는 사라의 모든 것을 사랑하는 사람이라고 했

오만과 환대

다. 딸이 결혼하기 전 엄마와 이런 시간을 갖는 게 얼마나 아름다운 일인지 보게 되었다.

결혼식은 사라만 준비하는 게 아니었다. 결혼식에 참석하는 사람들도 새 옷을 장만해 입는다. 특히 가까운 친척은 다른 결혼식에 입고 갔던 옷을 다시 입는 걸 결례로 여긴다. 새 삶을 시작하는 신부를 축하하러 가는 자리에 헌 옷을 입고 가면 안 된다는 취지다. 축의금 대신 새 옷을 해 입고 가는 것이 오만식의 부조다. 결혼식이 자주 있으면 이것도 부담이 아닐 수 없다. 그래서 지참금을 받은 신부는 대개 형제자매와 가까운 친척들에게 옷을 선물한다. 자기 결혼식에 새 옷을 입고 오라는 의미다.

그런데 어느 주말 밤, 사라와 살마가 예쁘게 포장된 상자를 가지고 찾아왔다. 내게 주는 것이라고 했다. 뜯어 보니 구두와 핸드백, 옷감이 들어 있었다. 나는 눈을 동그랗게 뜨고 '왜'라는 표정을 지었다. 사라는 말했다.

"우리 결혼식에 이모 자격으로 와 주세요. 소헤르는 제게 이모이자 엄마이자 친구예요. 하나가 있으니 친구로 오긴 어렵고, 엄마는 안 되니 이모로 와 주세요."

졸지에 조카딸이 생겼다. 나는 사라에게 받은 옷감으로 오만 여인들의 전통의상인 캔두라를 맞추었다. 하지만 결혼식장에는 지난 약혼식에서 입었던 한복을 다시 입기로 했다. 사라에게 미안하다고 말했다. 사라는 손사래를 치며 괜찮다고 했다. 그러고는 결혼식장에

서 가족들이 앉는 테이블에 나도 같이 앉으라고 했다.

　파티마 옆집에 살 때 결혼식에 가 본 적이 있다. 그때는 텐트 안에서 치르는 결혼식이었다. 그러나 어느덧 텐트 결혼식도 추억 속으로 사라지고 있다. 짧은 시간 안에 결혼 예식이 상업화되어 이 작은 동네에 화려한 결혼식장이 생겼다. 부래미에선 나름 최고급이었다. 오만처럼 대중 앞에 나설 기회가 거의 없는 여성들에게 결혼식은 그야말로 자신의 모든 것을 보여줄 수 있는 일생에 한 번 있는 자리다. 성대할수록 높아지고 대접받고 과시하고 싶은 욕구가 충족되는 자리가 바로 결혼식이다.

　결혼식은 한 식장에서 남녀별로 따로 치러진다. 여자들은 결혼식장 안에 모이고, 남자들은 밖에 카펫을 깔면 그곳이 결혼식장이 된다. 가격에 따라 카펫의 격이 달라진다. 그냥 모래를 덮는 수준에서부터 부잣집 거실에나 깔림직한 카펫까지 다양하다. 더 여유가 있는 사람들은 카펫 위에 마즐리스 의자들을 갖다 놓는다. 보통 60-100명 정도가 앉을 수 있도록 오만 전통의 붙임식 거실의자를 디귿자로 쭉 붙여 놓는다. 나이가 들었거나 사회적 지위가 있는 사람들은 소파에 앉아 기다리다가 음식이 나오면 바닥으로 내려가 무리지어 식사를 한다.

　음식이 나오기 전에 흥이 있는 남자들은 오만식 춤을 춘다. 가늘고 긴 지팡이를 음악에 맞춰 들었다 내리며 추는 춤이다. 어깨동무를 할 때도 있고 한 줄로 설 때도 있다. 그러다가 음식이 나오면 춤

오만과 환대

을 멈추고 다 함께 식사를 한다. 식사 후엔 본격적으로 춤과 노래가 시작된다. 남자 결혼식의 즐거움을 더하기 위해 전문적으로 오만 노래와 춤을 추는 사람들이 오기도 한다. 우리나라의 밴드나 클래식 앙상블과 비슷하다고나 할까? 그들이 등장하면 우선 분위기가 흥겨워진다. 그들의 노래와 악기 연주에 맞춰 모든 사람들이 하나가 되어 춤을 춘다. 이들의 결혼식에는 술이 없다. 담배도 없다. 춤도 거의 같은 동작의 반복이다. 한 손으로 옆 사람을 어깨동무하고, 다른 한 손으로는 리더의 장단에 맞춰 지팡이를 올렸다내렸다 한다. 같은 곡이 무한 반복되는데도 다들 지치지 않고 흥겨워한다.

나중에는 신랑도 나와 춤을 추고 노래를 부른다. 신랑 아버지도, 신부 아버지도 결국 동참한다. 이때가 클라이맥스다. 한 시간이고 두 시간이고 남자들은 행군하는 군대처럼 어깨동무 열을 흐트러뜨리지 않고 계속 스텝을 밟는다. 남편도 그 무리에 끼었다가 한참을 고생했다. 시간이 흘러 다들 지쳐 갈 즈음 하나둘씩 자연스럽게 춤추는 열에서 떠난다. 가족과 가까운 친척만 남으면 비로소 신랑이 신부를 맞이하러 가는 시간이다.

신랑은 결혼식에서 꼼마가 아니라 화려한 쿠피야(아랍 남자들이 머리에 두르는 천)를 터번처럼 둘러 말아 올려 쓴다. 술탄 카부스 왕은 항상 이 터번쿠피야를 썼다. 살면서 왕이 되어 볼 수 있는 때, 그때가 바로 결혼식이다. 허리에는 한자르를 찬다. 모함메드도 터번쿠피야를 쓰고 한자르를 찼다. 왕 같은 위엄과 풍채가 풍겼다.

여자들의 결혼식장은 화려하고 우아하기가 텐트 결혼식과 비교

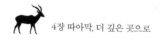

가 안 되었다. 유니폼을 맞춰 입고 서빙하는 사람들도 있었다. 하얀 천이 깔끔하게 덮인 테이블 위에는 접시와 포크뿐 아니라 과일, 후무스, 하리스, 샐러드가 세팅되어 있었다. 화장실도 동서로 두 개나 있었다. 가장 중요하게는 신부가 입장하는 버진로드(Virgin Road)가 긴 단으로 만들어져 흰색 천으로 덮여 있고, 양 옆에는 꽃기둥이 1미터 간격으로 서 있었다. 단은 평지보다 1미터 정도 높아 사방 어디에서나 식장으로 걸어들어가는 신부를 볼 수 있게 해놓았다.

하나와 나는 조금 일찍 결혼식장에 갔다. 자밀라와 세 딸들이 와 있었다. 싸미라가 우리를 안내해 주었다. T자 버진로드의 끝 바로 아래에 있는 테이블이었다. 신부를 가장 가까이서 볼 수 있었다. 아바야를 입은 주변의 여자들이 우리를 쳐다보았다. 우리는 그 눈길의 의미를 알고 있었다. '당신들이 왜 그 자리에?'라는 뜻이었다. 그곳은 가족들만 앉는 상석이었기 때문이리라.

하객으로 온 사람들은 다양했다. 사라의 친구들은 우리 옆 테이블에 앉았다. 눈에 띄게 화려한 옷과 장신구를 장착한 그룹이 있었는데, 신랑의 가족들이었다. 버진로드 맞은편에 자리했다.

과도하게 틀어 놓은 에어컨과 옆 사람 말이 거의 들리지 않을 정도로 울리는 음악 소리에 나와 하나는 정신이 멍해졌다. 이윽고 신부가 입장한다는 방송이 나왔다. 사라의 친구들이 우르르 입구로 몰려가면서 입에 손을 대고 "아아아아아아~" 하고 소리치기 시작했다. 동시에 스피커에서 나오는 음악도 조용한 클래식으로 바뀌었다. 사라가 살마를 뒤로하고 문 앞에 섰다. 정말이지 천사인 줄 알았

오만과 환대

다. 사라는 큰 눈으로 천천히 기품 있게 실내를 돌아보았다. 쑥스러워하지 않고 자신감과 부드러움이 어우러진 표정으로 부드럽게 첫 걸음을 내딛었다. 친구들이 꽃을 뿌리기 시작했다.

이 아름답고 감동적인 순간을 자밀라는 사라 옆으로 비켜서서 조용히 따라오며 바라보고 있었다. 시선은 오직 딸의 얼굴을 향했고, 눈물을 들키지 않으려고 애써 참는 모습이었다. 오늘은 자밀라의 그런 모습이 그리 슬퍼 보이지 않고 정말 아름다웠다. 쉐이크 부인처럼 위엄 있고 우아했다.

신부 입장 후 음악이 더욱 커지고 빨라져 친구들과 신부 쪽 자매들, 신랑 쪽 자매들이 나와 밸리댄스를 추었다. 한참만에 춤이 끝난 후 신랑인 모함메드가 들어왔다. 훤칠한 키에 잘 다져진 체구로 씩씩하게 사라에게 달려가듯 다가간 그는 고개 숙인 사라의 베일을 위로 올리고 이마에 입을 맞추었다. 그리고 반지를 꺼내 무릎을 꿇고 사라의 손가락에 끼워 주었다. 여자들이 모두 박수를 치며 환호성을 질렀다.

두 사람은 첫날밤을 모함메드 집에서 보냈다. 그리고 다음 날 신혼여행을 떠났다. 터키였다.

겹경사

사라에게 좋은 일이 또 생겼다. 신혼여행을 다녀온 후 바로 취직이 된 것이다. 그것도 온 가족이 바라던 부래미 시청 건축과에서 일하게 되었다. 전국에서 신청자가 200명이나 되었는데, 사라가 유일하게 그 자리에 가게 되었다. 부래미 상업 건물의 시공과 설계가 제대로 되었는지, 설계대로 건축되고 있는지 등을 확인하고 감사하는 일을 맡게 되었다.

사라는 자연스럽게 친정인 자밀라 집에서 출퇴근을 했다. 작은 아파트를 얻어 모함메드가 쉬는 2주는 그곳에서 지내고, 모함메드가 사막으로 출근하면 남은 2주를 부모님 집에서 동생들과 같이 지냈다. 누구보다 자밀라가 기뻐했다. 사라가 취업턱을 내겠다고 우리 가족을 정찬 자리에 초대했다. 사라의 결혼식 이후로 하이땀은 남녀 별로 각기 다른 방에서 식사하는 경계를 허물었다. 우리는 주로

오만과 환대

집안의 응접실에서 다 같이 모였다. 바뀐 분위기로 처음 몇 차례는 어색했지만 시간이 지나면서 차츰 자연스럽고 편안해졌다.

우리는 그 다음 주말에 새 신랑신부를 초대했다. 사라가 제일 좋아하는 생선전과 닭고기 오븐구이를 하고 양고기 스프를 만들었다. 모함메드는 영어를 잘하지 못해 사라가 중간에서 통역을 해주었다. 모함메드는 그 와중에도 농담을 했고 자기 얘기도 잘했다. 음식도 가리지 않고 맛있게 먹어 주었다. 모함메드는 남편을 형이라고 불러도 괜찮겠냐고 물었다. 형이 있으면 좋겠다고 늘 생각했단다. 남편은 흔쾌히 받아 주었다. 형 동생 하기로 의기투합한 두 남자는 오른손을 꽉 잡고 "얄라, 얄라!"라고 외쳤다. "좋아요, 그렇게 합시다!"라는 뜻이다.

사라는 모함메드가 사막에서 근무하는 동안에는 목요일 밤마다 살마와 함께 우리 집에 놀러왔다. 우리의 화제는 이전과는 많이 달라졌다. 살마가 있어 조심스럽긴 했지만 부부생활, 가정생활, 친인척과의 관계, 직장생활 등으로 주제가 넓어졌다. 관계에 관한 질문이 가장 많았다. 그래서 사라에게 『다섯 가지 사랑의 언어』(게리 채프먼 지음)라는 책을 선물로 주었다. 단순히 부부 관계에만 국한된 책은 아니었다. 지혜롭고 총명한 사라는 책을 다 읽은 후, 자신과 모함메드가 어떻게 다른지, 그렇지만 어떻게 대해야 하는지 알게 되었다고 말했다. 같은 원리를 부모님과 형제자매, 친구들과의 관계에도 적용해 갔다.

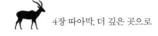

사라에게 좋은 소식이 또 생겼다. 대학을 우등으로 졸업하게 된데다 임신을 한 것이다. 우리의 대화는 한동안 임신과 출산에 집중되었다. 나는 출산과 육아에 대해 강의하는 수준으로 준비해 사라와 목요일 밤을 보냈다. 시간이 지나면서 사라는 생명의 신비에 대해 신께 감사하며 이를 소중히 여겼다. 그러면서 엄마인 자밀라를 더욱 존경하고 애틋하게 생각하게 되었다.

드디어 출산의 때가 왔다. 우리는 손에 땀을 쥐며 기다렸다. 아기는 예정일보다 이틀 늦게 나왔다. 새벽 2시경이었다. 그 순간 사라는 나에게 메시지를 보냈다. 두 글자였다.

"아들!"

얼마나 감격스러웠을까? 모함메드는 같은 병원에 있었지만, 산모실에 들어갈 수 없었다. 자밀라가 사라의 곁을 지켰다.

우리는 날이 밝자마자 찾아갔다. 사라의 얼굴은 별로 붓지 않았고, 큰일을 해낸 후 안정을 찾은 평온한 표정이었다. 사라를 꼭 안아주며 고생했다고 말했다. 그리고 고개를 돌려 아기를 보았다. 깜짝 놀랐다. 모함메드가 아기였다면 딱 그 모습이었을 것이다. 더 놀랍게도 아기는 눈화장을 하고 있었다. 새까만 아이펜슬로 여린 아기의 눈 주위에 칠을 해놓았다. 여기에는 두 가지 의미가 있다고 한다. 건강과 악귀로부터의 보호다.

아기는 잘 자랐다. 오만의 출산 휴가는 40일이다. 사라는 이 기간에 제일 먼저 아들의 이름을 지었다. 물론 아버지인 모함메드가 지었다. 압둘라, 신의 종이라는 뜻이다. 모함메드는 압둘라가 신을 받

오만과 환대

드는 사람으로 살면 좋겠다고 말했다. 사라와 모함메드는 생후 8일이 되어 압둘라에게 할례를 행했다. 모함메드가 어릴 적만 해도 집에서 이맘이 칼로 할례를 행했다고 한다. 그러나 오만에 병원이 들어서면서 그런 일은 점점 줄고 있다. 압둘라의 할례 후, 모함메드와 사라는 이웃들에게 양고기를 선물했다.

나는 압둘라를 자주 보러 갔다. 사라가 출근하면 압둘라를 돌보는 일은 고스란히 자밀라의 몫이다. 자녀 여덟 명을 키워 놓고 이제는 육아에서 좀 자유로워지나 싶을 때 손주가 생겼다. 그러나 자밀라는 싫은 표정 한 번 짓지 않았다. 그저 손주가 사랑스럽고 예쁠 뿐이다. 오후가 되면 학교에서 돌아온 외삼촌과 이모들이 조카를 돌보았다.

어느덧 압둘라의 돌이 되었다. 우리도 같이 축하해 주고 싶었다. 하이땀이 우리의 마음을 알고 생일 잔치를 겸하는 식사 자리에 우리 가족을 초대해 주었다. 우리는 미리 케이크를 맞추고 선물도 샀다. 생일카드에 우리 네 식구가 각자의 언어로 압둘라의 만 한 살을 축하하는 메시지를 적었다. 사라 가족도 풍선을 불어 달고, 스튜디오에서 사진사를 부르고, 음식도 이것저것 풍성하게 준비했다.

다같이 브리야니를 먹는 자리에서 모함메드가 다음 주 금요일, 고향에 계신 부모님 집에서 여는 돌잔치에 우리 가족을 초대했다. 우리는 기꺼이 가겠다고 응했다.

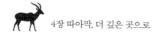

5장 나후와 알 하끼까, 진리를 향하여

돌잔치

금요일 아침, 우리는 서둘렀다. 하이땀 가족과 우리 가족은 차 두 대로 움직였다. 우리 차에 싸미라와 사덕이 같이 탔다. 하이땀의 차를 뒤따라 국경을 벗어나 시골로 굽이굽이 들어갔다.

　길은 멋있었다. 나타났다 사라지는 모래와 돌산의 풍경이 사랑스럽고 웅장하고 예술적이었다. 산속으로 가는 길에 와디가 쭉 이어졌는데, 그 길을 따라 야자나무가 푸르게 잘 자라 경치를 뽐내는 곳도 있었다. 와디가 끝나가는 길부터는 길이 좁아져 차선이 확 줄어들었다. 앞에서 마주 오는 차라도 있으면 비켜 줄 길이 없는 길을 계속 달렸다. 몇몇 마을을 지나쳤다. 한참을 가는데도 마주 오는 차가 없어 얼마나 다행이었는지 모른다.

　멀리 야자나무 숲이 보일 때, 제발 모함메드의 고향이길 바랐다. 하이땀이 경적을 두 번 울리는 것으로 보아 우리의 바람이 이루어

　　　　　　　　　　　　　　오만과 환대

진 것 같았다. 마을 입구에 다다를 즈음 경적이 다시 두 번 울렸다. 다 왔다는 뜻이리라. 마을 입구에 동네 사람들이 많이 나와 있었다. 하얀 수염을 길게 기른 노인들이 대부분이었다. 술탄카부스 대학 나온 며느리를 최초로 맞이한 집안의 경사에 동네 어른들이 모두 나와 사돈인 우리를 영접해 주었다.

하이땀이 차를 멈추고 내렸다. 자밀라와 딸들은 내리지 않았다. 나도 내리지 않고 가만히 있었다. 남편은 두리와 사딕을 데리고 차에서 내렸다. 하이땀은 어른들에게 아들들과 남편을 소개했다.

모함메드 집에 도착하니 많은 사람들이 모여 있었다. 마당에는 넓게 펴 놓은 비닐 위에 부위별로 뭉텅뭉텅 자른 소고기가 놓여 있었다. 돌잔치를 하기 위해 소를 잡은 것이다. 집안에서도 사람들이 나오기 시작했다. 그중에는 사라도 끼어 있었다. 모함메드는 특유의 환하고 밝은 표정으로 우리를 맞이했다. 자연스럽게 남자들은 집안 남자들에게 인도되어 어딘가로 들어가고, 우리 여자들은 사라를 따라 여자들이 모여 있는 곳으로 갔다. 안에도 이미 동네 사람들이 많이 와 있었다.

방안의 모든 여자들이 일어나 사방 벽을 등 뒤로 하고 우리와 악수를 나누었다. 사람들이 많아 두 줄로 설 정도였다. 모르는 사람 한 명 한 명과 악수하며 인사하기란 쉬운 일은 아니었다. 그중 몇몇은 손을 내밀지 않았다. 우리가 외국인이기 때문이었다. 어떤 사람은 노골적으로 왜 우리를 데려왔냐는 표정을 짓기도 했다. 나는 괜히 사라와 자밀라 가족에게 미안해졌다. 그래도 젊은 사람들은 호기심이 많고 더 열려 있었다. 그들은 내게 끝없이 질문했고, 나는 답하며 대화를 이어 갔다. 방안의 분위기는 차츰 부드러워졌다.

그러는 사이에 과일을 갖고 모함메드의 어머니와 누나, 여동생이 들어왔다. 자밀라가 서로 인사하도록 소개했다. 그들은 우리를 환영한다고 말했다. 인사치레일지라도 마음이 편안해졌다. 나도 준비해 간 인사말을 나누었다.

"저희 가족을 초대해 주셔서 감사합니다. 오만에 살면서 행복하고 좋은 일들이 굉장히 많았어요. 그중 가장 배우고 따르고 싶은 문화가 환대랍니다. 우리나라에선 누군가를 방문하려면 미리 약속을 정하죠. 그런데 오만에선 약속 없이도 가서 대문을 두드리면 돼요. 그러면 언제나 환영받지요. 왜 왔냐고 묻지 않고 차부터 대접하는 것에 큰 인상을 받았습니다. 그것으로 끝나는 게 아니라 마음을 열고 이웃이 되어 주고, 친구로 우정을 맺어 가지요. 오늘 이렇게 환영해 주시고 이 방에서 다른 이웃들과 함께 앉게 해주셔서 정말 감사합니다. 낯선 저희를 받아주셔서 다시 한번 감사드려요."

그런 다음 자밀라 가족과 친해진 과정이며, 우리 부부가 만나 결혼하고 오만까지 오게 된 과정과 이후의 소감을 간략히 나누었다.

때마침 소고기 브리야니가 들어왔다. 같이 앉아 먹기에는 자리가 비좁았다. 사라가 샤키라, 싸미라, 하나, 두 명의 여자와 나에게 다른 방으로 따라오라고 했다. 사라 부부의 신혼방이었다. TV에서나 봄직한 더블 킹베드 세트로 으리으리하게 구색을 맞춘 옷장과 화장대가 눈에 들어왔다. 사라의 말에 의하면 자기 부부를 위해 시댁에서

이 방을 따로 만들어 주었다고 한다. 화장실의 세면대와 변기도 번쩍번쩍한 대리석이었다. 모함메드 가족이 사라를 얼마나 대우해 주고 있는지 한눈에 알 수 있었다.

음식을 다 먹고 쉬고 있을 때, 사라가 우리를 불렀다. 농장을 구경시켜 주겠다고 했다. 우리는 밖으로 나갔다. 남편도 두리와 함께 나와 있었다. 둘러보니 여기저기 자연스럽게 심긴 야자나무가 끝을 알 수 없게 서 있었다. 그 야자나무 사이에 지은 집에서 모함메드 가족이 살고 있었다.

브리야니를 쟁반에 담고 있는 남자들

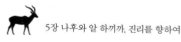

나무 한 그루를 돌아가니 브리야니를 만드는 솥이 걸려 있고, 바닥에 장작으로 보이는 나무들이 뒹굴었다. 다른 야자나무를 몇 그루 지나가니 또 다른 솥이 걸려 있었다. 솥이 작아 두 군데에 설치했다고 한다. 야자나무들 사이사이에 망고나무가 있었다. 헤나나무도 있었다. 중간중간에 싯딤나무도 있었다.

나무 사이를 걸으면서 우리의 마음은 경계 없는 강물처럼 풀어졌다. 남편은 이 산속 낭만적인 야자나무 그늘 아래서 남자들의 마즐리스에서 어떤 일이 있었는지 짧게 말해 주었다.

남자들의 방에는 이맘이 초대되어 있었다고 한다. 이맘은 압둘라의 돌을 축하하는 메시지를 전하고 알라에게 복을 비는 기도를 하러 온 것이다. 원래 이방인은 그 자리에 들어갈 수 없었다.

하이땀은 이 사실을 남편에게 살짝 귀띔하면서 눈빛으로 밖에 나가 있으라고 신호했다. 남편이 조용히 일어서려는데, 압둘라의 할아버지가 남편을 불러 세우더니 이 자리에서 무슬림이 되면 나가지 않아도 된다고 말했다. 남편은 "예" 또는 "아니요" 대신 "미안합니다"라고 말하며 나오려 했다.

이때 이맘이 손을 들더니 이렇게 말했다.

"알라는 관대하므로 당신이 여기 있어도 화내지 않으실 겁니다. 압둘라를 축하하는 자리니 같이 있으세요."

마즐리스에 앉아 있던 사람들이 모두 놀란 눈으로 이맘을 쳐다보았다. 이맘은 말했다.

오만과 환대

"지금은 무슬림이 아니지만 무슬림이 되도록 전도하면 됩니다."

다들 고개를 끄덕였다. 하이땀은 얼른 남편을 붙잡아 다시 옆에 앉혔다.

남편은 더 자세한 얘기는 집에 가는 길에 해주겠다고 말했다. 남편의 표정이 예사롭지 않았다.

그래, 잘 가고 있어!

집으로 돌아올 때, 우리는 올 때와 같은 인원으로 나누어 차를 탔다. 모함메드의 어머니가 우리에게도 소고기를 한 자루 주었다. 집에 와 재 보니 5킬로그램이나 되었다. 차가 동네를 벗어나자 남편이 남자들 마즐리스에서 있었던 얘기를 마저 해주었다. 남자들 수가 여자들 수보다 더 많았다. 마즐리스에 앉을 자리가 없어 밖에까지 카펫을 깔았다고 한다. 남편은 하이땀 옆에 앉아 그가 받는 최고의 대접을 겸상으로 받았다.

어느 순간, 마을 수장이 남편에게 말을 걸었다. 먼저 자기소개를 하고, 옆 자리의 두 번째 세 번째 높은 분들까지 인사를 시켰다. 그러고는 이 마을의 유래와 씨족으로 사는 이유를 자랑스레 알려주었다. 남편은 귀 기울여 들었다.

마을 수장은 남편에게 할 얘기는 다 했다는 표정을 지으며, 고개

오만과 환대

를 돌려 하이땀을 향해 말하기 시작했다. 그는 30년 전 모함메드의 아버지가 외지 여인을 신부로 데려와 마을에 분란이 생겼지만, 이제 그 여인이 동네에 없으면 안 될 가족이 되었다고 말했다. 이제 또 모함메드가 국경 도시 부래미 여인과 결혼을 한다고 해서 마음이 덜컥했으나, 신부의 성이 이곳 사람들과 같은 알 마크발리로, 같은 조상을 둔 형제지간이어서 반가웠다고도 말했다. 결혼시켜 놓고 보니 사라만한 신붓감도 없다고 했다. 특히 마음씨와 종교심이 많은 이들의 존경을 받을 만큼 훌륭하다고 칭찬했다.

하이땀은 기분이 좋아졌다. 자기 부족을 국가보다 먼저 생각하는 오만 사람들, 특히 알 마크발리 부족에게 자부심을 충분히 갖게 하는 이야기였다. 그런데 수장이 하이땀에게 어떻게 남편과 친해졌고 여기까지 함께 오게 되었는지 물었다. 하이땀은 당황했다. 그 말은 "당신은 무슬림인데 왜 이교도와 친합니까?"라고 묻는 것과 같았다. 남편도 당황했다. 통역하던 큰아들 살렘도 곤란한 표정을 지었다. 하이땀은 말했다.

"하비브는 우리 앞집에 삽니다. 어느 날 이사를 왔는데 안돼 보였어요. 아이들은 어리고 집에 힘쓸 사람은 하비브 하나인데, 다른 외국인들에게 도움을 청할 수도 없는 처지라는 게 한눈에 보였죠. 친절하라, 손님을 대접하라는 꾸란 말씀이 생각났습니다. 그래서 우리가 먼저 하리스를 만들어 그 집을 찾아갔습니다.

인사해 보니 한국 문화와 전통이 우리 오만과 비슷했습니다. 하비브도 형제들이 많고 우애도 좋습니다. 대학 교수여서 아는 것도 많고 점잖습니다. 여느 외국인과 다릅니다. 성실하고 친절하고 겸손하죠. 그리고 오만 학생들을 사랑합니다. 대학 교수가 매주 자기 집에 학생들을 초대하는 경우를 본 적이 없는데, 하비브는 그렇게 합니다. 무엇보다도 우리에게 무엇이든 배우고자 합니다. 우리 오만의 문화와 전통을 비판한 적이 한 번도 없어요. 아이들끼리도 친해져 서로를 신뢰하게 되었습니다. 우리 아이들이 하비브 집에 가서 환대를 받고 좋은 점을 배워 옵니다. 특히 정직을 배워 와 우리 가정이 많이 본받고 있습니다.

게다가 술탄카부스 대학에서 공부하던 사라와 살마가 하비브의 아내 소헤르와 친해졌습니다. 술탄카부스 대학은 기숙사 생활을 하기 때문에 아이들이 집을 떠나 생활합니다. 교수들은 전부 외국 사람들입니다. 아버지로서 딸들이 어떤 생각으로 어떻게 생활하는지 알고 싶고, 외국 교수들과 어떻게 지내는지 궁금했습니다. 사라와 살마가 하비브의 아내와 친해지면서 저는 우리 딸들을 더 이해하고 신뢰하게 되었습니다. 소헤르가 제 아내와 친해 딸들이 한 이야기를 모두 해주기 때문입니다. 하하하, 외국인이라고 모두 타락한 건 아닙니다."

이맘이 남편에게 물었다.

"하비브, 당신의 종교는 무엇입니까?"

남편은 그냥 기독교라고 말하지 않고 이렇게 대답했다.

"네, 저는 예수를 따르는 자입니다."

"예수를 따르는 자? 종교입니까? 불교, 기독교, 이슬람 이런 거 아닙니까?"

"저는 그냥 예수를 따르는 자입니다."

남편이 설명을 더 하려고 할 때, 압둘라를 위한 이슬람 예배가 시작되어 이야기를 이어 갈 수 없었다. 남편은 일어나 나가려 했지만, 이맘의 한 마디로 그 자리에 앉아 있게 되었고, 알지 못하는 언어와 식순으로 예배 드리는 그 시간에 그들을 바라보며 신앙 공동체, 부족 공동체에 대해 생각했다고 한다. 예배 후 식사를 하고 차를 마시는데, 이맘이 남편에게 질문했다.

"하비브, 당신이 따르는 예수보다 더 훌륭한 분이 있다는 걸 아시오? 바로 거룩한 선지자 무함마드요."

그는 무함마드의 삶과 이슬람교의 시작에 대해 설명했다. 남편은 그 이야기를 귀 기울여 들었다. 책으로 읽는 것과 직접 이맘을 통해 듣는 데는 차이가 있었다. 우선 육성이 주는 감성적인 울림이 있었다. 신앙에 대한 그의 진심이 느껴졌다.

"하비브, 우리 무슬림은 가장 행복한 사람들이오. 알라가 우리를 지켜주기 때문이오. 우리는 어떻게 살았느냐에 따라 각기 다른 천국에 가오. 아무도 지옥에 가지 않소. 하비브, 우리처럼 무슬림이 되지 않겠소?"

이야기를 끝낸 이맘은 마무리하면서 남편에게 물었다. 남편은 이 상황을 충분히 짐작하고는 이미 대답할 말을 마음에 정하고 있었다. 그러나 막상 대답하려니 두려움이 엄습했다. 하이땀이 마음에 걸리기도 했다.

"네, 말씀 잘 들었습니다. 이슬람의 역사와 선지자 무함마드에 대해 직접 듣기는 제 인생에서 처음입니다. 오만에 살면서 이슬람에 대해 알고 싶었지만 기회가 없었는데, 오늘 이맘께서 자세히 설명해 주시니 궁금증이 많이 해소되었습니다.

저는 하이땀의 가정을 보면서 이맘의 말씀이 맞다고 생각합니다. 이 가정의 질서 있고 온화한 분위기도 감동적이지만, 온 가족이 한마음으로 알라를 경외하고 신앙을 지키고 꾸란의 말씀대로 살려는 모습을 보며 대단하다고 생각했습니다. 그래서 저도 많이 배우려고 노력합니다.

좀 전에 말씀드렸듯이 저는 예수를 따르는 사람입니다. 예수님은 이 땅에 가난하게 태어났고 그렇게 사셨습니다. 그러나 남들처럼 죽지 않으셨습니다. 우리 안에 있는 문제, 누구도 스스로 해결할 수 없는 문제를 해결하며 죽으셨죠. 우리가 죄인인 것은 부정할 수 없는 사실이고, 그 죄를 해결하기 위해 누군가 책임을 져야 하는데, 예수님께서 그 죄를 스스로 대신 지셨습니다. 아무리 고결한 사람이라도 살면서 마음으로는 죄를 짓지요. 예수님은 십자가에서 죽으면서 이 죄를 다 가져가셨습니다. 우리가 죽어서도 해결하지 못할 죄를 대신 지고 대가를 치르신 겁니다.

예수님을 믿으면 죄 사함을 받고 천국에 갑니다. 저는 예수님을 믿습니다. 따라서 죄에서 자유롭습니다. 예수님은 내가 길이요 진리요 생명이라고 말씀하셨는데, 저는 이 말씀을 그대로 믿습니다. 천국에 가는 길은 예수님뿐입니다. 예수님 자체가 진리입니다. 예수님을

오만과 환대

믿음으로 우리는 영원한 생명을 얻어 영원히 천국에서 살게 됩니다.

이맘님, 저는 예수를 따르는 자로 계속 살고 싶습니다. 오늘 귀한 말씀을 들려 주셔서 정말 감사합니다. 제가 이맘님의 호의를 거절한다고 생각하지 말아 주세요. 저는 무슬림을 존경합니다. 많은 부분을 배우고 싶습니다. 그러나 제 신념이나 신앙을 바꾸고 싶진 않습니다."

남편은 말하면서 이맘과 마을 수장, 하이땀의 얼굴을 살폈다. 모두 불편한 기색이었지만 참고 들어 주고 있었다.

"하이땀, 당신이 수고가 많겠습니다"라고 이맘이 말하면서 진땀나는 시간이 지나갔다. 아무도 더 이상 남편에게 말하지 않았다.

남편은 얘기를 끝내고 한숨을 내쉬었다. 오만에 살면서 이런 일이 일어나지 않는다면 그게 더 이상한 일이다. 특히 관계가 깊어지면서도 각자가 믿는 바에 대해 얘기하지 않는다면 한계가 있을 수밖에 없다. 우리는 알고 있었다. 이제 고비가 시작된 것이다. 이 고비의 끝은 어디일까?

남편과 나는 마주보았다. 그리고 앞으로 펼쳐질 불확실한 길을 상상하며 다시 한숨을 쉬었다. 막막하여 내쉰 숨은 아니었다. 언젠가 맞닥뜨려야 할 일이 드디어 왔고, 그런 상황을 우리가 회피하지 않았음을 나름대로 인정하는 격려의 한숨이었다. 그래, 잘 가고 있어!

맘 꾸리

모함메드의 본가에 다녀온 후 우리는 조심스러웠다. 이맘의 질문에 대답한 내용만으로도 우리 가족은 언제든지 이 나라에서 추방당할 수 있었다. 이들에게 가장 민감한 부분을 건드렸기 때문이다. 사실, 이 같은 일이 처음은 아니었다. 이슬람의 가장 큰 명절인 알 아드하를 맞아 하이땀의 고향집에 초대받았을 때, 남편은 하이땀 가족 60여 명이 모인 그 자리에서도 복음을 전했다. 그때 우리는 마음의 준비를 했다. 우리에게 떠나라고 할지 몰라 짐까지 다 싸 놓았다. 주변국으로 아이들 학교를 알아보기도 했다.

그러나 하이땀 가족은 우리를 말없이 용납해 주었다. 그 많은 가족들 중 누구도 경찰이나 이맘에게 우리의 말과 행동을 발설하지 않았다. 경계하는 듯한 제스처는 한두 번 있었지만 우정과 신뢰를 저버리지는 않았다. 그때 암묵적으로 우리에게 기회를 준다는 느낌

오만과 환대

을 받았다. 다시는 자기들에게 우리가 믿고 따르는 예수와 신앙에 대해 말하지 말라는 조용한 압박 같은 것이었다.

그런 일이 있고 나서 신기하게도 관계는 더 깊어졌다. 왠지 세찬 강물을 힘을 합하여 건넌 듯한 동지애가 생겼다. 그런데 평화로운 두 가정의 관계에 우리는 또다시 풍덩 하고 진리의 돌을 빠트렸다. 그것도 하이땀 가족이 조심스러워하는 사돈집에서 덜컥 예수님 얘기를 하고 왔으니 우리만 난감해질 일이 아니었다.

우리 때문에 하이땀이 짊어져야 하는 사회적, 관계적 부담이 무거움으로 다가왔다. 혹시 추방 명령이 떨어지면 우리는 떠나면 된다. 그러나 하이땀과 그의 가족은 우리를 알고 지냈다는 이유로 이 사회에 남아 불편함을 견뎌야 한다. 불이익을 당할지도 모른다. 그점이 너무 미안했다. 그러나 이런 마음조차 나눌 수 없었다.

우리는 하이땀 쪽에서 먼저 찾아와 주길 기다렸다. 우리를 불편해 하지 않는다면 아이들을 보낸다든지, 그 다음 주에 사라와 살마가 놀러올 것이다. 주중에라도 자밀라가 커피잔과 케이크 이모티콘을 보내올 수도 있다. 그러나 그런 일은 일어나지 않았다.

일요일이 되어 남편이 출근하며 혹시 모르니 여행용 가방을 챙겨 놓으라고 일렀다. 만약의 경우를 대비하는 듯했다. 나는 그럴 일은 없을 거라고 희망회로를 돌리면서도, 한편으로는 충분히 그럴 수 있다고도 생각했다. 오만이 좋고, 오만에서 오래 살고 싶지만, 오만의 전통과 문화를 존중하고 배우면서 기쁨을 느끼지만, 우리의 가치를 바꾸면서까지 살 수는 없었다.

어지러운 마음으로 오만에 처음 올 때 가져왔던 짐 가방을 꺼냈다. 그때는 가방이 네 개뿐이었는데, 그 사이에 불어난 살림이 꽤 되었다. 관계는 그보다 훨씬 더 많아졌다. 집안을 둘러보았다. 만약 떠나게 된다면 이 짐을 다 가져가진 못할 것이다. 가장 중요한 것, 가장 필요한 것만 싸야 한다. 나는 목록을 작성하기 시작했다. 울컥 눈물이 쏟아졌다. 이제 이 땅에 적응해 재미있게 살고 있는데, 이곳을 떠나면 어디로 간단 말인가.

우리 부부는 어디로 가든 상관없었다. 그러나 아이들은 상관이 있었다. 지난 알 아드하 때와는 다른 무게감이 마음을 눌렀다. 이번에는 왠지 무슨 일이 실제로 일어날 것 같았다. 혹시 일어날지 모르는 일에 대비한다는 것은 담대함과 능력을 갖추고 하는 게 아님을 깨달았다. 특히 내 의지와 상관없이 떠나야 한다고 생각하니 불안과 슬픔이 몰려왔다. 중요한 일을 본격적으로 시작하지도 않았는데 좌절감이 찾아왔다.

그날도 하이땀 집에선 아무런 연락이 없었다. 나도 연락하지 않았다. 우리가 이방인임을 사무치게 느꼈다. 아무리 정을 주어도 떠날 때가 되면 떠나야 한다. 인간의 정보다 깊고 신비한 것이 있기 때문이다. 그것은 진리다. 우리가 믿는 진리는 무엇과도 타협할 수 없다. 우리는 진리를 말했고, 그 대가가 떠나는 것이라면 후회는 없다. 이렇게 생각은 정리했지만 마음은 자꾸 슬퍼졌다. 그렇게 뒤척이는 밤을 보냈다.

월요일, 아이들과 남편이 학교에 간 후 짐 가방을 펼쳤다. 마음을

오만과 환대

정했으니 짐을 싸야지. 많은 생각을 하지 않으려고 일부러 열심히 짐을 싸고 있는데, 왓츠앱(메신저 앱)에서 신호가 왔다. 자밀라가 김이 모락모락 나는 커피잔과 케이크 이모티콘을 보내왔다! 차를 마시러 오라는 신호다. 나는 하던 일을 멈추고 하트 두 개를 날렸다. 그리고 바로 부엌으로 가 어제 사다 놓은 과자와 과일을 봉지에 담았다. 자밀라의 집에 가 보니 압둘라가 소파를 잡고 걸음마 연습을 하고 있었다. 나는 와락 압둘라를 안고 뽀뽀 세례를 퍼부었다.

자밀라가 빙긋이 웃고 있었다. 우리는 자리에 앉았다. 언어 소통에 한계는 있지만 서로 대화를 주고받았다. 알아듣는 만큼 들으면 되는 일이다. 모함메드 집에 다녀온 후 너무 피곤했는데 이제는 괜찮아졌다고 했다. 나는 아랍어와 영어를 섞어 가며 모함메드 집에서 받은 좋은 인상에 대해 나누었다. 자밀라는 그날 남자들이 나눈 얘기는 하지 않았다. 속으로 안심되었다.

나는 다음 주말에 우리 집에 오라고 하이땀 가족과 압둘라 가족을 초대했다. 우리 집에서도 압둘라의 돌상을 차려 주고 싶었기 때문이다. 자밀라는 웃으며 알겠다고 했다.

그러고 나서 주말이 될 때까지 아무 일도 일어나지 않았다. 2-3일은 긴장 속에서, 3-4일은 일상으로 돌아가고 싶은 심정으로 지냈다. 짐 가방은 잘 싸 둔 채였다. 우리는 마당에서 바비큐를 하기로 했다. 온 가족이 모이면 16명이었다. 하이땀 식구들이 제일 좋아하는 생선전은 미리 부쳐 두었다. 남편이 하이땀의 큰아들 살렘에게 미리 와 도와달라고 청했다. 늘 장남답게 처신하는 살렘은 그날도 일찍 와 숯을 준비하고 자리 만드는 일을 도왔다.

　드디어 온 가족이 모였다. 우리는 다시 압둘라 생일 케이크에 촛불을 켰다. 압둘라는 박수 치며 소리를 질렀다. 모두 바비큐와 함께 주말 저녁을 느긋하게 즐겼다. 나는 엄마가 된 사라가 잠시라도 편히 식사를 할 수 있도록 압둘라를 안아 올렸다. 그런데 압둘라가 자꾸 내리겠다고 해서 바닥에 내린 후 양손을 위로 올려 뒤에서 잡고 걸음마를 시켰다. 그러다가 손을 살짝 놓았다. 압둘라는 여전히 내가 잡고 있다고 생각했는지 양손을 위로 든 채 만세 자세로 걷기 시작했다.

　그 모습을 모함메드가 보고 살금살금 압둘라의 뒤를 따라가기 시작했다. 나는 살짝 비켜섰다. 다들 식사를 멈추고 그 모습을 지켜보았다. 압둘라는 무려 열 걸음이나 혼자 걸었다!

　압둘라가 손을 허공에 휘두르며 넘어지려 할 때, 모함메드가 압둘라를 들어올리며 "드디어, 드디어 오늘!"이라고 외쳤다. 모두 박수를 쳤다. 압둘라는 다시 내려 달라며 버둥거렸다. 모함메드가 조심스럽게 내려놓자 잠시 서 있던 압둘라는 약간 뒤뚱거리며 한 걸음을 내디뎠다. 한 걸음, 또 한 걸음, 그렇게 아홉 걸음을 걸었다. 우리는 다시 박수를 쳤다. 압둘라는 신기한지 계속 걸었다.

　사라가 나한테 말했다.

　"소혜르, 당신은 압둘라의 엄마예요. 한국인 엄마, 맘 꾸리(Korean Mom)예요".

　"좋아요. 나는 압둘라의 맘 꾸리예요!"

오만과 환대

그때부터 나는 맘 꾸리가 되었다. 압둘라도 나만 보면 "맘 꾸리" 하고 부르며 다가왔다. 사라의 이모이면서 압둘라의 한국 엄마라니! 하긴 호칭이 꼬인들 대수인가.

평온한 나날이 지나갔다. 그러나 남편과 내 마음은 그렇지 않았다. 언제든 폭풍우가 일어날 것 같았다. 그래서 남편이 하이땀을 밖에서 만나 따로 차 마시는 시간을 가졌다. 남편은 조심스럽게 지난번에 이맘과 나눈 얘기를 꺼냈다. 그때 자신의 대답 때문에 하이땀의 기분이 상하지 않았는지도 물었다. 또 이맘은 남편을 어떻게 생각하는지, 동네 어른들과 모함메드의 아버지는 남편이 결례를 했다고 생각지는 않은지 물었다. 하이땀의 대답은 간단했다.

"아, 그때 그 이야기! 그게 끝이야. 아무도 그 얘기는 안 하던데."

남편이 돌아와 이 말을 전해 주는데 십 년 묵은 체증이 내려가는 것 같았다. 괜히 우리가 앞질러 걱정한 셈이 되었다. 하이땀은 오히려 그날 기분이 좋았다고 한다. 자신의 신앙에 대해 말할 기회를 가졌고, 자녀 교육을 잘했다고 칭찬도 받았고, 하비브처럼 대학에서 일하는 좋은 사람과의 친분을 보여줄 수 있어서 말이다.

아, 좋은 사람은 우리 부부가 아니라 하이땀과 자밀라인데!

살렘

1-2년 안에 사라에게 여러 일들이 생기고 그 일에 동참하면서 하이땀 가족, 사라 가족과 우리는 급속도로 가까워졌다. 자연스럽게 서로 오가며 집안의 대소사를 상의했고, 도움이 필요하다고 말하지 않아도 알아서 챙겼다. 내가 사라, 살마와 친해지는 사이 남편은 큰아들 살렘과 가까워졌다. 여자들은 만나면 할 말이 많다. 이야기 보따리를 다들 몇 개씩은 가지고 다닌다. 나는 가능하면 아랍어로 대화하면서 아랍어 실력을 향상시키고 싶었으나 사라와 살마는 영어로 대화하길 원했다. 그들도 나와 대화하며 영어 실력이 늘길 바랐기 때문이다.

어느 금요일, 그날도 자밀라 집에서 다 같이 모여 점심을 먹고 차를 마시고 있을 때였다. 자밀라가 불현듯 살렘에게 말했다.

"살렘, 너도 하비브와 영어로 대화해 봐. 아랍어로만 얘기하면 영

오만과 환대

어 실력이 안 늘잖니."

살렘은 대학교 3학년인데 사라와 살마에 비해 영어 실력이 좀 낮았다. 그래서인지 웬만하면 아랍어로 얘기했다.

"저도 그러고 싶은데 하비브가 따로 시간을 내줄까요?"

살렘은 소심하게 물었다. 그것도 엄마를 쳐다보면서…. 자밀라는 대답했다.

"네가 직접 하비브에게 물어보렴."

살렘은 일할 때는 눈치도 빠르고 힘도 잘 쓰지만 대화할 때는 거의 듣는 편이다. 자밀라는 큰아들 살렘이 숫기가 없다는 말을 자주 했다. 살렘은 흘끗 남편을 쳐다보더니 입술에 침을 발랐다. 얼굴은 이미 빨개졌다. 땀마저 송송 배어 나왔다.

"하, 하, 하비브."

살렘이 용기 내어 남편을 불렀다. 내가 보기에도 안쓰러웠다.

남편이 먼저 말했다.

"살렘, 나랑 따로 커피숍에 가서 차 한 잔 마실까?"

"좋아요. 영어가 너무 필요한데 한 번도 연습한 적이 없거든요."

남편의 한마디에 힘을 얻었는지 살렘은 속시원하게 털어놓았다.

"좋아. 나도 살렘과 얘기하고 싶었는데 잘됐다. 당장 내일 만나지 뭐. 토요일이잖아."

이후로 남편은 집 밖에서 살렘을 정기적으로 만났다.

오만의 남자들은 커피숍에서 차 마시는 걸 좋아한다. 특히 부래미 같은 시골 동네 커피숍에 가면 하얀 캔두라를 입은 남자들밖에

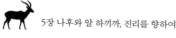

없다. 여자는 아예 커피숍에 가지 않는다. 커피숍은 작지만 메뉴를 수십 가지나 갖추었다. 그러나 남편이 좋아하는 아메리카노 커피는 없다. 우리나라 70-80년대의 다방에서 아메리카노를 찾으면 누가 알아듣겠는가? 부래미의 커피숍도 마찬가지다. 대신 주스 종류는 엄청 많다.

모든 커피숍에는 대형 텔레비전이 있다. 두말할 것 없이 축구를 보기 위해서다. 오만 남자들은 카락 차이나 커피 한 잔을 시켜 놓고 축구 경기를 관람한다. 커피숍에선 시샤라는 물담배도 판다. 오만은 금연 금주 국가여서 일반 담배를 파는 가게가 없다. 그러나 물담배 는 등록하면 합법적으로 판매할 수 있다. 커피를 마시며 물담배를 물고 축구를 관람하는 것이 오만 남자들의 낭만이다.

바로 다음 날 남편과 살렘은 부래미의 작은 커피숍에서 만났다. 살렘은 친해지면 얘기도 잘하고 남자다운 면모도 많이 보여주는 학 생이다. 남편은 살렘 같은 사람을 좋아한다. 얌전해 보이지만 속은 꽉 찬….

살렘은 남편에게 고민을 털어놓았다. 국립공과대학의 본원이 수 도 무스캇에 있어 전학을 가고 싶은데 자리가 나야 한다는 것이다. 더 중요하게는 시험에 붙어야 한다. 학교를 옮기려면 전공 시험에서 부터 영어 시험까지 치러야 한다. 단순히 영어로 대화하고 우정을 맺는 정도라면 구태여 정기적으로 시간을 들여 만날 필요는 없을 것이다. 살렘이 원하는 것은 시험에 붙을 정도의 영어 실력이었다. 그래서 남편과 살렘은 같은 책을 사서 만날 때마다 30분씩 공부했다. 물론 숙제도 있었다. 살렘은 집안의 내력인 성실과 끈기로 남편의 수업을 잘 따라갔다.

한편 그들의 우정은 영어를 뛰어넘었다. 살렘에게도 나름대로 고민이 있고 얘기할 대상이 필요했었나 보다. 그는 누나가 있지만 팔남매의 장남으로 오만에서 사는 무게를 털어놓기 시작했다. 이성에 대한 관심도 고백했다. 앞으로 다가오는 삶에 대한 불안과 두려움도 털어놓았다. 남편은 살렘의 말들을 경청했다. 답을 줄 수는 없지만 들어줄 수는 있었다. 어쩌면 여기까지가 이방인인 우리의 한계인지도 모른다. 반면 이 선을 지켜야 그들이 침범당했다고 여기지 않을 것이다.

살렘에게는 가족이 있다. 한국도 그렇지만 어린 청년들이 의지하고 마음을 누일 곳은 가족과 공동체다. 오만의 가족 공동체가 얼마나 끈끈하고 단단한지는 길게 설명할 필요도 없다. 살렘이 진로와 신붓감과 결혼 비용을 걱정하는 건 당연하지만, 그는 혼자가 아니다. 적어도 가족은 언제나 살렘 편이고, 살렘을 위해서라면 얼마든지 희생할 각오가 되어 있다. 살렘 역시 가족을 위해 그런 것처럼!

나 홀로 여행

살렘과 만나면서 남편은 더 바빠졌다. 가르치는 일 외에 다른 일은 하지 않겠다는 계약을 하고 시작한 학교에서 행정 일을 조금씩 부탁받고, 이러저런 이유로 감투도 쓰게 되었다. 일요일 저녁에 만나는 학생들은 관계가 가까워지면서 남편에게 개인적인 멘토링을 원했다. 자연스레 밖에서 보내는 시간이 많아졌다.

나는 나대로 분주했다. 전업주부가 뭐가 바쁘냐고 할지 몰라도 절대 그렇지 않다. 하루 세 끼를 직접 만드는 일이 녹록지 않다. 집안 일 외에 나는 아이들이 다니는 학교의 방과후 프로그램을 진행하고 있었다. 하나가 다니는 학교에는 미술, 음악, 라이브러리 과목이 시간표에 들어 있어도 교사는 따로 없었다. 서양 문화라고 생각해 교사를 아예 뽑지 않았다. 학교 주인이 이 지역의 쉐이크(영주)이기 때문에 가능한 일이리라.

국제학교는 가장 좋은 시설에 훌륭한 교사들을 갖추고 있으리라고 다들 생각할 것이다. 나도 그랬다. 그러나 부래미의 국제학교는 그렇지 않다. 학생 비율도 오만 아이들이 85퍼센트 이상을 차지한다. 보조 선생님뿐 아니라 행정 직원도 모두 오만 사람들이다. 선생님도 서양에서 온 분은 한 명도 없다. 이런 학교 상황에 더해 방과후 학교 자체의 체육이나 기타 특별활동 프로그램도 일체 없다. 그러니 외국인 부모로서 자녀들의 정서와 신체 성장에 대한 고민을 하지 않을 수 없었다.

우리가 처음 부래미에 왔을 때, 먼저 손을 내밀어 준 미국인 가정이 있었다. 우리는 빠른 시간 안에 가까워졌고 목요일마다 만나는 모임을 시작했다. 가정교회 형식이었다. 점점 사람이 늘어났다. 여자들끼리는 중보기도 모임도 시작했다. 서로의 고민을 나누고 기도하는 가운데 주님의 도우심을 구하는 우선순위 중 하나는 자녀교육이었다. 우리는 기간을 정해 집중적으로 자녀를 위해 기도하며, 우리의 환경에서 어떻게 해야 하는지 주님께 여쭈었다. 그 과정에서 자연스럽게 학교를 위해 기도했고, 우리가 할 수 있는 일들에 대한 아이디어를 모았다.

그때 나온 아이디어가 방과후 학교였다. 우리는 지체하지 않고 학교를 찾아가 교장 선생님을 만났다. 교장 선생님은 기꺼이 교실을 사용할 수 있게 해주었다. 단지 프로그램과 관련해 인력을 준비해 달라고 청했다. 주변의 외국인들은 모두 젊었고, 무슨 일이든 하나씩은 맡을 수 있는 능력이 있었다. 우리는 순식간에 팀을 이루었다.

학부모에게 가정통지서로 신청서를 보내고 등록을 받았다. 생각보다 오만 학부모들의 반응이 좋았다. 10주 간격으로 프로그램을 운영했다. 10주가 지나면 그동안 한 수업을 발표하고 파티를 열었다. 오만 학부모들은 한 번도 상상해 보지 못한 일들을 학교에서 해주고 있다면서 열렬히 지원했다. 당시 나는 방과후 학교 외에 두 개의 다른 모임도 따로 인도하고 있었다.

온 가족이 하루하루 바쁘게 시간을 보내고 있을 때, 전에 살던 중앙아시아 K국의 취나라 언니에게 연락이 왔다. 아들 알리아스카르가 결혼한다는 소식이었다. K국에서 살 때 취나라 언니 집에서 하숙을 했었다. 그 집에는 아들과 딸이 있었는데, 당시 아들의 나이가 열두 살이었다. 우리는 이모와 조카 사이처럼 친해졌다. 하숙을 끝낸 후에도 자주 만나면서 멘토와 멘티로 우정을 나누었는데, 그때 약속을 했다. 내가 어느 곳에 있든지 네가 결혼하면 축하하러 가겠다고.

그러나 막상 전화를 끊고 보니 학기 중이어서 다 같이 가려면 남편과 아이들 모두 학교를 빠져야 했다. 고민 끝에 나만 일주일 여정으로 K국에 다녀오기로 했다. 그동안 자밀라가 우리 아이들을 돌봐주기로 했다. 나는 남에게 신세 지는 걸 많이 힘들어하지만 자밀라라면 괜찮을 것 같았다. 그만큼 가족 같아 마음이 편안했다.

덕분에 일주일 동안 나만의 여행을 잘 마치고 돌아왔다. 돌아오면서 남편과 아이들 선물은 물론 자밀라 가족의 선물도 사왔다. K

국에선 좋은 꿀이 난다. 특히 단단한 꿀(석청)이 있는데, 오만 꿀과는 전혀 다른 맛과 모양과 색인데도 하이땀은 이 꿀을 좋아했다. 자밀라 가족이 일주일 동안 우리 아이들을 돌봐 준 것에 비하면 아주 작은 선물이지만 고맙게 받아 주니 그게 더욱 고마웠다.

그해 여름, 모든 학교가 방학을 맞이해 뜨겁고 나른한 하루를 보내고 있었다. 자밀라가 차를 마시면서 남편과 함께 우므라(umrah)를 갈 것이라고 밝혔다. 우므라는 이슬람의 성지인 메카를 찾아가는 여행을 말한다. 무슬림은 하즈(Hajj)에 메카를 제일 많이 찾는다. 하즈는 이슬람력으로 순례달인 12월에 선지자 무함마드가 태어난 메카와 무덤이 있는 메디나를 찾아가 참배하는 여행을 말한다. 모든 무슬림들은 평생 한 번이라도 하즈에 참여하는 게 소원이다. 하즈를 다녀오면 죄 사함을 받고 깨끗해진다고 믿기 때문이다.

그러나 많은 무슬림들이 비용이나 건강, 기간을 이유로 하즈 의무 이행에 어려움을 겪는다. 그래서 하즈를 하기 어려운 사람들은 우므라를 간다. 정해진 순례 기간에 가는 것은 아니지만 행사나 일정은 비슷하다. 오히려 우므라로 메카를 찾는 사람이 더 많아 마을마다 우므라를 주관하는 여행사들이 있다. 10박의 여행 일체를 책임지는 것이다.

이제는 우리 차례였다. 우리가 남아 있는 자밀라의 자녀들을 섬길 기회가 온 것이다. 자밀라가 우므라를 가 있는 동안 내가 자녀들의 식사를 준비하겠다고 말했다. 자밀라는 웃으면서 한 끼만 해달라고 했다. 열흘 중 한 끼라니 말도 안 된다. 최소한 열 끼는 해주어야 한다고 나는 우겼다. 자밀라는 웃으며 말했다.

"사실 옆집에서 돌아가며 식사 준비를 해주기로 했어요."

아, 벌써 다 얘기가 되었구나. 자밀라 부부가 없는 사이에 이웃들이 어떻게 그들의 가족을 살피고 돕는지 보았다. 알 가다, 즉 점심 때마다 다른 집에서 그 집으로 음식을 가지고 들어갔다. 이웃들끼리 미리 상의하여 9일 동안 메뉴가 겹치지도 않았다. 놀라운 이웃들이었다. 그들의 공동체성을 다시 보았다. 우므라 가는 사람에게 존경심을 보이는 것도 알게 되었다.

우리 집은 자밀라 부부가 돌아오기 전날, 피자를 배달시켜 주었다. 팔남매 모두가 피자를 원했기 때문이다. 열흘에 한 번쯤은 인스턴트를 먹어 줘야 한다나.

오만과 환대

남편 흉보기

찬란하다 못해 하얗게 태워 버릴 듯 쨍쨍한 날들이 이어졌지만, 우리 가족은 잘 살아남고 있었다. 태양을 피할 집이 있었고, 더위를 식혀 줄 에어컨이 있었다. 찾아갈 이웃이 있고 마음을 나누는 앞집이 있었다.

그러나 나는 언제부턴가 무력감을 느끼기 시작했다. 분주한 일상이 무의미하게 생각되기도 했다. 하나와 두리가 이곳에서 자라는 것이 맞는 건지 의구심도 들었다. 이웃들이 진심으로 우리를 대하고 있는 걸까? 나는 이런 상태를 남편에게 조금씩 털어놓았다. 남편은 처음에는 내 말에 귀 기울이는 듯 했지만 달라지는 건 없었다. 어쩌면 속으로 짜증을 내고 있었는지도 모른다. 남편의 위로나 격려를 기대했던 나는 실망했고, 점점 나만의 외로운 성을 쌓아 갔다.

그런데 더이상 그 성에 머물러 있을 수 없는 사건이 터졌다. 하나

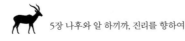

가 학교에서 P국 여자아이들에게 괴롭힘을 당하고 있었다. 그들은 뒤에서 신발을 밟아 넘어지게 하고 놀린다든지, 하나의 책상에 있는 연필을 일부러 부러뜨리고 간다든지 했다. 하나는 견디다 못해 이런 사정을 우리에게 조금씩 털어놓았다. 몹시 걱정스러웠다. 학교에 찾아가 담임 선생님과 교장 선생님에게 말씀 드리고 상의했지만 상황은 나아지지 않았다.

하나의 학교에 다니는 학생의 85-90퍼센트 정도는 오만인이었다. 다른 큰 도시의 국제학교라면 최소한 50퍼센트는 외국인일 테지만, 부래미는 지역의 특성상 오만 학생들이 주를 이루었다. 그 밖의 외국 학생들은 P국, 인도, 스리랑카, 남아프리카공화국, 한국 순이었다. 남아프리카공화국 학생들의 부모는 모두 학교에서 근무하는 교사였고, 다른 나라 학생들의 부모는 대체로 의사가 많았다. 그 다음은 교수 순이었다.

하나 학년에는 P국에서 온 학생들이 많았고, 그들의 부모는 모두 의사였다. 그들은 정기적으로 만나며 서로 친하게 지내고 있었다. 자연스레 자녀들도 부모들을 따라 친해졌다. 오만 아이들 속에도, P국 아이들 속에도 끼지 못하는 하나는 그 학년에서 유일한 한국인이었다. 오만 아이들은 자기들끼리 놀기는 했지만 하나에게 친절했다. 그러나 P국 아이들은 반에서 주도적으로 분위기를 조성하고, 따르지 않으면 적대시하거나 따돌림 내지는 폭력을 행사했다. 하나는 그 아이들에게 표적이 되었다.

우리는 학교에서 무슨 일이 일어났는지 P국 부모들에게 얘기했다.

아이들을 따로 만나 선물을 주며 회유하기도 했고, 남편이 겁을 주기도 했다. 학교에서는 하나를 집중적으로 돌보겠다고 약속했지만 우리 기대에는 전혀 미치지 못했다. 하나는 매일 울면서 집으로 돌아왔다. 옷은 항상 먼지가 묻어 있든지 찢어져 있었다.

시간이 지나면서 남편은 이 일의 심각성에 무뎌진 듯했다. 나는 외롭고 속상했다. 자녀를 돕지 못한다는 무력감과 남편에 대한 실망감에 사로잡혔다. 혼자 울면서 기도하고 있는데 메시지가 왔다. 자밀라가 보낸 것이었다. 아무도 만나고 싶지 않았지만 다시 물음표를 동반한 이모티콘이 왔다. 나는 잠시 망설이다가 자밀라의 집으로 갔다.

자밀라가 시원한 과일주스를 만들어 놓고 기다리고 있었다. 메시지를 왜 두 번 보냈는지 알 수 있었다. 처음 만들어 본 과일주스에 얼음까지 띄워 놓았으니 마음이 급했던 것이다. 우리는 항상 하던 인사를 나누었다. 그런데 갑자기 내 눈에서 눈물이 뚝 하고 떨어졌다. 나도 전혀 예상치 못했다. 떨어지기 시작한 눈물은 멈추지 않았다. 나는 울먹이며 속내를 털어놓기 시작했다. 아랍어, 영어, 한국어를 섞어 가며 하나 얘기, 남편에게 서운한 얘기, 이곳에 살면서 겪는 어려움 등…. 설움이 복받쳤다.

자밀라는 슬며시 티슈를 옆에 가져다 놓았다. 나는 티슈를 마구 뽑아 코를 풀고 엉엉 울었다. 자밀라가 아무 말 없이 살짝 내 등을 쓸어 주기 시작했다. 내가 하는 말을 다 알아듣진 못했을 것이다. 하지만 등을 쓸어 주며 고개를 끄덕일 때, 내 말을 다 이해할 뿐 아니라 서러움과 아픔도 다 아는 것만 같았다.

한참을 울며 밑바닥의 감정까지 털어놓으니 속이 허전하면서도 시원했다. 해결된 일은 없지만 힘을 낼 수 있을 것 같았다. 특히 남편에 대한 서운함은 대부분이 나 혼자 키워 온 감정임을 깨달았다. 나는 고개를 들고 자밀라에게 미안하고 고맙다고 말했다. 자밀라는 겸연쩍게 웃으면서 "다 괜찮다"고 말했다. 그냥 괜찮은 게 아니라 다 괜찮다는 말이 큰 위로가 되었다.

자밀라는 말했다.

"소혜르, 전공이 산업디자인이라고 했지요? 그럼 하나 학교 안으로 들어가세요. 미술 교사로 일할 수 있잖아요. 학교에 있으면 가까이서 하나를 살피고 보호할 수 있을 것 같아요."

"바로 그거예요. 오! 자밀라, 고마워요."

자밀라는 내 말을 정말 다 알아들었나 보다. 어떻게 이런 지혜가!

나는 얼른 집으로 돌아와 이력서를 쓴 다음 교장 선생님에게 메일을 보냈다.

정식 미술 교사로 채용하긴 어렵지만 자원봉사자 자격이라면 교장의 재량으로 미술을 가르칠 수 있게 조정하겠다는 답신이 바로 왔다. 교장 선생님은 소뿔도 단김에 빼자며 당장 직접 사인한 이력서를 가져오라고 했다. 한달음에 달려가니 교장 선생님이 기다리고 있었다. 우리는 둘 다 흥분을 감추지 못했다. 교장 선생님은 서너 학년이나마 미술을 접할 수 있는 기회가 생겨 얼마나 감사한지 모른다고 했다. 섬광처럼 비친 자밀라의 한마디, 그리고 한 시간도 채 안 되

오만과 환대

어 실제로 그 일이 이루어졌다.

나는 그 다음 주부터 출근해 2, 3, 4학년을 가르치기로 했다. 각 학년마다 일주일에 두 번씩 있는 미술 시간을 나는 정말로 즐겼다. 아이들도 좋아했다. 특히 하나가 눈에 띄게 안정되었다. 교실에서 하나를 괴롭히던 아이들의 이름을 일일이 부르며 안아 주고 더 가르치고 챙기면서 내 마음도 녹아들었다.

그럼에도 불구하고 하나는 휴학을 하고 1년간 홈스쿨링을 하게 되었다. 하지만 그 전에 P국 학생들, 그의 부모들과 친해졌고 좋은 관계를 회복할 수 있었다.

이 놀라운 일이 일어나도록 반짝이는 아이디어를 준 자밀라에게 감사를 표시하기 위해 그녀가 좋아하는 색으로 쉐일라를 사서 선물했다.

어느 오전, 그날 오후에 있을 수업을 준비하고 있을 때 현관 벨이 울렸다. 자밀라였다. 마즐리스로 들어왔는데 표정이 좋지 않았다. 무슨 일이 있는 것 같았다. 자밀라는 머뭇거리다가 부부관계가 힘들다며 하이땀이 너무 자신만 생각하고 강압적이라고 했다. 그러면서 그동안 힘들었던 얘기를 털어놓았다.

물론 나는 자밀라가 하는 어려운 아랍어를 반도 못 알아들었다. 그러나 맏며느리로, 팔남매의 엄마로 참고 살면서 얼마나 앙금이 쌓였는지 알 것 같았다. 느껴졌다.

나는 자밀라가 전에 나에게 해준 것처럼 옆으로 다가가 그녀의

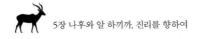

등을 쓸어 주었다. 자밀라는 어깨를 들썩이며 한동안 울었다. 아, 이럴 때 그녀를 위로해 줄 수 있는 말이 왜 떠오르지 않을까? 자밀라가 안쓰럽고 하이땀이 미워서 같이 울었다. 나도 모르게 눈물이 났다. 자밀라는 조금씩 안정되었다. 그러고는 자꾸 미안하다고 했다. 나는 전혀 아니라고 연신 대답했다.

만약 자밀라가, 아니면 하이땀이 허락한다면 자밀라와 근사한 곳으로 당일치기 여행이라도 다녀오고 싶었다. 여자들끼리, 아줌마끼리 바람 쐬면서 맛있는 것도 먹고 남편 흉도 실컷 보고 싶었다. 그러나 하이땀이 허락할 리 없다. 자밀라는 그런 시간을 한 번도 가져보지 못했다. 심지어 남편과도….

나는 자밀라를 대문까지 배웅하면서 다음에 차 마실 때는 집이 아닌 다른 곳에서 마시자고 했다. 자밀라는 의아한 표정으로 쳐다보았다. 나는 마땅한 곳도 알지 못하면서 고개를 크게 끄덕였다. 내게다 계획이 있다는 확신을 주는 것처럼….

다음 주 자밀라에게 이른바 브런치 초대장을 보냈다. 장소는 우리 집 마즐리스였다. 우리 동네에서는 여자들끼리 집 밖에서 차를 마실 장소가 마땅찮기 때문이다. 대신에 마즐리스를 좀 꾸몄다. 풍선도 달고, 레스토랑 흉내를 내려고 식탁과 의자를 갖다 놓고 식탁보도 씌웠다. 메뉴판도 만들었다. 주변은 그릇이나 소품으로 적당하게 꾸몄다.

우리는 가장 예쁘게 차려입고 만나기로 했다. 자밀라는 평소와 달리 손수 화장을 하고 왔다. 그 모습에 얼마나 기뻤는지 모른다.

오만과 환대

에피타이저로는 직접 구운 통밀 빵, 버섯 수프를 냈다. 메인 요리로는 양다리구이, 으깬 감자와 샐러드, 오렌지 주스, 후식으로는 허니 케이크와 커피, 카락 차이를 냈다. 우리는 오전 10시에 만나 오후 1시 반까지 음식을 하나하나 음미하며 느긋하게 이런저런 얘기를 나누었다.

슈와는 어떻게 만들어지는가

오만의 최대 명절인 알 아드하를 열흘 앞두고 하이땀이 차 한 잔 마시자며 남편을 불렀다. 이번 알 아드하에 어머니가 사는 고향에 같이 가자고 초대했다. 우리도 어느 정도는 예상하고 있었다. 고향에서 어머니를 모시고 사는 동생이 부래미를 방문했을 때, 자기가 사는 집에 우리 가정을 초대했기 때문이다.

오만의 최대 명절 알 아드하가 다가오면서 우리는 조금씩 들뜨기 시작했다. 하이땀은 아들들을 데리고 디시다샤를 맞추러 갔다. 한 가족인 걸 나타내기 위해 목 옆에 늘어뜨리는 술 색깔을 같은 하늘색으로 맞추었다. 자밀라도 딸들과 함께 캔두라를 맞추었다. 딸들은 화려하지는 않지만 큼직한 꽃무늬 옷을 선택했다. 어릴 적 명절이 되면 엄마가 언니 오빠들과 더불어 나에게도 새 옷을 해 입힌 기억이 났다. 비록 오만의 명절이지만 하나와 두리도 명절 분위기를 내라고 새 옷을 사 주었다. 아이들은 팔짝팔짝 뛰며 좋아했다. 역시 명절은 새 꼬까옷에, 이웃과 같이 보내야 맛이 난다. 특히 어릴수록….

알 아드하 전날, 오전 10시에 하이땀과 자밀라, 출가한 사라를 제외한 일곱 명의 자녀와 우리 가족 네 명은 두 대의 차로 하이땀의 고향으로 출발했다. 돌산 사이로 하얗게 난 고속도로를 따라 한참을 달리고, 비포장도로로 몇 번이나 산을 타고 돌자 저 멀리 집 한 채가 보였다. 살마가 오늘 묵을 작은아버지 집이라고 했다. 두 시간 반 정도 걸렸다.

작은아버지 압둘 아지즈와 아내 아말이 우리를 반갑게 맞이해 주었다. 우리는 자밀라 집뿐 아니라 사라의 결혼식에서도 만난 적이 있었다. 구면이어서 그런지 더 반가웠다. 이 집에는 딸 셋, 아들 셋 육남매가 있었다.

시골집은 넓지만 허전하다. 방바닥도 방마다 높이가 다르고, 깔려 있는 카펫도 다르다. 그러나 정겹고 푸근하다. 방으로 들어간 우리는 가져온 선물을 내놓았다. 다들 무척 좋아하는 표정이었다. 짐을 풀고 쉬고 있는데 과일 쟁반과 음료수가 들어왔다. 잠시 후 브리야니도 들어왔다. 이 깊은 산골에서 생선 구하기가 쉽지 않았을 텐데, 바삭하게 구운 커다란 감성돔 두 마리가 브리야니 위에 떡하니 놓여 있었다. 식사 후 평소 같으면 낮잠을 잘 시간이지만, 다음 날이 알 아드하이기 때문에 명절 준비를 해야 했다.

우선 동물을 잡아야 했다. 희생제를 드리려면 그 가정의 규모에 맞게 짐승을 잡아 피를 내야 한다. 우리는 모두 뒤켠으로 나갔다. 우리가 세 개 있었다. 소, 양과 염소, 닭을 키우는 곳이었다. 닭 20-30마리가 넓은 뒷마당에서 꼬꼬거리며 연신 땅을 쪼고 있었다. 염소와 양들은 주로 우리에 있었다. 몇 마리 되지 않은 소들은 뒷마당 다른 곳에 묶여 있었다. 하이땀을 비롯해 모든 남자들이 작업복을 입고 끈과 막대기를 들고 양 우리로 들어갔다. 키는 크지 않지만 토실토실한 양을 잡았다. 여자들은 구석에 모여 구경했다. 나는 "어머나" 하고 소리쳤다. 그러고는 바로 머쓱해졌다. 아무도 나처럼 놀라지 않았다.

양 다섯 마리에 염소 한 마리를 잡았다. 총 여섯 마리를 잡는다는 건 여섯 가족의 것이라는 뜻이다. 속으로 계산해 보았다. 어머니, 하이땀, 압둘 아지즈 세 가정과 나머지 세 가정은 아마 하이땀의 남동생들일 것이다. 여동생들은 보통 자기 남편이 속한 시댁에서 잡을 것이다. 나중에 알고 보니 남은 세 마리 중에 우리 가족을 위한 것도 있었다. 하이땀의 말없는 배려가 깊었다. 하이땀은 동생과 아들들에게 잡은 양들과 염소를 다른 장소로 가져가라고 시켰다. 양들은 끌려갈 때도 별로 울지 않았다. 죽을 때도 매애애 하는 소리가 한 번 정도 들렸을 뿐이다. 양을 끌고 갔던 사람들이 각각 죽은 자기 양을 끌고 왔다. 목이 사라지고 없었다.

이제는 양 가죽을 벗겨야 했다. 그것도 단체로. 이 일이 가장 힘들다고 한다. 하이땀과 살렘은 양의 뒷다리를 튼튼하게 묶었다. 처마 기둥에 이미 박혀 있는 큰 고리에 양을 거꾸로 매달았다. 세 마

오만과 환대

리를 그렇게 했다. 남은 두 마리와 염소는 그 자리에 그냥 두었다. 다음 차례겠지.

하이땀, 압둘 아지즈, 살렘은 흰색 멜빵바지로 옷을 갈아입었다. 피가 튀어도 씻어 내면 되는 방수 천 같았다. 세 사람은 각각 사다리에 올라가 예리한 칼로 양가죽을 벗기기 시작했다. 그때까지도 양의 머리에서는 피가 흐르고 있었다. 밑에는 그릇을 받쳐 놓았다. 양은 가죽이 벗겨질 때마다 흰 속살을 드러냈다.

세 마리 작업을 마치고 나머지 세 마리도 같은 방식으로 묶어 매달았다. 세 사람은 같은 부위부터 시작해 끝낼 때도 같은 부위에서 끝냈다. 중간에 하이땀이 남편에게 칼을 건네며 한번 벗겨 보라고 했다. 남편은 허리를 비틀고 고개를 이리저리 돌려가며 용을 썼지만 보는 사람만 불안하게 했다. 결국 다시 하이땀이 칼을 건네받았다.

가죽이 벗겨진 양들은 큰 비닐 위에 뉘어 있었다. 이제 세 명이 다 같이 한 마리씩 각을 뜨기 시작했다. 서로 조근조근 의견을 나누며 붙잡아 주기도 하고, 시범을 보이기도 하고, 칼끝으로 먼저 공중에 선을 긋기도 하며 한 부분 한 부분 각을 떴다. 피를 거의 흘리지 않고 살과 살 사이의 투명한 부분을 칼로 예리하게 그으면서 각을 뜨는 것이 제일 신기했다. 그야말로 예술이었다!

그 사이에 여자들은 큰 대야를 네 개 정도 준비하고, 옆에 양념 통을 세워 놓은 채 기다렸다. 두 마리 정도 각을 뜨면 부위별로 나누어 소금, 후추, 강황, 쿠민, 카다멈 등을 뿌려 버무렸다. 이때 향신료와 조미료를 얼마나 넣느냐에 따라 고기 맛이 달라진다.

엄마들이 이 일을 하는 동안 딸들은 내장을 빨러 갔다. 변 같은 더러운 분비물이 들어 있는 내장을 각 뜨기 전에 미리 빼내 큰 대야에 모아 집 뒤의 수돗가로 남자들이 날라다 준다. 그러면 딸들이 모두 그곳으로 몰려간다. 큰딸들이 먼저 엄지와 검지로 내장을 집어 들고 힘주어 쭈욱 훑는다. 옆에 있는 작은 여자아이들도 그것을 따라한다. 그러고 나서 물에 내장을 씻고 뒤집어 다시 몇 번이고 씻는다. 그 다음에는 내장을 적당한 길이로 잘라 새끼 꼬듯이 꼬아 서로 묶는다. 그리고 간과 위와 허파를 씻기 시작한다. 내장은 오직 소금만 뿌려서 재운다. 여기에는 다른 양념이나 향신료가 들어가지 않는다. 또한 다른 고기와는 구별해 따로 요리한다.

여자들이 양 다섯 마리, 염소 한 마리를 양념하여 재우는 사이에 각 뜨기를 마친 남자들은 나무를 하러 갔다. 어린 남자아이들은 이미 산에 가서 나뭇가지를 주워 오고 있었다. 돌산이어서 나무가 전혀 없을 것 같은데 용케도 많이 주워 왔다. 산골에서만 사용한다는 작은 개조 트럭을 살렘이 운전하여 남자들을 데리고 나갔다. 여자들은 일을 다 마치고 손을 씻은 후 남자들이 오길 기다렸다. 이윽고 밖에서 소란스러운 소리가 나서 나가 보니 어디서 가져왔는지 커다란 바나나 잎사귀, 야자나무 잎사귀, 자루, 노끈 등이 있었다.

남자들은 자기 몸만 한 바나나 잎사귀를 비닐 위에 펴고 그 위에 고기를 얹었다. 적당량이 되면 잎사귀에 고기를 둘둘 말아 싸고 노끈으로 묶었다. 그런 다음 뾰족뾰족한 야자나무 잎사귀로 바나나 잎사귀에 싼 고기를 또다시 쌌다. 날카로운 야자나무 잎사귀에 손이 베어 피가 나는 사람도 있었다. 그렇게 묶은 고기들이 쌓이면 자루에 담았다. 커피 원두를 담는 것 같은 커다란 자루에 고기를 담고 다시 노끈으로 묶음 다음 차에 실었다. 차에 타지 못한 남자아이들은 환호성을 지르며 먼지 날리는 차 뒤를 따라 달렸다. 고기를 자루에 넣어 어떻게 요리하는 걸까? 따라가 보지 않을 수 없었다.

차가 간 방향으로 걸어가는 길은 쉽지 않았다. 땡볕에 모든 땅과 산과 하늘이 하얗게 변한 것만 같았다. 눈이 적응할 시간이 필요했다. 게다가 비포장길은 돌투성이였다. 조심조심 걸어가다 보니 차가 우리를 데리러 되돌아오고 있었다. 모두가 탈 수는 없어 나를 포함한 아줌마들과 아주 어린 아이들만 탔다. 물론 뒷자리이고 입석이었다. 앉을 수 있었지만 누구도 자갈길에 들썩이는 엉덩이를 맡기려 하지 않았다.

우리는 산도 들판도 아닌 곳에 내렸다. 그곳에는 이미 남자들이 어디선가 구해 놓은 하얀 고목과 나뭇가지들이 쌓여 있었다. 그리고 직경 1.5미터, 깊이 6미터 정도 되는 구덩이가 두 군데 파여 있었다.

우리가 도착하자마자 남자들이 나무를 구덩이에 던져 넣고 불을 붙였다. 불이 타오르자 고기 자루를 그 위로 하나씩 던졌다. 그런 다음 쇠 뚜껑으로 구덩이를 덮었다. 뚜껑과 구덩이 사이로 연기가 새어 나오기 시작했다. 남자들은 삽으로 자갈흙을 떠서 연기 구멍을 메꾸었다. 연기가 나오지 않을 때까지 흙을 덮고, 뚜껑 위에는 큰 돌들을 얹어 놓았다.

슈와(shuwaa)는 고기를 만 24시간 훈제하는 오만의 전통 음식이다. 하이땀 가족처럼 온 가족이 모여 같이 양을 잡고, 양념에 재운 후 땅속에 묻어 익히는 요리, 그것이 바로 슈와다. 우리는 다음 날 이맘때에야 슈와를 먹을 수 있다.

보통은 마을 사람들이 다 같이 슈와를 만든다. 요즘은 포클레인으로 땅을 파는 마을이 많다고 한다. 희생 동물을 같이 잡고, 같이 양념해 재우고, 같이 땅을 파고, 같이 불을 지펴서 고기를 그 위에 얹은 후, 같이 흙을 덮고 그곳을 떠난다. 그리고 24시간이 지나면 다 같이 모여 그곳을 조심스럽게 다시 판다. 끊임없이 피어오르는 연기 속에서 고기가 익으며 기름기가 빠져나간 자리에 양념이 속속 배고 연해지는 긴 과정을 거치며 슈와는 완성된다. 우리는 다음 날 이맘때를 생각하며 침을 꼴깍 삼켰다.

슈와를 만들기 위해 파 놓은 구덩이

오만과 환대

전갈 잡는 법

집으로 돌아온 우리는 너 나 할 것 없이 피곤했다. 모두 허리를 제대로 펴지 못했다. 남편도 생전 처음 칼을 들고 양가죽을 벗겨 보았다. 하이땀이 칼을 주며 따라하라고 시켰기 때문이다. 이 집에선 하이땀의 말이 곧 법이다. 남편은 손을 베이지 않으려고 용쓰다가 허리가 휘는 줄도 몰랐단다. 사다리에서 내려오니 서 있기도 힘들었다고. 나는 나대로 자밀라와 같이 쪼그려 앉아 고기를 재워야 했다. 이 집에서 구경만 하는 사람은 없었다. 하다 못해 어린 하나도 자밀라 옆에서 양념통을 건네고, 두리도 형들을 따라 나뭇가지 주워 오는 일을 했다. 각자 밥 값을 한 것이다.

　그러나 일은 끝나지 않았다. 이제 미쉬칵(mishkak)을 만들 차례다. 미쉬칵은 남겨 놓은 고기를 한 입 크기로 잘라 양념한 후 꼬치에 끼워 숯불에 굽는 요리다. 여자들이 고기를 썰기 시작했다. 한편에서

5장 나후와 알 하끼까, 진리를 향하여

233

는 샐러드용 야채를 썰었다. 이번에는 아말이 고기를 양념했다. 소금을 한 움큼 집어 휘리릭 뿌렸다. 후추, 강황, 파프리카 가루, 생강, 마늘 가루도 손바닥에 담아 술술 뿌렸다. 짤지, 매울지 어떻게 아냐고 물었더니 아말은 싱긋 웃으며 "그냥 감으로"라고 말했다. 그 사이에 남자들은 숯불을 지피고 미쉬칵 구울 준비를 했다. 여자들은 다 같이 양념된 고기를 꼬치에 끼웠다.

남자들이 미쉬칵을 굽는 동안 여자들은 방으로 들어왔다. 앉는데 나도 모르게 "아이고" 소리가 나왔다. 우리는 서로 눈치 보거나 예의 따질 생각도 않고 옆으로 비스듬히 누웠다. 그러고는 잠이 들었다. 퍼뜩 눈을 뜨니 20분이 순식간에 지났다. 자밀라와 아말은 계속 자고 있었다. 자밀라는 살짝 코도 골았다. 얼마나 고단했을까? 문득 칠남매 집안의 맏며느리로 고생하던 우리 엄마 생각이 났다.

그때 밖에서 미쉬칵이 다 되었다는 소리가 들렸다. 자밀라와 아말도 눈을 떴다. 우리는 머리를 쓸어 넘기고 옷을 단정히 한 다음 밖으로 나갔다. 남자들은 이미 앞마당에 둘러앉아 있었다. 산골이어서 그런지 시원함이 느껴졌다. 부래미에선 느낄 수 없는 밤의 정취였다. 여자들은 자연스럽게 따로 둘러앉았다. 살렘이 잘 구워진 미쉬칵을 큰 쟁반에 담아 왔다. 이미 준비된 샐러드와 부래미에서 사 온 납작한 빵 호부스도 가져왔다. 미쉬칵을 호부스에 싸서 샐러드와 같이 먹었다. 노동 후에 먹는 음식은 달고 술술 넘어갔다. 다들 배가 고팠는지 아무도 말하지 않았다. 먹는 소리만 들릴 뿐이었다. 그 많던 미쉬칵이 없어지고 빵도 샐러드도 남지 않았다.

오만과 환대

자밀라는 우리 가족이 잘 곳을 알려주었다. 마즐리스였다. 오만에는 얇은 매트리스가 집집마다 산처럼 쌓여 있다. 언제 손님이 올지 모르기 때문이다. 우리도 한 사람 앞에 하나씩 매트리스를 받았다. 마즐리스의 화장실은 밖에 있었고 재래식이었다. 다행히 전깃불은 들어왔다. 잠자리를 편 다음, 남편과 함께 나가 하이땀과 가족들에게 편히 쉬라며 인사를 했다.

하이땀은 손만 뒤로 흔들어 보이며 "전갈 조심해"라고 말했다. 그러고는 특급 비밀을 알려준다는 표정을 지으며 "카펫 밑에 있을지 몰라"라고 덧붙였다.

아침에 눈을 뜨자마자 소스라치게 놀라며 벌떡 일어나 앉았다. 전갈을 걱정하면서도 어느 순간 잠이 들었고 밤새 한 번도 깨지 않고 잔 것이다. 아이들과 남편은 곤히 자고 있었다. 살금살금 일어나 내 매트리스를 개서 한쪽에 치워 놓고 카펫 모서리를 살짝 들어보았다. 불길한 예감은 왜 빗나가지 않을까? 과연 전갈이 있었다. 3센티 정도 되었다. 가만히 있던 전갈이 조금씩 움직이더니 몸을 반달 모양으로 구부렸다. 소란을 피우고 싶지 않아 일단 카펫을 덮고 심호흡을 했다.

그때 남편이 깼다. 얼른 전갈이 있다며 손으로 카펫을 가리켰다. 남편은 벌떡 일어나 밖에서 슬리퍼를 가져왔다. 다시 카펫을 드니 전갈은 그대로 있었다. 남편이 슬리퍼로 내리쳤다. 전갈은 꼼짝하지 않았다. 다시 한번 내리쳤다. 이번에는 약간 움직였다. 전갈의 까만 껍질이 엄청 두껍게 느껴졌다. 남편도 당황했는지 번개 같은 속도로 다시 내리쳤다. 움직이지 않았다. 죽었다 해도 어떻게 이걸 옮긴단 말인가!

그 사이에 아이들이 깼다. 얼른 아이들을 한 곳에 모으고, 남편은 슬리퍼로 전갈을 쓸어 밖으로 옮겼다. 혹시나 하는 마음에 다른 카펫을 들췄더니 거기에도 두 마리나 더 있었지만 더 작았다. 남편은 다시 슬리퍼로 두 마리를 용감하게 처치했다.

우리는 모두 밖으로 나왔다. 마침 살마가 자기 방에서 나와 하나와 두리를 데리고 들어갔다. 남편도 좀더 자려고 남자들 방으로 들어갔다.

부엌에선 자밀라와 아말이 아침 준비를 하고 있었다. 자밀라가 화로 같은 곳에서 오만의 전통 호부스를 굽고 있었다. 질척한 밀가루 반죽을 손으로 한 움큼 잡아 뜨거운 판 위에 쫙 폈다. 이 빵은 반죽을 펴는 과정에서 다 익기 때문에 둥그런 모양이 생기면 2-3초 만에 떼어내야 한다. 자밀라는 옅은 갈색으로 구워진 빵을 반으로 접어 쟁반에 던졌다. 고소한 냄새가 났다. 만져 보니 바삭바삭했다. 아말은 달걀을 삶고 있었다. 빈 달걀판 두 개가 옆에 있었다. 이 많은 달걀을 누가 먹지? 꿀과 버터, 치즈도 꺼내 놓았다.

나도 무슨 일이든 해야겠다 싶어 흐트러진 물건들을 치우고, 마당에 비닐을 깔고 음식들을 내다 놓으려 했다. 그때 자밀라가 하지 말라는 눈짓을 했다. 나는 속으로 '지금 먹을 게 아닌가벼' 하며 다시 음식을 제자리에 갖다 놓았다. 질문 없이 눈짓과 표정으로 처리하는 이 집 규율에 내가 길들었음을 느꼈다.

오만과 환대

흰 옷 입은 사람들

자밀라 옆에 앉아 호부스를 기계처럼 굽고 있는 모습을 무심히 바라보았다. 500개도 넘게 만드는 것 같았다. 쟁반 세 개에 수북이 쌓였다. 오늘 하루 종일 식구들이 먹을 것이라고 했다.

그 사이에 여자아이들은 방에서 서로를 꾸며 주고 있었다. 호부스를 다 구웠을 때, 누가 나오란 신호를 주지 않았는데도 남자들이 빳빳하게 다린 디시다샤를 입고, 꼼마까지 맞춰 쓰고 나타났다. 열댓 명은 되는 것 같았다. 방에 있던 여자아이들도 밖으로 나왔다. 모두들 예뻤다. 부엌에 있는 주부 셋만 옷도 얼굴도 후줄근했다. 결국에는 자밀라와 아말도 옷을 갈아입고 나왔다. 마치 약속이라도 한 듯 그 시간에 다른 형제 가족들 일부가 도착했다.

그들은 서로 명절 인사를 나누었다. 남자들끼리는 코를 부딪치며 안부를 묻는 카심 인사를 하고, 여자들끼리는 볼을 맞대며 알라의 이름으로 복을 빌었다. 특별히 "위대한 알라가 우리를 지킬 것이다"라는 말을 모두가 인사 중간에 했다. 우리도 예수님의 이름으로 그들을 축복하고 1-2초라도 기도해 주었다.

서로의 복을 비는 인사가 끝난 후 남자들이 모두 밖으로 나갔다. 어머니 집에 가서 새해 인사를 하고 동네 집집마다 방문할 것이라고 했다. 대문을 나서려 할 때 차들이 또 도착했다. 남은 형제자매들이 온 것이다. 그들은 인사하러 나가는 남자들 무리에 합류하여, 한 차에 7-8명씩 구겨 앉아 차 네 대로 다시 떠났다.

여자들은 약속한 듯 모두 방으로 들어왔다. 속으로 '아침은 언제 먹지?' 하고 생각했다. 배가 고프긴 아이나 어른이나 마찬가지다. 자밀라가 방에 앉더니 남자들이 동네를 돌며 이웃들에게 다 인사를 하고 올 것이라고 말했다. 식사가 늦어진다는 의미다. 새롭게 합류한 세 가정까지 합해 여자들 수만 거의 30명은 되는 것 같았다. 자밀라는 그들의 이름을 일일이 가르쳐 주었다.

아침에 도착한 가족들은 우리 가족을 보고는 당황했다. 자기들 명절에 낯선 이가 연락도 없이 왜 안방에 있냐는 표정이었다. 나는 애써 민망함을 감추었다. 자밀라는 내 손을 살짝 잡으며 웃어 주었다. 시간이 지나며 편안해졌다. 그동안 집안에 무슨 일이 있었는지, 자녀들이 어떻게 자라는지 두런두런 나누는 소리를 들으며 나는 조용히 눈을 감았다. 어릴 적 우리네 명절이 떠올랐다. 우리 집에도 차례를 지내려고 숙부님 가족이 항상 왔다. 차례 후에는 인사하러 오는 손님들로 하루종일 집안이 북적거렸는데….

밖이 소란해졌다. 남자들이 돌아오는 소리였다. 하나같이 흰색 디시다샤를 입고 나갔다 오는 길이었다. 30명 정도 되는 크고 작은 사람들이 햇빛을 등지고 마당에 들어오는 모습은 영화의 한 장면, 아니 성경의 맨 끝 요한계시록에 나오는 '흰 옷 입은 백성들이 주께 나아오는 모습' 같았다. 눈부셨다. 정말 멋있었다. 이 모습 그대로 이 가족이, 오만 사람들이 깨끗한 흰 옷을 입고 예수님의 재림 잔치에 같이 선다면 어떨까? 생각만 해도 가슴이 벅찼다. 그날의 그림을 미리 보여주시는 것 같아 "감사합니다"라는 고백이 저절로 나왔다. 감격에 겨워 눈물도 났다. 다행히 아무도 내게 관심을 주지 않았다.

우리는 준비한 음식을 모두 차에 실었다. 이제야 상황이 이해되었다. 어머니와 같이 아침식사를 하려는 것이다. 아, 문화와 예절을 배운다는 건 얼마나 고귀한 일인가! 한순간에 획일적으로 익힐 수 없고, 하나를 경험했다고 그게 전부일 수 없는, 그것이 바로 문화이며 전통이다. 같이 땀 흘리고 피곤을 나누고, 어려운 생각의 골목을 지나며 익히는 것이 문화이며 전통이다. 거기에는 그들만의 예절이 있다. 그것은 그들의 정신을 표현한다.

혼자 사시는 어머니를 위해 그들은 모든 짐을 실었다. 실은 어제 저녁도 어머니에게 먼저 준비한 음식을 다 보낸 후 남은 것을 우리가 먹었다. 오늘은 새벽부터 만든 호부스를 비롯한 모든 음식을 어머니 집으로 가져가 같이 먹는다. 차량을 다 동원해도 자리가 모자랐다. 하이땀이 "너희들은 걸어와" 하니 십 대 후반의 청년들은 오히려 좋아하며 자기들끼리 어울려 나갔다.

야자나무 지붕 아래서

어머니의 집은 야자나무와 바나나나무가 어우러진 농장 입구에 있었다. 파키스탄인 농부 두 명이 월급을 받으며 농장을 돌보고 있었다. 어머니는 결혼하면서부터 이곳에서 사셨다고 한다. 안마당에 들어서니 사방 기둥에 지붕만 얹은, 집도 아니고 텐트도 아닌 공간이 나왔다. 정말 '공간'이라고밖에 표현할 수 없었다. 지붕은 말린 대추야자나무 잎사귀로 되어 있었고, 사방에 지름 10센티 정도 되는 막대를 세워 버티게 해놓았다. 가운데는 벽돌로 담을 쳤다. 남녀 구별을 위해 한 지붕 아래 공간을 둘로 나눈 것이다. 자녀들은 그곳에 돗자리를 깔고, 돗자리 위에 식사용 비닐을 한 번 더 깔았다.

자밀라가 나와 하나를 데리고 집안으로 들어갔다. 천장은 낮고 실내는 불을 켜도 약간 어두웠다. 옛날에 지은 그대로라고 했다. 방은 습하면서도 더웠다. 처음에는 방이 하나만 있었는데, 가족이 늘어나면서 하나씩 옆에 붙여 지금은 네 개의 방이 있다고 했다. 자밀라도 여기에서 신혼생활을 했는데, 그때는 방이 두 개였다. 시부모님과 시동생, 시누이들은 한 방에서 지냈고, 자밀라 부부는 새로 지은 두 번째 방에서 8년간 살았다고 한다. 그 사이에 하이땀은 이집트에 가서 법대까지 다녔다. 하이땀이 부래미에 취직되면서 자밀라는 분가할 수 있었다. 이후로 결혼하는 하이땀의 남동생들은 모두 이 집에서 신혼을 시작했다.

이 집에는 마즐리스나 거실이 따로 없었다. 현관을 지나자마자 방이 나왔다. 첫 번째 방과 연결된 방에 어머니가 앉아 계셨다. 침대는 없었다. 평소 어머니는 마당에 있는 평상에서 주무신다고 했다. 어머니의 발을 보니 굳은살이 신발 두께만큼 붙어 있었다. 자밀라가 다가가 고개를 숙여 이마에 입을 맞추고 볼인사를 하면서 안부를 물었다. 나도 따라했다. 어머니는 옆에 있는 하나를 당겨 안으시더니 머리를 꼭 끌어안고 이마에 입을 맞추며 알라의 이름으로 무병장수의 복을 비셨다. 언제 왔는지 우리 뒤에 살마와 여동생들, 사촌들, 작은어머니들과 고모들이 서 있었다. 들어온 순서대로 할머니에게 인사를 하고 방에서 나갔다. 나와 하나는 한쪽에 비켜서서 그들이 다 나가길 기다렸다.

어머니는 캔두라를 들추고 속바지 주머니에서 무엇인가를 꺼내더니 하나에게 주었다. 1리알이었다. 꼬깃꼬깃했지만 따뜻했다. 하나는 "슈크란" 하며 공손히 받았다. 어머니는 다시 하나의 머리를 싸안고 입 맞추며 뭐라고 말씀하셨다. 너무 한국식인지는 모르지만 나도 준비해 간 돈봉투와 옷감을 드렸다. 어머니는 활짝 웃으셨다. 그리고 밖으로 나오니 남자들이 바로 들어갔다. 다들 배고파해 조금 더 지체했다면 성화를 들었을 것이다.

밖에 나왔더니 벌써 음식을 차리고 있었다. 큰 쟁반에 어머니가 손수 만드신 간과 허파, 위, 꼬아 만든 내장 요리가 담겼다. 보기에도 먹음직스러웠다. 다함께 식사하는 이들이 남녀 합쳐 60명이 넘었다. 한동안 먹는 데 집중하다가 남자 쪽에서 누군가가 얘기를 시작했다. 요즘 오만의 경제 상황에 대해서였다. 여자들은 조용히 들으며 식사를 했다. 사방이 트인 마당에서 벽돌담 하나를 사이에 두고 남녀가 따로 앉아 밥 먹으면서 대화를 주고받는다는 게 재미있었다. 아이들은 그 사이를 오가며 재롱을 부리고 울기도 하고, 개구쟁이들은 먹다 말고 산 쪽으로 뛰어가기도 했다.

대화는 어느덧 올해 누가 고3인지, 어느 대학을 갈 것인지, 누구에게 혼담이 오갔는지, 누가 얼마나 아팠는지 등 친척들이 모이면 흔히 하는 주제로 넘어갔다. 중간중간 웃기도 하고, 상황에 따라 안됐다며 혀 차는 소리도 냈다. 정답게 얘기가 오가는 중 하이땀의 남동생이 남편에게 개인적인 질문을 했다.

"하비브, 월급 받으면 어디에 제일 먼저 써요?"

"아내에게 다 갖다 바치지요."

남편의 대답에 모두들 웃었다.

"그럼 당신 부인은 그 돈을 어디에 쓰나요?"

담 넘어 나한테 하는 질문임을 나도 알아들었다. 나는 농담을 섞어 말했다.

"사실 통장으로 들어오기 때문에 제 손에 들어오는 돈은 없어요."

모두 다시 웃었다. 질문과 대답이 몇 차례 오갔다. 갑자기 다른 작은아버지가 이렇게 물었다.

"하비브, 당신은 두 번째 부인은 필요 없어요?"

"하하, 저는 필요 없어요. 우리는 한 명하고만 살아야 하고, 저는 한 번도 다른 생각을 해본 적이 없어요."

"한 명하고만? 그것이 한국 법이에요?"

"네, 맞아요. 한국은 일부일처제입니다. 성경에서도 하나님께서 맺어 준 아내를 사람이 끊을 수 없다고 했어요."

"아, 그래요? 하비브는 기독교인이에요?"

다소 격앙된 투로 질문이 이어졌다.

"저는 예수를 따르는 사람입니다. 그래서 성경 말씀을 그대로 믿습니다. 성경에 하나님께서 세상을 만드시고, 그 세상에 하늘과 땅으로 시작해 예쁜 꽃과 동물, 나무, 바다와 물고기를 만드셨다고 써 있지요. 마지막으로 사람을 만들고, 그의 갈비뼈를 취해 아내를 만들어 부부가 되게 하셨고요. 두 사람은 다른 사람이 없어도 행복으로 충만했습니다. 그러나 사탄의 유혹에 넘어가며 죄가 세상에 들어왔습니다. 그때부터 사람들은 타락해 하나님의 말씀을 듣기보단 달콤하게 유혹하는 죄의 지배를 받기 시작했지요. 인간의 힘으로는 하나님과의 관계를 회복하기가 불가능했습니다. 비록 인간이 하나님을 배반하고 죄에 넘어갔지만, 하나님은 여전히 인간을 사랑하고 관계를 회복하고 싶으셨지요. 그래서 스스로 인간이 되기로 정하셨습니다. 죄인이 죄인을 구원할 수 없고, 오직 죄 없는 이만 죄를 해결할 수 있기 때문입니다. 그래서 예수라는 인간의 몸으로 이 땅에 오셨습니다. 인간의 몸을 빌려 우리처럼 아기로 태어나셨지요. 그러나 죄는 없으셨습니다…"

그때 갑자기 하이땀이 큰 소리로 남편의 이야기를 끊었다.

"그만! 어떻게 위대한 신이 인간이 될 수 있단 말이야?"

다들 동작을 멈추었다. 칭얼거리고 뛰어다니던 아이들조차 조심스레 엄마의 무릎을 찾아가 앉았다. 나는 손에 땀을 쥐었다. 그때 남편이 깍듯이 사과했다.

"아, 네. 죄송합니다. 제가 순간적으로 제 신앙에 마음이 뺏겨 여러분 생각을 못했습니다. 하이땀, 기분을 상하게 해 미안합니다. 그러나 제가 믿고 따르는 예수님은 분명 우리 죄를 해결해 주신 분입니다. 더이상 말하지 않을게요. 분위기를 흐려 정말 죄송합니다. 이렇게 맛있는 식사를 두고… 마저 잡수세요. 저도 남기지 않고 끝까지 먹겠습니다."

"알았어. 큰소리쳐서 나도 미안해. 그러나 알라는 인간이 될 수 없어. 그건 알라에 대한 모욕이야. 이 이야기는 더이상 하지 맙시다. 남은 밥 마저 먹어요, 다들."

하이땀이 분위기를 정리했다.

"네, 형님! 기분 상하셨다면 다시 한번 죄송합니다."

오만과 환대

남편이 넙죽 하이땀의 말을 받았다.

시작과는 다르게 분위기가 가라앉았다. 식사를 끝내고 우리는 차를 마셨다. 아무도 어색해진 분위기를 내색하지 않았다. 남편은 더욱 친근감 있게 작은아버지들, 고모부들과 얘기를 나누었다. 우리는 일어나 압둘 아지즈의 집으로 돌아왔다.

시간은 벌써 11시가 지나고 있었다. 부엌에 가서 자밀라에게 우리 가족은 좀 있다 부래미로 돌아갈 거라고 말했다. 조금만 더 있으면 어제 온 가족이 수고해 만든 슈와를 먹을 수 있지만, 날이 어둡기 전에 집에 도착하려면 일찍 떠나야 했다.

자밀라가 하룻밤 더 자고 가기로 하지 않았냐고 반문했다. 내일 약속이 있는 걸 깜박했다고 말하며 오늘 가야 한다고 하니, 그럼 알 가다(점심)를 먹고 가라고 했다. 알 가다를 포기하고 가자니 속이 몹시 쓰렸다. 그러나 첩첩산길을 우리 가족이 스스로 찾아 돌아 나가기도 자신이 없었다. 원래는 2박 3일로 떠난 여정이었지만 오늘의 분위기상 계속 머물러 있기엔 마음이 쓰였다. 그래서 바로 떠나는 게 서로에게 좋겠다고 아침식사 후 남편과 살짝 말을 맞추었다.

플랜 B

하이땀의 가족들과 인사를 하고 우리는 길을 나섰다. 살렘이 얼마
간 안내하겠다며 트럭을 끌고 앞장섰다. 산허리를 서너 바퀴 돌고
나서 손짓으로 길을 어떻게 갈지 설명해 주었다. 삼거리 샛길에서
어느 길을 선택하는지가 관건이었다. 살렘과 헤어지고 우리는 말없
이 차를 몰았다. 음악을 틀었다. 하나와 두리는 잠들었고, 남편도 지
친 표정으로 운전했다. 끝없이 이어지는 하얀 자갈길을 돌고 돌았
다. 느낌이 이상했다. 시간상으로는 산골 초입의 작은아버지 동네에
다달아야 하는데 여전히 산길을 돌고 있다니… 길을 잃었다!

    남편은 차를 세웠다. 걱정되었지만 나는 아무 말도 하지 않았다.
이제부터는 운전자가 알아서 할 일이다. 남편은 잠시 고민하더니 시
동을 켰다. 천천히 운전하면서 가는데 또다시 삼거리가 나왔다. 남
편은 잠시 지체하더니 직진했다. 나는 말했다.

오만과 환대

"다행히 기름이 넉넉하니 마음 편히 가요. 가다 보면 큰 길이 나올 거예요."

일찍 떠나길 잘했다고 생각하며 음악을 껐다. 우리는 서로가 무슨 생각을 하는지 알고 있었다. 예상치 않은 대화를 식사 시간에 하게 된 것에 대해, 분위기가 가라앉은 것에 대해, 가족들의 반응에 대해 얘기해야 한다고 생각했지만, 둘 다 먼저 말을 꺼내길 망설였다. 드디어 남편이 침묵을 깼다.

"아까는 내가 좀 심했나요?"

"심했다고 말하긴 힘들지만 이들 가족에게 갑작스런 이야기였던 건 분명해요. 그런데 반응이 너무 차분했어요. 흥분한 하이땀조차 큰 소리를 냈다고 사과했으니까요."

"그러게, 평소 같지 않았지…."

우리는 다시 말을 멈추었다.

남편이 의도치 않게 하필 모든 형제들이 모여 있을 때 신앙고백을 해버렸다. 우리는 하이땀의 친구 자격으로 그곳에 갔으니 모든 혼란은 하이땀의 몫이 될 것이다. 우리 때문에 하이땀이 구설수에 오르거나 피해를 입는 걸 우리는 원치 않았다. 그렇게 되어서도 안 되었다. 우리는 혹시 우리와 관계가 끊어지더라도 하이땀이 여전히 가족들 안에서 추앙받길 바랐다.

이런 생각에 잠겨 서로 말을 조심스럽게 하고 있을 때 눈앞에 동네가 나타났다. 하이땀의 동생이 사는 동네였다. 이제는 GPS도 잡혔다. 우리는 고속도로로 진입했다. 제한 속도를 유지하며 달리는데 빗방울이 떨어지기 시작했다. 귀한 비가, 그것도 소낙비가 왔다. 우리는 창문을 열고 비를 맞았다. 차가운 빗방울에 가슴이 시원해졌다. 박혀 있던 바위가 어디론가 굴러가는 것 같았다. 빗방울이 경쾌하게 차창에 부딪혔다. 비는 점점 진눈깨비로 바뀌었다. 겨울도 아닌데 진눈깨비라니! 진눈깨비는 갑자기 우박으로 바뀌었다. 굵기가 작지 않았다. 우박이 앞 차창에 부딪히며 유리창 깨지는 듯한 소리가 났다. 앞차들이 비상등을 켜며 속도를 줄이기 시작했다. 우리도 따라했다. 차들은 가변도로에 주차하기 시작했다. 우리도 따라했다.

우박은 이미 쌓이기 시작했다. 눈 깜짝할 사이에 이런 현상이 일어났다. 우박이 그치길 기다리면서 남편은 말했다.

"인생은 예상할 수 없는 일들의 연속인 것 같아요. 이 날씨처럼. 이 계절에 진눈깨비와 우박이라니. 더군다나 오만에서. 하지만 이것이 현실인걸. 우리 힘으로 어쩔 수 없고 예측할 수 없는 일이 생길 때는 그냥 받아들입시다."

나는 조용히 고개를 끄덕였다. 그래, 받아들여야 한다. 그것은 어쩌면 하나님께서 하신 일인지도 모른다.

알 아드하가 끝나 가고 있었다. 하이땀 가족은 다음 날 집으로 돌아왔다. 오자마자 바나나 껍질에 노끈이 감긴 슈와 한 덩이를 우리에게 주었다. 양고기 슈와였다. 염소고기 슈와도 따로 덜어서 챙겨주었다. 그러고는 4-5일간 서로 잠잠했다. 그전 같으면 차 마시러 한두 번은 왕래했을 터였다. 우리는 조용히 기다렸다. 하이땀 가족이 우리를 어떻게 대할지…. 다른 종교, 특히 기독교에 적대적인 무슬림들 앞에서 하나님이 인간이 되었다는 말을 했으니 모욕감을 느끼기에 충분했을 것이다. 슈와를 받아 맛있게 먹고, 그들이 좋아하는 생선전과 케이크를 선물로 보내면서도 우리는 집안에 들어가진 않았다. 아니, 그렇게 하지 못했다.

2주 정도 시간이 흘렀다. 만약을 대비해 짐 가방을 정리하고 편지도 써 놓았다. SNS로 교제하는 한국인, 외국인과도 연락을 끊었다. 혹시 우리로 인해 나중에 피해를 입을 걸 염려해서였다. 오만을 떠나면 어디로 갈지 플랜 B도 짰다. 아이들 학교가 제일 걸렸다. 하이땀 가족이 우리를 배신자로 여기고 있진 않을까?

겉으로 보면 평온한 날들이지만 우리 부부에겐 하루하루가 모든 걸 쏟아붓는 시간 같았다. 누군가와 마음을 터놓고 상의할 수 없다는 것도 힘들었다. 사막에 덜렁 혼자 남겨진 듯했다. 사막은 뜨거운 낮에도 힘들지만 밤이 되면 견디기가 더 어렵다. 아무것도 보이지 않으니 아무데도 갈 수 없다. 어디서 발이 빠질지 모르므로 춥고 떨리는 밤을 그 자리에서 지내야 한다. 며칠 동안 우리 부부는 서로 대화조차 하지 않았다. 철저히 혼자 있는 것만 같았다.

며칠이 지난 어느 날, 각자의 시간에, 각자의 생각과 고민의 터널을 지난 우리는 비로소 얼굴을 마주하고 현실을 직면하는 대화를 시작했다. 밤이 깊어 가는 줄 모르고 마음속에 있는 염려와 걱정을 나누고 기도하고 말씀을 선포했다. 새벽이 밝아 오면서 우리는 변해 갔다. 무엇인가가 우리의 정직하고 투명한 대화 속에, 우리의 불안을 기도로 올리고 약속의 말씀으로 선포하는 결단 속에 들어와 질서를 잡아 가고 있음을 느꼈다. 평안을 되찾았고 마음 깊은 곳에서 감사를 드릴 수 있었다. 무엇보다 우리가 믿고 따르는 예수님이 우리로 하여금 복음을 부끄러워 하지 않게 해주신 것에 감사했다. 우리는 평강 가운데 플랜 B를 주님께 맡겼다. 주님 자체가 우리의 모든 플랜이고 인도하심이고 길임을 겸손히 고백했다.

우리 주변에는 '추방된' 사람들이 적지 않다. 저마다 상황은 다르지만 한 가지 공통점이 있다. 모두 예수를 따르는 자들이라는 것이다. 이곳을 떠났다고 해서 그들의 삶이 실패한 걸까? 추방에 대한 답으로 얻은 것은 무엇보다 요한복음에 나오는 예수님의 말씀이다. "세상이 너희를 미워하면 너희보다 먼저 나를 미워한 줄을 알라. 너희가 세상에 속하였으면 세상이 자기의 것을 사랑할 것이나 너희는 세상에 속한 자가 아니요"(요 15:18-19).

우리는 예수를 따르는 자이므로 '추방'당하는 건 당연한 일이다. 예수님도 그렇게 사셨다. 우리인들 그 길을 피해 갈 수 있을까? 예수님은 자기를 따르는 자들에게 많은 선물을 주신다. 성령뿐 아니라 기쁨을 주신다. 그것도 충만하게 주신다. 무엇보다 세상 끝날까지 함께하신다. 우리가 어디에 살든지 함께하신다. 우리가 예수님을 좇는다고 하지만, 실은 그분이 우리를 가장 안전한 곳으로 인도하신다. 우리는 분명 이 세상에 속한 자들이 아니다. 우리가 살 곳은 따로 있다. 이것은 미래에만 일어날 일이 아니다. 현재에도 우리는 그곳에 사는 사람이어야 한다. 세상에서 살지만 세상에 휩쓸려 살지 않는

오만과 환대

사람 말이다.

우리는 '평안'이라는 답을 얻었다. 걱정과 염려에 가려 드러나지 않았던 평안! 이제는 어떤 상황에 처하든, 어디를 가든, 누구를 만나든, 무엇을 하든 우리는 안전하다. 예수님, 그분이 우리의 플랜 B다.

엉겁결에 화해

평안과 기쁨이 회복된 지 닷새째, 자밀라에게서 메시지가 왔다. 바비큐 이모티콘이 뜨면서 옆에 물음표가 붙었다. 무슨 뜻인지 바로 알 수 있었다. 나는 오케이 표시 이모티콘을 답신으로 보냈다. 자밀라에게 모처럼 아랍어로 답장이 왔다. "알 주마." 금요일이라는 뜻이다. 곧바로 양, 닭고기 이모티콘도 왔다. 나는 고추, 상추, 소시지, 라면, 마시멜로 이모티콘을 열심히 찾아서 보냈다. 소복히 담긴 밥 이모티콘도 추가로 보냈다. 꼬치 이모티콘이 다시 날아왔다. 양고기로 미쉬칵을 한다는 뜻이다.

그렇게 우리는 사막에 나가 바비큐 모임을 갖기로 했다. 아무 일도 없었던 것처럼…. 마침 무스캇에 사는 친구 카렌이 방문하여 함께 자리하기로 했다. 카렌은 한국계 미국인으로 술탄카부스 의과대학의 교수다. 카렌은 우리가 처음 부래미에 왔을 때, 먼 길을 마다 않고 자주 방문해 주고, 우정과 신앙을 나누고 함께 기도해 온 소중한 친구다. 자밀라도 카렌을 잘 알고 있었다. 카렌의 동승을 자밀라 가족도 기뻐했다.

우리는 하이땀의 급한 성격을 알기에 금요일 아침 일찍 일어나 사막에 나갈 준비를 했다. 짐을 모두 차에 싣고도 시간이 남았다. 준비를 다 끝낸 자들의 여유로운 마음으로 출발 10분 전에 대문 앞에 섰다. 하이땀 집 앞에 하이땀과 살렘의 차가 서 있었다. 역시 서두르길 잘 했다고 생각하며 우리도 차에 올랐다. 하이땀의 차를 따라가면 되니까.

그런데 갑자기 하이땀과 살렘의 차가 휭 하니 모래 바람을 날리며 사라졌다. 아무 말 없이 떠나 급한 일로 어디에 갔다가 돌아올 줄 알았다. 하지만 약속 시간이 지나도 감감소식이었다. 남편이 하이땀에게 전화를 걸었더니 "얄라! 얄라!" 하는 소리만 들리고 딱 끊겼다. 무슨 일일까? 살마에게 전화했더니 이미 사막에 도착했단다.

우리는 영문도 모르고 사막을 향해 출발했다. 장소가 어딘지 대충 듣긴 했지만 초행길이어서 정확히 알지 못했다. 건물도 없는 사막에서 어떻게 찾는단 말인가? 전에 같이 갔던 곳에 가 보았다. 아무도 없었다. 다음 장소로 가 보았다. 역시 없었다. 남편은 하이땀의 설명을 토대로 사막에 들어서는 길로 나가 처음부터 다시 시작했다. 드문드문 서 있는 나무를 하나씩 찾아가 보았다. 세 번째 시도 끝에 하이땀의 가족을 만날 수 있었다. 마침 돌산을 끼고 자리를 잡아 그늘이 있었다. 반가웠다. 우리를 버리고 간 것이든, 급한 성격을 참지 못하고 간 것이든 우리는 만났다.

　오랜만에 만난 우리는 반가워하며 모처럼 카심 인사를 했다. 멀리 사는 친척이 왔을 때나 하는 인사를 이번에는 우리가 하게 되었다. 눈물이 핑 돌았다. 외롭고 서글펐던 지난 2주가 떠오르며 우리가 얼마나 이 가족을 사랑하고 있는지 새삼 확인했다.

　우리는 자리를 폈다. 여자들은 준비해 온 음식을 꺼냈고, 남자들은 불을 피우기 시작했다. 그때 하이땀이 셋째 아들 사이드를 차에 태우고 어딘가로 갔다. 카렌은 의대 지망생인 둘째 아들 술탄과 캠핑 의자에 앉아 진로 이야기를 나누었다. 나는 식재료들을 차례차례 꺼내며 어떻게 요리할지 생각했다. 싸미라, 사딕, 하나, 두리는 신나게 사막을 뛰어다니며 벌레를 잡았다. 자밀라, 살마, 샤키라는 조용히 앉아 양고기 꼬치를 만들었다.

　숯에 불이 잘 붙어 고기를 올려 놓아도 되었다. 살렘 쪽 불에 소시지를 먼저 올렸다. 남편 쪽에는 자밀라가 가져온 닭고기를 올렸다. 그때 자동차 소리가 들렸다. 하이땀이 돌아오고 있었다. 모래바람을 날리며 도착한 하이땀의 차 뒤에 말라 죽어 색깔까지 하얗게 변한 사막 나무가 매달려 있었다. 하이땀은 차에서 내리더니 톱을 가져가 나뭇가지를 켜기 시작했다. 옆에서 사이드가 나무를 붙잡고, 다 잘리면 살렘에게 갖다 주었다. 별다른 지시가 필요 없었다. 이들 부자는 말 없이 척척 알아서 일했다.

　나무를 켜는 사이에 소시지가 다 익었다. 사이드는 모든 사람에

　　　　　　　　　　　　　　　　　　　　오만과 환대

게 소시지를 골고루 나눠 주었다. 살렘은 아버지가 가져온 나무와 장작을 더해 불을 피웠다. 그 자리에 먼저 양갈비를 구웠다. 닭고기가 거의 익어갈 무렵 자밀라와 나는 식탁용 비닐을 펴고 식사할 준비를 했다. 딸들은 알아서 도왔다.

언제부턴가 자밀라는 우리와 식사할 때 개인 접시를 사용했다. 샤키라는 사람 수만큼 개인 접시를 놓았다. 살마는 큰 볼에 야채를 넣고 소금과 후추를 뿌리며 샐러드를 만들었다. 나도 준비해 간 샐러드를 큰 접시 세 군데에 담고 드레싱도 그렇게 했다. 빵도 중간 중간에 던져 놓았다. 자밀라가 큰 쟁반을 가져와 다 익은 닭고기를 꺼내고 그 자리에 꼬치를 놓았다. 양갈비도 큰 쟁반 두 군데에 나누어 담고, 빈 불판에는 남은 꼬치를 올렸다.

우리는 빙 둘러앉았다. 남편과 살렘은 불 곁에 자리 잡았다. 남편이 용기를 내어 기도하고 싶다고 했다. 2초 정도 침묵이 흘렀다. 하이땀이 고개를 살짝 끄덕이는 것 같았다. 남편은 예수님의 이름으로 우리의 식탁을 축복하고, 여기에 있는 모든 사람이 진리를 통해 자유로워지길 기도했다. 그리고 식사가 시작되었다.

사막에 오면 좋은 점이 많은데, 그중 하나가 남녀별로 나누어 앉지 않는다는 것이다. 주로 남자들이 닭고기를 찢어 여자들에게 주었다. 남편이 불 옆에서 꼬치를 굽고 있어 우리에게는 닭고기를 찢어 줄 사람이 없었다. 내가 두리를 주려고 닭다리를 뜯으려는데, 하이땀이 내 손에 있는 닭을 가져가더니 두리가 잘 들고 먹을 수 있게 찢어 닭다리 끝을 휴지로 감싸서 건넸다. 두리는 하이땀을 바라보며 "슈크란" 하고 인사했다. 하이땀은 남은 닭다리를 나에게도 같은 방법으로 주었다.

하이땀은 닭가슴살을 발라 먹기 좋게 찢어 샤키라에게 주었다. 손을 뻗어 양갈비와 샐러드도 접시에 담아 주었다. 겉으로는 무뚝뚝하다 못해 무서운 아버지인데 가까이서 보니 자상하고 따뜻했다. 그는 다른 접시에 양갈비를 덜어 나와 두리에게도 주었다. 샐러드는 내가 좋아하는 자밀라표 샐러드만 덜어서 건넸다. 그 세심함에 완전히 감동했다.

어둠이 내리고 멀리서 부래미의 불빛이 희미하게 비쳤다. 모닥불이 하늘의 별빛만큼 희미하게 우리를 비춰 줄 무렵, 사라와 모함메드가 왔다. 길도 없는 이곳을 밤인데도 용케 찾아왔다.

산처럼 쌓였던 꼬치, 양갈비, 닭고기가 샐러드와 함께 흔적도 없이 사라졌다. 하나의 소원이 사막에서 인도미(인도산 라면)를 먹는 것이라고 해서 인도미를 끓였다. 생각보다 인기가 좋았다. 맛을 보겠다고 너도 나도 줄을 섰다. 여전히 뜨거운 기운이 남아 있는 사막의 밤이지만 뜨듯한 라면 국물을 먹으니 속이 풀리며 시원해졌다.

자밀라가 카락 차이를 준비하는 동안 나와 카렌은 밤과 고구마를 쟁반에 담았다. 아이들은 마시멜로를 들고 불 옆에 쪼그리고 앉았다. 우리는 여유롭게 둘러앉아 편안히 서로를 바라보았다. 술탄은 카렌에게 진로에 대한 좋은 조언을 들었다고 얘기했다. 부모님이 원하는 공부를 할지, 자기가 원하는 선택을 할지 고민하는 것 같았다.

오만과 환대

나는 조용히 하이땀과 자밀라의 눈치를 살폈다. 외국인 교수가 외국인의 사고방식으로 조언한 것을 어떻게 여길지 내심 걱정되었다. 그때 살렘이 동생인 술탄의 말을 듣고 대답하기 시작했다. 살렘은 졸업을 앞둔 공대생이었다. 그는 조용조용히 말했다. 토닥거리며 타는 사막 나무 불소리와 장단이 맞는 것 같았다. 요지는 술탄의 고민을 형으로서 충분히 이해하고 공감한다는 것이었다. 그러나 부모님의 경험과 자식 사랑을 깊이 생각하길 바란다고도 했다.

깊어 가는 밤에 온 가족이 사막에 둘러앉아 각자의 고민을 얘기하고 듣는 분위기가 참 좋았다. 해답이 나오지 않아도 그냥 이런 게 가족이구나 싶었다. 다들 말없이 쿠키와 함께 차를 마시고 있는데, 이번에는 사라가 입을 뗐다. 술탄의 생각을 존중해야 한다고 했다. 살렘은 장남이므로 부모님의 뜻에 순종하는 데 익숙하고 자기도 그렇지만, 맏이로 살면서 하고 싶은 걸 참느라 힘들 때도 많았다고 털어놓았다.

"술탄, 너는 우리 가족을 책임질 의무가 없어. 가족의 명예를 위해 너를 희생하지 않아도 돼. 네가 술탄카부스 대학에 들어가는 것 자체로 부모님은 충분히 기뻐하시고 우리 가족에겐 명예로운 일이야. 그러니 네가 하고 싶은 공부를 하는 게 맞아."

나는 속으로 사라에게 놀랐다. 전형적인 맏이인 사라가 그렇게 생각할 줄 몰랐다. 사라는 말했다.

"엄마, 아버지. 술탄에게 자유를 주세요. 우리는 술탄이 어떤 선택을 하든 존중해야 해요. 술탄은 절대 부모님의 뜻을 저버리지 않을 거예요. 가족의 일원으로 명예롭고 당당하게 살 거예요. 아버지가 바라시는 대로 의사가 되지 않더라도 신앙을 버리거나 가족을 떠나거나 무책임한 행동을 하지 않을 거예요. 그렇지 술탄?"

술탄은 눈물이 그렁그렁한 채 고개를 끄덕였다.

"응, 나는 우리 가족을 사랑해. 어떻게 내가 가족을 떠날 수 있겠어. 그런 말 하지 마, 누나."

하이땀은 끝까지 아무 말도 하지 않았다. 자식들이 충분히 자기 생각을 말하게 두었다. 분위기가 가라앉으려 할 때, 카렌이 말했다.

"오늘 초대해 줘서 정말 감사해요. 오만에 산 지 8년째인데 한 번도 사막에서 밤에 바비큐를 해본 적이 없어요. 너무 좋습니다. 특히 술탄 가족 여러분에게 깊은 인상을 받았어요. 술탄 가정은 정말 민주적이고 자유를 존중하는 것 같아요. 무엇보다 가족애가 대단합니다… 저는 오만의 대학생들, 특히 술탄처럼 똑똑하고 자기 미래를 고민하는 사람들이 열린 리더십을 가지면 좋겠어요. 앞으로 세상은 더욱 빨리 변하고 우리를 더 넓은 곳으로 인도할 테니까요. 자기 미래를 스스로 결정하고 그에 대해 책임지는 법을 배울 좋은 기회가 지금 술탄 앞에 있어요. 술탄은 아직 고등학생이고 인생은 길어요. 지금부터 정해진 길을 가지 않아도 됩니다. 정말 술탄이 원하는 걸 해보면 좋겠어요. 그 일이 맞으면 계속 나아가고, 안 맞으면 다른 길을 선택하면 됩니다. 다른 길을 가는 게 꼭 실패를 의미하진 않아요. 그만큼 자신을 알게 되니까요. 이렇게 든든한 가족이 있으니 술탄은 어느 경우에든 힘을 얻을 거예요."

오만과 환대

갑자기 하이땀이 남편에게 물었다.

"하비브, 자네는 어떻게 생각하나?"

남편은 살짝 당황한 것 같았다.

"아, 저는, 저는, 그냥 술탄 편입니다. 술탄이 어떻게 결정하든 존중할 거예요. 여기 있는 사람 다 술탄 편이죠? 술탄, 부모님이 네 편이 아니어서 너에게 의대를 가라고 한 건 아니야. 알지? 너무너무 네 편이어서 그러신 거야."

남편이 더 말을 하려는데 술탄이 "흐엉" 하고 울음을 터뜨렸다. 모두 조용히 술탄을 바라보았다. 자기 감정을 울음으로 풀어 내도록 기다려 주었다. 그 기다림에는 술탄에 대한 사랑과 애틋함만 있었다. 남편은 내친김에 말을 이었다.

"그나저나, 하이땀, 지난번 어머니 집에서 제가 너무 제 얘기를 한 것 같아 죄송해요. 저 때문에 다른 가족들과 불편해지지 않길 얼마나 기도했는지 모릅니다. 그리고 오늘 이렇게 사막에 같이 나오자고 해줘서 정말 감사합니다. 제 실수로 혹시 저희와 선을 긋나 싶어 심란했습니다. 하이땀, 다시 한번 죄송하고 감사합니다."

술탄이 하이땀 대신에 말을 받았다.

"사실 그때 우리 아버지 굉장히 화나셨어요. 다른 친척들도 화났지만 아버지 얼굴 보고 참으셨고요. 아버지가 가장 화나셨기 때문이에요. 그런데 하비브를 이해하기로 했다고 아버지가 말씀하셨어요. 오만을 잘 모르니 그럴 수 있다고 생각하셨대요. 앞으로 더 알려 줘야겠다고도 하셨고요. 그래서 오늘 이런 자리를 마련한 거예요.

화가 다 풀리신 건 아니에요. 사막에 올 때 말없이 먼저 출발한 것도 하비브가 괘씸해 그러셨대요. 동생이라면서 미리미리 형을 챙기지도 않고 시간만 딱딱 맞춰 오니까 얄밉잖아요."

나는 그 말을 듣고 깜짝 놀랐다. 남편도 등에 식은땀이 흘렀다고 했다.

"술탄, 고마워. 말해 주지 않았다면 정말 몰랐을 거야. 하이땀 형님이 그토록 화가 나셨구나. 아이구, 정말 제가 잘못했어요, 형님! 오늘도 제가 미리 나가서 형님을 기다려야 했는데…. 제가 이렇게 엉성합니다."

남편은 너스레를 떨었다. 하이땀의 딱딱한 얼굴에 미소가 번졌다.

"다 지난 일이야. 앞으로는 미리미리 나오고. 술탄, 하비브 말 잘 들었지? 우리는 다 네 편이야. 알았지?"

술탄이 울다 말고 남편의 말을 받은 덕분에 우리는 엉겁결에 화해를 했다. 마음이 저절로 녹았다. 아이들은 마시멜로를 구워 먹느라 입언저리가 까매졌다. 밤은 점점 깊어 갔지만 아무도 일어날 생각을 하지 않았다. 졸음을 참지 못한 두리가 내 옆에 와 무릎을 베고 누웠다. 하나도 어느새 아빠의 무릎에 고개를 갖다 댔다. 그때 카렌이 조용히 노래를 부르기 시작했다. 남편이 화음을 넣었다. 나도 따라했다. 자밀라의 앵콜로 우리는 몇 곡을 더 불렀다.

두 번째 부인

하루는 자밀라가 생뚱맞은 질문을 했다.

"소헤르, 하비브가 둘째 부인을 들이면 기분이 어떨 것 같아요?"

갑작스러운 질문에 나는 의도를 몰라 "글쎄요" 하며 머뭇거렸다.

"글쎄, 압둘 아지즈가 둘째 부인을 맞이한대요."

자밀라가 일러바치듯 말했다. 고향에서 어머니를 봉양하고 사는 하이땀의 동생 압둘 아지즈가 두 번째 결혼을 앞두고 있다는 것이다. 그것도 큰딸보다 다섯 살밖에 많지 않은 처자와 말이다.

신부는 압둘 아지즈 농장에서 일하게 된 한 예멘인 아저씨의 딸이다. 혼기가 지나 결혼시키기 힘들 것 같다고 아버지가 압둘 아지즈에게 자기 딸을 둘째 부인으로 맞이해 달라고 부탁했다고 한다. 압둘 아지즈가 본처인 아말과 상의했다고는 하지만, 이미 결심이 선 남편에게 아말은 반대 표시를 하지 못했다. 청혼이 순식간에 이루어지고 동시에 혼인신고까지 되었다. 다음 주에 결혼식을 하는데, 하이땀만 참석할 거라고 했다.

자밀라는 기분이 좋지 않았다. 나도 기분이 묘했다. 자밀라는 자꾸 물었다.

"소헤르는 하비브가 딸 나이의 처자를 둘째 부인으로 들인다면 허락할 거예요?"

내가 어떤 대답을 할지 자밀라는 알고 있었다.

"아말이 결혼할 때 나이는 지금 예멘인 아가씨보다 훨씬 어렸어요. 지금 아말이 누구 때문에 그 시골에서 고생하고 있는데…."

자밀라는 급기야 눈물을 흘리며 아말이 불쌍하다고 말했다.

그날 함께 마즐리스에 앉아 있던 사람들의 반은 남자였다. 그 자리에 있던 누구도 자밀라에게 대답하지도, 말을 끊지도 못했다. 하이땀이 슬그머니 나가며 큰아들 살렘을 불러냈다. 살렘이 일어나 아버지 뒤를 쫓아갔다. 잠시 후 살렘이 들어와 막내동생 사딕을 데리고 나갔다. 사딕이 다시 들어와 모든 남자들에게 일일이 다가가 무엇이라고 말하니 다들 쭈뼛쭈뼛하며 나갔다. 마즐리스에 남은 남자는 이제 돌 지난 압둘라뿐이었다.

집에 돌아와 남편에게 하이땀이 남자들을 모아 놓고 무슨 말을 했는지 물었더니 이런 말을 했다고 한다.

"나는 절대 둘째 부인을 들이지 않을 거다. 너희 중 누구라도 둘째 부인을 들이면 내가 가만히 안 둔다. 아들도, 사위도 모두 죽일 거야! 하비브처럼 한 여자만 사랑하고 살아. 알겠어?"

오만과 환대

동생 일은 어쩔 수 없지만 자식들만큼은 지키겠다는 하이땀의 의지였다. 얼마 전만 해도 농담으로 돈만 있으면 언제든 둘째 부인을 들일 거라고 남편에게 말했다는데, 하이땀이 바뀌고 있는 건가?

다음 주 목요일 아침에 자밀라가 우리 집에 왔다. 여전히 화가 나 있었다. 지난번에 한 얘기를 한참 반복하더니 볼멘소리로 물었다.

"소헤르가 믿는 종교에선 도대체 결혼에 대해 뭐라고 말하나요? 거기서도 남자가 몇 번씩 결혼해도 된다고 해요?"

나는 당황했다. 사라는 성경이 말하는 자녀교육에 대해 내게 몇 번 물은 적이 있었다. 살마도 한번 물어보았다. 그런데 자밀라는 처음이었다. 나는 아랍어 성경을 가져와 마태복음을 폈다. 자밀라에게 19장 1절부터 12절까지 읽어 달라고 했다. 내 아랍어 발음이 아랍어를 이해하는 데 얼마나 방해가 되는지 아는 사람은 다 알기 때문이었다. 자밀라는 손가락으로 한 절 한 절 짚어 가며 천천히 말씀을 읽었다. 그러고는 이해가 잘 안 된다며 다시 읽더니 이렇게 말했다.

"기독교인들이 읽는 책은 참 구체적이네요."

이번에는 마가복음 10장을 찾아 읽어 보라고 부탁했다.

"이 글을 쓴 사람은 다른 사람이에요. 그러나 둘 다 예수님이 하신 말씀을 적었어요. 예수님이 이 말씀을 하실 때 한 사람만 들은 게 아니거든요. 이 구절은 이혼에 대해 말하고 있어요. 요지는 하나님께서 짝 지어 주신 것을 사람이 나누지 못한다는 거예요. 특히 마가복음 10장 11-12절에선 '누구든지 그 아내를 버리고 다른 데에 장가 드는 자는 본처에게 간음을 행함이요 또 아내가 남편을 버리고 다른 데로 시집 가면 간음을 행함이니라'고 말씀하셨어요. 우리는 이 기준을 따라 결혼생활을 해요."

자밀라는 말없이 성경만 바라보았다. 계속 같은 구절을 읽는 것 같았다. 그러고는 성경책을 덮고 한참 동안 표지를 바라보았다. 그런 다음 슬며시 나에게 건넸다. 나는 성경책을 받아들고 손으로 꼬옥 안았다. 자밀라가 그런 내 모습을 물끄러미 바라보았다.

"소헤르는 얼마나 자주 그 책을 읽어요?"

"매일 조금씩 읽어요."

"외우기도 하나요?"

"정말 잊지 않고 싶은 말씀은 외우기도 해요. 로마서 8장을 제일 좋아해요. 애석하게도 아랍어로 외우진 못하지만요. 하지만 한국어로는 외울 수 있어요. 들어 볼래요?"

"어디 한번 해봐요."

"그러므로 이제 그리스도 예수 안에 있는 자에게는 결코 정죄함이 없나니 이는 그리스도 예수 안에 있는 생명의 성령의 법이 죄와 사망의 법에서 너를 해방했음이라…"

열등감에 주눅들 때, 죄책감에 시달릴 때, 아이들과 씨름할 때, 내 안에 사랑이 없다고 느낄 때 등 어떤 하루를 보냈든지 누워서 베개를 붙잡고 이 말씀을 외우면 평강이 나를 덮는다. 마음의 분요함으로부터 자유로워진 영혼은 기꺼이 잠의 나라로 나를 데려간다. 로마서 8장 말씀을 외우면서 나도 모르게 눈물이 흘렀다. 말씀이 내 영혼 속에 들어와 나를 만지고 치유하는 것을 느꼈다. 자밀라가 의식되었지만 나는 성령의 감동하심에 솔직해졌다.

"… 그러나 이 모든 일에 우리를 사랑하시는 이로 말미암아 우리가 넉넉히 이기느니라. 내가 확신하노니 사망이나 생명이나 천사들이나 권세자들이나 현재 일이나 장래 일이나 능력이나 높음이나 깊음이나 다른 어떤 피조물이라도 우리를 우리 주 그리스도 안에 있는 하나님의 사랑에서 끊을 수 없으리라."

마지막 세 구절을 외울 때는 예수님의 사랑에 마음이 사로잡혀 나도 모르게 손으로 얼굴을 가리고 울음을 터뜨렸다. 그러나 자밀라를 의식하지 않을 수 없었다. 나는 끄윽 대는 울음소리를 몇 번 낸 다음 자밀라에게 미안하다고 말했다.

"왜 울었어요?"

"나도 모르게 눈물이 나왔어요. 1, 2절과 37, 38, 39절을 읽어 보세요. 나를 자유케 하신 주님께 감사하고, 그런 나를 끝까지 사랑하시는 주님을 생각하면 가슴이 벅차요."

나는 다시 울었다. 자밀라는 손가락으로 그 성경 구절을 짚어 가며 읽었다. 두 번 정도 더 읽었다. 그 사이에 나는 차분해졌다. 자밀라가 다시 성경책을 나에게 주면서 말했다.

"성경은 사랑에 대한 책인가 봐요."

"네, 그래요."

"소헤르는 하나님을 하비브보다 더 사랑해요?"

"네, 하나님을 누구보다 더 사랑해요. 그 사랑을 어떻게 표현할 수 없어요. 하비브도 알아요. 하비브도 나보다 하나님을 더 사랑해요."

"어떻게 그럴 수 있어요?"

"나도 모르겠어요. 아마 하나님께서 먼저 나를 사랑하셨기 때문인 것 같아요. 너무 사랑해 나를 대신해 죽으셨어요."

"아, 지난번에 하비브가 했던 얘기! 됐어요. 더이상 듣고 싶지 않아요. 우리 집에선 정했어요. 이제 그런 얘기 나오면 듣지 않기로요."

"그렇군요. 일부러 그 얘기를 하는 건 아니에요. 우리에게 진리이기 때문에 자연스레 나오는 거예요. 수도꼭지를 틀면 물이 나오는 것처럼요. 사랑이라는 말이 나오면 우리가 받은 사랑을 자연스럽게 얘기하게 돼요."

"그렇군요. 기독교가 사랑 이야기라는 건 처음 들었어요. 어쨌든 그만합시다!"

"그래요. 우리 다른 얘기해요, 그럼."

우리는 조금 어색하게 다시 가족 얘기로 돌아갔다. 이번에는 자녀들을 주제로 이야기꽃을 피웠다. 자연스레 압둘 아지즈 이야기는 더이상 하지 않았다.

오만과 환대

6장 아일라, 가족은 이유가 없다

부래미를 떠나야 하다니

어느 날 남편이 할 이야기가 있다며 자못 심각한 얼굴로 차를 마시
자고 했다. 예전에 K국을 떠나겠다고 말할 때와 표정이 비슷했다. 긴
장되었다. 자리를 잡고 앉자 남편은 바로 본론으로 들어갔다. 처음
오만에 올 때 하나님께서 주셨던 마음이 요즘 강하게 든다고 했다.
수도 무스캇으로 가는 일을 말하는 것이었다. 7년 반 전, 부래미에
올 때부터 이곳에선 아랍어만 배우고 무스캇으로 가겠다고 했다. 그
러나 언어를 배우면서 이웃들과 친해지고 끈끈한 우정이 생길 즈음
취업도 하면서 부래미에 정착하게 되었다.

정착하는 데는 내 영향이 컸다. 나는 마음 편한 부래미를 떠나고
싶지 않았다. 남편도 그 시간을 같이 누리긴 했지만, 마음 한편에는
하나님께서 주신 마음에 바로 순종하지 못하고 있다는 부담감이
늘 자리했나 보다. 그러다가 2-3개월 전부터 무스캇에 가야겠다는

급박한 마음이 들었고, 지금 순종하지 않으면 다음 기회는 없을 것 같아 결정했다는 것이다. 성령님의 음성을 이제는 거부할 수 없다고….

우리는 부래미에서의 삶을 즐기고 있었다. 남편은 직장에서 조금씩 더 인정받고, 작은 도시지만 부래미 내에서 신망도 쌓여 갔다. 아이들도 학교에 적응하여 폭력에서 자유로워졌다. 나는 이웃에서 친구로, 나아가 가족으로 변한 오만 사람들과 이제는 헤어질 수 없을 정도로 친밀한 나날을 보내고 있었다. 이곳의 삶에 자신이 생기고 의미를 찾아갔다. 조금만 더 있으면 열매도 볼 것 같은데, 이 시점에서 남편이 떠나자고 한 것이다.

K국을 떠날 때에도 성령님은 먼저 남편에게 아랍권에 대한 마음을 주시고 다음으로 나에게 말씀을 주셨다. 결론적으로는 이번에도 같았다. 남편의 표정이나 태도가 아니더라도 이젠 때가 되었음을 감지했다. 그러나 좀더 강력한 인도하심이 필요했다. 나는 바로 남편에게 대답하지 않았다. 그리고 기도의 단으로 나갔다.

주님은 늘 그러셨지만 이번에도 친절하게 다가와 주셨다.

"잉태하지 못하며 출산하지 못한 너는 노래할지어다. 산고를 겪지 못한 너는 외쳐 노래할지어다. 이는 홀로 된 여인의 자식이 남편 있는 자의 자식보다 많음이라. 여호와께서 말씀하셨느니라. 네 장막 터를 넓히며 네 처소의 휘장을 아끼지 말고 널리 펴되 너의 줄을 길게 하며 너의 말뚝을 견고히 할지어다. 이는 네가 좌우로 퍼지며 네 자손은 열방을 얻으며 황폐한 성읍들을 사람 살 곳이 되게 할 것임

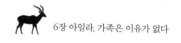

이라"(사 54:1-3).

이 말씀의 의미와 깊이를 다 헤아릴 수는 없었다. 다만 주님이 우리를 다른 지역으로 옮기려 하신다는 것, 그 일이 주님 보시기에 선하다는 것, 그 확장은 주님이 이미 계획하신 것이며 또 다른 언약으로 우리를 채워 가시겠다는 약속이라는 것이 마음속에 분명하게 떠올랐다. 나는 차오르는 감사와 기쁨으로 가겠다고, 남편의 손을 잡고 같이 발걸음을 내딛겠다고 고백했다.

순종은 늘 모호함과 불확실함을 양 어깨에 메고 우리를 인도한다. 무조건 짐 싸고 부래미를 떠난다고 해서 무스캇에서 우리를 받아 주는 건 아니기 때문이다. 주님이 주신 마음이니 분명히 그분의 계획이 있을 것이다. 순종은 그분의 계획이 보이도록 내딛는 발자국이고, 그 첫걸음은 현실에서 우리가 해야 할 일을 하는 것이다. 장막 터를 넓히려면 터를 먼저 살펴봐야 한다.

우선 남편이 무스캇에서 일자리를 구해야 한다. 그래야 온 가족이 비자를 얻고 아이들이 학교에 다닐 수 있다. 우리가 떠난다는 얘기를 이웃들에게 어떻게 하지? 멀쩡하게 다니던 직장을 그만두고 불쑥 무스캇으로 떠나는 우리를 그들은 어떻게 볼까? 그러나 우리는 사람을 설득하면서 사는 게 아니라 하나님의 인도하심을 따라 사는 사람들이 아닌가!

남편은 주말마다 무스캇을 방문하기 시작했다. 열심히 무스캇에 있는 대학교에 이력서를 넣었다. 아이들이 다닐 학교도 알아보기 시

270

작했다. 현재는 보이지 않는 것들이 실상이 되고, 보지 못하는 것들이 나중에 증거가 될 거라는 믿음. 순종과 양날인 이 믿음의 길을 걷는 우리에게 얼마나 신기하고 드라마틱한 일들을 주님이 행하셨는지…. 무스캇에 가는 과정에 하나님께서 우리 가족에게 베풀어 주신, 아무도 부인할 수 없는 일들이 여러 번 일어났다.

우리는 주말마다 무스캇에 있는 아이들의 학교를 인터넷에서 검색하여 목요일에 방문하겠다는 예약을 하고 찾아갔다. 아이들의 학교는 다양했다. 이런저런 고민 끝에 결국 한두 학교로 선택지를 좁혔다. 학교를 서너 번씩 집중적으로 방문하고 질문을 채워 가며 아이들과 우리 부부의 마음에 드는 학교 한 곳으로 정했다. 다만 학비가 비싼 학교라는 게 문제였다.

혹시나 해서 장학금 제도를 알아보았다. 신기하게도 그 학교에만 유일하게 장학금 제도가 있었다. 하나나 두리의 실력이 장학금을 받을 만큼은 못 되었지만 일단 서류를 제출했다. 그리고 장학금을 지급할 수 있다는 연락을 받았다. 너무 기뻤다. 그러나 비율이 적었다. 적은 금액은 아니었지만 우리 수준에서 나머지 비용을 감당할 수 없었다.

그때 수로보니게 여인의 믿음이 생각났다. 이방 여인을 매몰차게 거절하는 예수님께 주인 상 아래의 개들도 아이들이 먹던 부스러기를 먹는다고 간절하게 청하며 믿음을 고백했던 이름 없는 여인의 믿음이 내게 도전이 되었다(막 7:25-30). 수로보니게 여인은 소망이 현실이 될 것이라고 확신했다. 그래서 포기할 수 없었다. 우리는 학교에 편지를 썼다. 정직하게 수로보니게 여인에 대해서도 썼다. 우리에게 이미 장학금을 주어 감사하지만 현재 상황으론 남은 비용을 감당할 수 없으니 다른 비율의 장학금을 요청한다고 담대하게 말했다. 그리고 놀랍게도 긍정의 답장을 받았다.

무스캇으로 가겠다고 순종의 발걸음을 내딛었을 때, 한 걸음씩 길을 열어 가시는 하나님을 만나는 경험은 정말이지 표현하기 힘든 희열이었다. 그러나 한 번의 순종으로 모든 일이 가능해지진 않는다. 가면서 다른 장애물을 만나기도 한다. 그때에도 하나님은 장애물을 넘을 수 있는 약속의 말씀을 주고 이루어 가신다. 결국에는 순종의 열매를 영광으로 받아 가신다. 우리는 이 과정을 통해 하나님께서 얼마나 구체적이고 직접적으로 우리 삶에 개입하시는지 계속해서 경험했다. 아이들과 함께.

오만과 환대

무스캇 가는 길

무스캇으로 가는 준비는 서서히 진행되었다. 우리에겐 1년 정도의 시간이 있었다. 처음 6개월 동안은 느긋했다. 남편에게 면접을 보러 오라는 곳도 서너 군데 있었고 시범 강의를 요청받기도 했다. 그러나 결과는 낙방이었다. 그 사이에 우리의 이동을 주변에 알렸다. 누구보다 아흐멧과 하이땀 가족이 놀라고 서운해 했다. 그들은 이해하지 못했다. 직장도 학교도 불확실한데 왜 무스캇에 가려느냐고 만날 때마다 물었다. 대답해도 그들이 납득할 수 없다는 걸 우리는 알고 있었다. 하나님께서 우리에게 이제는 옮기라고 말씀하셨음을 이해한다면, 그게 오히려 더 이상한 일일 것이다.

　우리는 떠날 시기를 6월로 정했다. 그때는 라마단 기간이었다. 라마단 기간에는 결혼식을 포함한 어떤 행사도 하지 않는 것이 오만 사람들의 상식이다. 하지 않는 일에는 이사도 포함된다. 이 시기로

정한 이유는 남편의 학기가 6월 중순경에 끝난다는 것 말고는 딱히 없었다. 오만의 정서와 문화를 존중하며 살아온 우리지만 스스로 생각해도 자연스럽거나 상식적이지 않은 결정을 하며 우리는 계속해서 나아갔다.

이제 한 학기만 남겨두고 마음이 분주해졌다. 무스캇에 가기 위해 우리 가족은 왕복 여덟 시간 거리를 스무 번은 다니며 정탐한 것 같다. 주말마다 여행 짐을 싸고 풀고 빨래하는 일이 일상이 되었다. 그 사이에 짐 정리를 하고 이웃들과도 틈틈이 인사를 나누었다. 오만을 떠나는 건 아니지만 이제는 자주 만날 수 없을 테니 식사라도 해야 했다.

하이땀은 우리가 무스캇 어디에서 자고, 무엇을 먹으며, 누구를 만나고, 어떤 학교를 방문하고, 어떻게 생긴 집을 알아보는지 세세하게 물어보았다. 친인척을 동원해 무스캇의 집값과 위치를 알려주기도 했다. 매주 하이땀 가족과 상의하고 얘기를 들으면서 우리의 빈약한 정보를 확인하고 수정하며 채워 갔다.

드디어 집을 구했다. 부래미 집처럼 널찍하지만 가격이 비싼 집과, 작지만 공동 수영장이 있고 좀 싼 집 중에서 후자를 택했다. 아직 아이들이 어리기 때문에 수영장이 있으면 좋겠다고 생각했다. 아이들이 다닐 학교도 정해졌다. 그러나 남편은 직장을 여전히 잡지 못했다. 1년이라는 시간이 남았고 무스캇에는 대학이 많으니 그중 한 군데는 될 거라고 안이하게 생각한 게 사실이다. 주님이 가라고 하셨으니 준비해 놓으셨을 것이라는 기대도 있었다. 그러나 코앞에 닥친 현

오만과 환대

실 앞에서는 자책과 자기 위주의 믿음이었다는 회개만 남았다.

회개 가운데 우리는 무스캇에 가라는 마음을 처음 주신 시점으로 다시 돌아갔다. 다시 주님께 무릎 꿇고 무스캇으로 가는 게 맞는지 차분히 여쭈었다. 금식하며 우리의 생각과 경험, 사람들의 조언, 그리고 하나님의 말씀까지 모두 그분 앞에 내려놓았다. 무엇이라도 주님의 음성과 섞이는 것이 있다면 구별하여 배제하고자 노력했다. 새벽에 맨발로 마당을 걸으며 마음에 차오르는 회개와 주님이 임재하시는 나날이 쌓여 갔다. 시간이 흐르면서 주님이 처음에 주셨던 기쁨과 평안이 확신의 말씀을 읊조리는 가운데 차올랐다. 분명히 무스캇으로 가라는 인도하심이었다.

부래미에 남는 것에 대해선 털끝만큼의 생각이나 소원도 주지 않으셨다. 그래서 여쭈었다.

"무직으로라도 가야 합니까?"

그때 주님은 "내가 같이 간다"고 말씀하셨다. "내가 준비해 놓은 길로 너희와 함께 내가 같이 간다"고 계속 말씀하셨다. 다른 무엇이 더 필요한가? 주님은 모든 일의 보장이지 않은가!

명쾌했다. 우리는 서로의 눈빛을 바라보며 기도의 자리에서 일어났다. 남편은 그날 학교에 사직서를 냈다. 주변에선 그저 눈만 동그랗게 뜨고 우리를 바라볼 뿐이었다. 먹고 살 일을 우리보다 더 걱정하는 것 같았다.

사직서를 내고 며칠 후, 남편이 퇴근하면서 말문을 열었다.

"하나님은 정말 치밀하시네."

학교에서 학장 비서를 통해 우연히 다음 학기에 가르칠 교수 명단과 권고 사직자 명단을 보았는데, 권고 사직자 명단에 자신의 이름이 있었다는 것이다. 생각지도 못한 일이었다. 놀라서 비서에게 물어보니 학교 정책이 바뀌어 오래된 직원을 연차 순으로 내보내게 되었다고 한다. 남편은 이 대학이 생길 때 1호로 취직되었고, 그러니 그 명단의 1번에 오른 것이다.

"만약 우리가 이 학교에 목을 매고 있었다면 오늘 같은 날이 왔을 때 어땠을까? 하나님께서 이 일을 미리 아시고는 우리가 무직이더라도 무스캇에 가는 걸 환영한다고 하신 걸까?"

우리와 달리 하이땀은 걱정이 한가득이었다. 식사할 때마다 가장 이 비자 없이 어디로 움직이겠냐고 걱정했다. 결국에는 떠나기 2주 전에 남편을 불러 스폰서가 되어 줄 테니 자신이 만든 회사에 들어오라고 했다. 오만의 법은 자국민을 보호하기 위해 외국인들이 비즈니스를 하면 꼭 오만 사람을 스폰서로 두게 되어 있었다. 외국인 사업가들은 매월 일정한 금액을 스폰서에게 주어야 했다. 하이땀도 인도인 사업가에게 매월 스폰서비를 받고 있었다. 그렇게 열어 준 비즈니스가 여섯 개나 되었다. 하이땀은 그 비즈니스를 통괄하는 관리자로 남편을 채용해 비자가 나오게 하겠다고 제안했다. 실제로 관리자로 일할지 말지는 나중에 정할 일이고, 우선 법적으로 비자가 있어야 이사를 가도 뿌리내릴 수 있는 현실을 현지인의 입장에서 정확히 본 것이다. 사실 이것은 제안이 아니라 명령이었다.

"내 회사에서 일을 하든 안 하든 상관없어. 스폰서비는 당연히

276

받지 않아. 하지만 비자는 받아야 해. 이것이 내가 해줄 수 있는 거야. 내가 법을 알기 때문에 그래. 비자가 없으면 무스캇뿐 아니라 오만 어디에서도 살 수 없어. 아이들의 교육도 그렇고!"

남편은 "알았어요, 형님!"이라고 말할 수밖에 없었다. 직접 교육부와 노동부를 오갈 필요도 없었다. 법무부 산하에서 일하는 하이땀이 다 알아서 한다고 했기 때문이다. 남편의 이력서와 경력증명서 등도 하이땀이 남편의 학교에 가서 직접 물어보고 수집해 제출했다.

우리가 무스캇으로 떠나는 시간에 하이땀 가족이 모두 나와 배웅해 주었다. 밤 12시였다. 라마단 기간이기 때문에 이삿짐 트럭 회사와 운전사 모두 이 시간 외에는 일을 하지 않는다. 자밀라는 가는 길에 배고프면 먹으라고 삶은 달걀과 과일, 우리가 가장 좋아하는 카락 차이를 운전석 옆자리에 슬쩍 놓았다. 이삿짐을 옮겨 주러 온 한국인 남자들과 하이땀의 모든 가족들과도 일일이 포옹하며 인사한 후 차에 올랐다.

막내 오남매

새벽 5시 반이 다 되어 무스캇에 도착했다. 부래미 국경을 넘어오면
서 시간이 많이 지체되었다. 오만 내에 있는 형식적인 국경이라고 생
각했는데, 세무와 검역을 철저히 검사하는 걸 보면서 왠지 정식으
로 오만에 들어가는 느낌이 들었다.

   이삿짐을 정리하고, 커튼 달고, 청소하고, 이웃들에게 인사하느라
정신없이 일주일을 보낸 후 한국에 갔다. 돌아올 때는 무스캇으로
왔다. 비행기로 오만에 도착해 보기는 7년 반을 살면서 처음이었다.
집안에 쌓인 모래와 먼지를 쓸어내고 하룻밤을 잔 후 바로 부래미
로 향했다. 한국에 있으면서 부래미에 있는 하이땀 가족을 만날 날
을 고대했다. 우리는 정말 기쁘게 해후했다. 몇 주 못 보았을 뿐인데
그렇게 반가울 수 없었다. 온 가족이 모여 먹는 점심식사는 그야말
로 달았다.

오만과 환대

이틀 밤을 하이땀의 집에서 묵은 후 사이드, 싸미라, 사딕과 함께 무스캇에 있는 우리 집으로 향했다. 막내 격인 그들도 인생 처음으로 자기들끼리 여행을 하는 것이었다. 자밀라는 내 손을 잡고 아이들을 잘 부탁한다고 했다. 친정집에도 보내 본 적 없는 아이들이라고 했다.

무스캇에서는 하나와 싸미라가 한 방을, 사이드와 사딕과 두리가 다른 한 방을 사용했다. 아이들은 자기들끼리 알아서 잘 놀았다. 좁은 집인데도 어디 숨을 곳이 있는지 숨바꼭질을 하고, 우노나 할리갈리 등을 하며 자지러지듯 웃고, 간식은 주는 대로 해치우고, 밥은 밥대로 싹싹 다 먹었다. 너무너무 예쁘고 사랑스러웠다. 우리도 터울없이 오남매 정도 있다면 얼마나 좋을까?

아이들이 제일 즐긴 것은 뭐니 뭐니 해도 수영이었다. 수영장에 가 본 적 없다던 세 남매는 아침 먹고 수영장, 점심 먹고 수영장에 가서 뜨거운 한낮을 매일 살았다. 해가 너무 뜨거우니 집에 잠시 들어와 쉬라고 해도 물에서 나오지 않았다. 간식을 수영장으로 날라야 했다.

그렇게 일주일이 지났다. 어린이 손님을 치르면서 남편의 고마움을 많이 느꼈다. 무직이다 보니 집에서 같이 아이들을 돌보고 챙겼다. 덕분에 다섯 명이 아니라 열 명이라도 너끈히 감당할 수 있을 것 같았다.

일주일 후 하이땀에게 연락이 왔다. 남은 식구들도 모두 우리 집으로 오겠다고 했다. 이미 결혼하여 가정을 이룬 사라와 살렘을 빼면 하이땁과 자밀라, 살마, 술탄, 샤키라 다섯 명이었다. 물론 우리는 환영했다. 하지만 이불을 가져와 달라고 부탁했다. 오만 문화에선 무례한 부탁인 줄 알지만 왠지 그래도 될 것 같았다. 있는 모습 그대로 서로 편안하게 대하는 사이가 된 우리!

하이땁 가족은 큰 트렁크를 무려 네 개나 가져왔다. 끈으로 동여 맨 이불도 두 채나 되었다. 놀랍게도 트렁크 하나에는 먹을 게 한가득이었다. 오만칩스부터 아이들이 좋아하는 것, 우리 부부가 좋아하는 것 등…. 상경한 자식 주려고 바리바리 싸들고 온 고향집 부모님 모습 그대로였다.

우리 집은 정말 좁았다. 화장실도 편하지는 않았다. 그러나 아무도 불편하다는 말을 하지 않았다. 솔직히 우리 가족은 전혀 불편하지 않았다. 복닥거리며 밥을 해 먹는 것도 재미있었다. 아침으로는 빵과 삶은 달걀, 샐러드를 먹고, 점심과 저녁은 주로 내가 차렸다. 자밀라가 하겠다는 걸 간신히 말렸다. 이번에는 내가 제대로 대접하고 싶었다. 그래도 살마와 샤키라의 도움은 받았다.

둘째 날 아침식사 후 하이땁이 없어졌다. 하이땁은 점심때가 지나서야 돌아왔다. 늦은 점심을 먹고 낮잠을 자더니 저녁식사 후 남편과 할 얘기가 있다고 했다. 우리는 모두 긴장했다. 나와 남편은 서로 눈빛을 주고받으며 움찔했다. 무스캇의 교회에 세 남매를 데려갔기 때문이었다. 싸미라와 사딕이 예배 시간 중에 구토를 몇 번 해서 식겁했지만 끝까지 자리를 지키다가 왔다. 하이땁이 알았다면 분명

화가 났을 것이다.

무스캇에는 외국인들을 위한 종교 컴파운드(Religious Compound)가 있다. 이 컴파운드는 세계 각종 종교를 오만 법으로 허락한 장소다. 이곳은 외국인만 갈 수 있다. 오만 사람이 가면 추방당한다. 참석한 종교가 무엇이든 그 지도자도 추방이다. 데려간 사람이 있다면 물론 그도 추방이다. 금요일에 우리는 컴파운드로 예배를 드리러 가는데 세 남매만 집에 남겨 놓을 수 없었다. 그래서 사실대로 설명하면서 혹시 같이 가겠냐고 물어본 후 데려갔던 것이다.

세 남매가 우리 집에 오기 전에 미리 하이땀에게 물어본 적이 있긴 했다. 금요일마다 무슬림들이 모스크에 가는 것처럼 우리도 종교 컴파운드에 가는데, 그때 아이들을 데리고 가도 되느냐고. 하이땀은 상관없다고 했다. 그래도 아이들이 그곳에서 토하고 아팠으면 즉시 돌아왔어야 했다고 따질지도 모른다.

우리는 숨을 깊이 들이마시고 하이땀이 무슨 얘기를 할지 기다렸다.

형은 형

하이땀은 설명하기 힘드니 술탄에게 통역을 하라고 했다. 우리는 더
긴장했다. 얘기를 하기 전에 이렇게 뜸 들인 적이 없었기 때문이다.

"하비브, 자네가 한국에 가 있는 동안 나는 자네의 비자 연장을
위해 부래미 여기저기를 다녔어. 서류를 빠짐없이 준비해 제출한 거
알고 있지?"

"네, 그럼요. 교육부와 노동부에도 찾아가 서류를 내신 거 알아
요. 형님, 정말 고맙습니다. 저 대신 수고해 주셔서 얼마나 감사한지
몰라요. 생각지 못했는데 형님 회사에 저를 취직시켜 비자를 받게
해주겠다고 했을 때는 정말 감동받았어요. 다시 한번 감사드려요."

"그런데 그게 문제가 생겼단 말이지. 서류에 아무 이상이 없는데
노동부에서 비자를 내줄 수 없다는 거야. 최고 책임자를 찾아가 직
접 따졌지. 내가 스폰서이고, 지금까지 우리 회사로 얼마나 많은 사

오만과 환대

람들이 비자를 받고 비즈니스를 하는데 왜 비자를 주지 않느냐고. 그랬더니 그 사람이 말하길 어떻게 대학 교수가 작은 회사의 매니저가 될 수 있냐는 거야. 일리가 있다 싶어 가만히 있었지."

다행히 하이땀은 남편의 비자 얘기를 꺼냈다. 우리는 서로를 바라보며 안도의 표정을 지었다.

"그래서 일을 거기서 멈추었어. 어떡할지 모르겠더라고. 그런데 하비브가 한국에서 돌아오니 다시 해봐야겠다는 생각이 들더라. 이번에는 무스캇에서 해보자는 마음이 생겼지. 부래미나 무스캇이나 같은 교육부이고 노동부니까. 그래서 오늘 하루 종일 사무실을 찾아다녔어. 이번에 처음 알게 되었는데 우리 오만 법이 잘 되어 있더군. 비자 사무실이 정말 체계적인 걸 오늘 처음 알았네. 그런데 실제로 하비브와 관련된 일을 하는 사람은 못 만났어. 내일은 꼭 만나서 일을 해결하려고 해."

우리는 감동하지 않을 수 없었다. 동시에 이렇게 애쓰는데 좋지 않은 결과가 나오면 우리보다 더 실망할 것 같아 걱정도 되었다. 무엇보다 책임감을 느꼈다. 우리 때문에 혹시 불법적인 일을 하면 어떡하지 하는 마음도 들었다. 그래서 남편이 말했다.

"하이땀, 어떻게 고마움을 표현해야 할지 모르겠어요. 형님은 하실 만큼 했어요. 오만 노동부에서 안 된다는 일을 이제 어떻게 하겠어요? 그만 애쓰셔도 돼요. 보다시피 우리는 마음이 편안해요. 하나님께서 우리를 무스캇으로 보내실 때, 이미 모든 걸 준비하셨다고 믿었어요. 설령 그렇지 않더라도 우리는 정말 괜찮아요. 하나님께

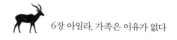

순종한 것으로 우리가 할 일은 다했다고 믿어요. 정 비자가 안 나오면 한국으로 돌아가면 돼요. 그러니 너무 힘겹게 다니지 마세요. 혹시 우리 때문에 법을 어기실까 봐 살짝 염려돼요."

그때 조용히 통역만 하던 술탄이 눈을 동그랗게 뜨고 목소리를 높였다.

"우리 아버지는 불법적인 일은 하지 않으세요! 지금까지 한 번도 법을 어긴 적이 없어요. 법무부에서 근무하는 것을 얼마나 자랑스럽게 여기시는데요. 아버지는 그런 사람이 아니에요! 불법적인 일이라면 시작하지도 않았어요. 오늘도 하루 종일 다니며 어떻게 하면 합법적으로 일처리를 할까 알아보신 거예요. 끝까지 들어보지도 않고!"

우리는 깜짝 놀랐다. 술탄이 영어를 다다다다 쏟아 부은 것도 놀라웠고, 화내며 아버지를 변호하고 우리가 오해하고 있음을 단호히 알려주는 모습이 평소와 몹시 달라 당황했다. 살마와 샤키라가 술탄의 말을 이해하고 맞장구를 쳤다. 남편은 말을 잘못했음을 얼른 깨달았다. 나 역시 그랬다. 우리를 위해 뜨거운 여름에 동분서주하며 하루종일 발품을 판 것만 해도 얼마나 고맙고 귀한 일인가! 그런데 불법적인 일을 하는 건 아닌지 걱정하니 자식이 듣기에 속상할 만도 했다. 우리는 머리 숙여 사과했다.

"술탄, 정말 미안해! 우리는 오만 법을 존중하기 때문에 법이 정한 테두리에서 일을 해결하고 억지로는 하지 말자는 뜻이었어. 아버지가 무리하시는 건 아닌가 해서…. 내가 말을 잘못했어. 선의를 오해한 건 아니야. 아버지께도 죄송하다고 전해 줘."

"아버지께는 통역하지 않았으니 괜찮아요."

심상찮은 분위기를 눈치 챈 하이땀이 무슨 얘기를 하느냐고 술
탄에게 물었다. 그때 살마가 얼른 술탄을 쳐다보며 고개를 저었다.
술탄은 하비브와 생각이 달라 의견을 나누다가 소리가 커졌다고 둘
러댔다. 하이땀은 그래도 어른에게 화를 내서는 안 된다며 술탄을
나무랐다. 우리는 고개를 들 수 없을 정도로 모두에게 미안했다.

만약 하이땀이 이 사실을 알았다면 어떻게 했을까? 이것은 온 가
족들 앞에서 예수가 하나님의 아들이라고 말한 것과는 또다른 문제
로, 하이땀의 자존심이 걸린 일이다. 그래도 모르는 척 넘어갔을까?
어쨌든 하이땀은 말을 이어 갔다.

"오늘 비자 사무실에 가서 법적 절차를 알아보다가 하비브의 비
자가 정상 발급되어야 한다는 걸 알았어. 오만 법에 따르면, 당사자
가 과거에 어떤 일을 했든 현재 새 비자를 내는 데 조건이 맞고 스
폰서가 동의하면 문제가 없다는 거야. 내가 그럴 줄 알았다니까! 직
급이나 직종이 다르다고 비자를 안 주는 게 말이 돼? 부래미의 노
동부 직원이 잘못 알고 말한 거였어. 안 그래, 하비브?"

하이땀은 남편을 자랑스럽게 쳐다보며 물었다. 그랬다. 하이땀은
오늘의 성과를 말하고 싶었던 것이다. 얼마나 뿌듯했을까?

"내일은 담당자를 만나기로 했어. 그 사람이 나더러 내일 당장 오
라더군. 전혀 문제 없다고! 하비브, 내가 내일 일찍 나가 결과를 알
려줄 테니 그리 알고 있어. 알았지?"

우리는 할 말을 잃었다. 하이땀은 이 말을 하려고 뜸을 들였던 것
이다. 그래서 대화 중에 분위기가 이상해도 눈치 채지 못한 것이다.
어리바리한 외국인 친구의 비자 문제가 해결된 게 기뻐서 다른 건
보이지도 들리지도 않았던 것이다.

　그날 밤 남편은 내게 이렇게 말했다.

　"하나님께서 오만에 사는 내게 가장 중요한 두 분을 주셨는데, 바
로 아흐멧 형님과 하이땀 형님인 것 같아. 형은 형이야. 아무리 해도
내가 따라갈 수 없어."

형 하이땀과 동생 하비브

오만과 환대

형님의 위엄

아침식사 후 하이땀은 비자 업무를 보러 바로 외출했다. 남편은 아이들을 데리고 왕궁과 그랜드 모스크에 간다며 나갔다. 자밀라와 나만 집에 남았고, 우리는 부지런히 집안 정리를 시작했다. 그런 다음 점심을 준비했다. 하이땀이 점심을 먹으러 집에 돌아올 것 같았다. 오만 사람은 하루 세 끼 중 점심을 가장 중요시한다.

자밀라는 음식 만드는 나를 보며 계속 놀랐다. 한국 음식이 이렇게 손이 많이 가는 줄 몰랐다며 어떻게든 도우려 했다. 나는 당면을 삶으면서 다른 화구에서는 닭볶음탕을 끓였다. 생선전과 호박전은 자밀라에게 부쳐 달라고 부탁했다. 자밀라는 두말할 것 없이 선수처럼 전을 잘 부쳐 냈다. 매운 것을 은근히 좋아하는 여자들을 위해 배추 겉절이도 했다. 밑반찬으로는 멸치볶음과 가지무침을 준비했다. 하이땀 가족이 떠나기 전 마지막 식사여서 정성을 들였다.

기다리던 하이땀보다 남편과 아이들이 먼저 들이닥쳤다. 한 상을 차려 주니 모두들 맛있게 먹었다. 한국 음식을 마다하지 않고 잘 먹고 더 달라고 하는 자밀라와 자녀들을 어찌 사랑하지 않을 수 있을까? 밥상을 치우고 다과를 시작하려는데 하이땀이 돌아왔다.

하이땀을 위해 따로 덜어 두었던 음식을 내왔다. 하이땀이 식사하는 동안 자밀라가 옆에 앉아 한국 음식에 대해 이것저것 설명을 해주었다. 식사가 끝나고 후식과 차를 내오려는데, 왠일로 하이땀이 커피를 머그잔에 가득 담아 달라고 했다. 카페인과 당이 필요한 것 같았다. 그러고는 남편과 술탄을 불러 손짓으로 옆에 앉으라고 했다. 아침부터 지금까지 밖에서 어떤 일을 했는지 설명하려는 것 같았다. 다들 궁금한 표정을 감추지 못했다. 우리보다 술탄과 살마, 샤키라의 표정이 더 긴장되어 보였다.

"아침 일찍 비자 사무실에 갔는데, 담당자가 아직 출근을 안 한 거야. 그래서 사무실 이곳저곳을 구경하며 기다렸지. 그런데 누군가가 나더러 왜 왔냐고 물어보면서 자기 사무실에 들어와 차를 한 잔 마시라는 거야. 알고 보니 그는 비자청에서 두 번째로 높은 사람이더군. 나더러 무슨 일을 하냐고 묻길래 법무부 소속으로 부래미에서 일한다고 했지. 그제서야 자기가 무슨 일을 하는지 말해 주더군. 신중한 사람 같았어. 내가 그곳에 온 자초지종을 얘기했더니, 그는 부래미에서 왜 그랬는지 모르겠다면서 하비브가 비자 받는 데 아무 문제가 없을 거라고 말해 주더군. 마침 담당자가 출근을 해서 가 봤지. 사실, 담당자와는 2분도 얘기하지 않았어. 일이 금방 처리될 거라고 했어."

"와우!"

통역하던 술탄이 기뻐서 탄성을 질렀다. 살마와 샤키라도 안심하
는 한숨을 내쉬었다.

"하비브!"

하이땀은 위엄 있게 그러나 부드럽게 남편을 불렀다. 그리고 지갑
을 열어 조심스럽게 접은 종이를 천천히 꺼냈다. 이름과 전화번호가
적혀 있었다.

"내일 여기로 전화해 봐. 오늘 만난 사람인데 모든 일을 잘 처리
해 준다고 했어. 서류는 지금 부래미에 있는데, 내일 아침에 내가 12
시 버스로 보내 줄 테니 터미널에서 버스 운전사에게 받아. 모레에
그 서류를 갖다 내면 돼."

하이땀은 성취감과 자랑스러움을 금치 못하는 표정이었다. "내가
항상 지켜줄게"라는 의지도 엿보였다. 남편은 하이땀을 바라보면서
쉽게 입을 떼지 못했다. 남편은 두 손을 공손히 내밀어 종이 쪽지를
받으며 말했다.

"형님! 정말 감사합니다. 비자 나오게 해주신 것도 감사하고, 직접
땀 흘리고 다니며 마음 써 주셔서 진심으로, 진심으로 감사합니다."

남편의 눈도, 하이땀의 눈도 촉촉히 젖어들었다.

"하비브, 고마운 거로 따지면, 우리가 더 많지! 아 참, 빨리 가야
돼. 나는 밤에 운전하는 게 제일 싫어. 얄라, 얄라!"

하이땀은 갑자기 일어나 손을 마구 흔들며 감사와 감동의 분위

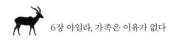

기에 푹 빠져 있는 우리에게 소리쳤다. 그러면서 눈물을 휙 훔치는 것 같았다. 남편은 그러거나 말거나 그를 꽉 끌어안았다. 하이땀은 잠시 당황한 듯했으나 금세 남편의 등을 토닥였다. 그것도 잠시, 이내 다시 "얄라, 얄라! 집에 가자!"라고 크게 소리치며 밖에서 수영하며 놀던 아이들을 들어오게 했다.

하이땀 가족이 부래미로 돌아갈 준비는 순식간에 이루어졌다. 챙겨 놓은 이민 가방들과 이불 보따리가 즉시 차로 옮겨졌고, 젖은 머리를 말릴 새도 없이 아이들은 옷을 갈아입고, 그동안 만들었던 것을 쇼핑백에 담기 시작했다. 나도 덩달아 잽싸게 움직이며 반찬들을 이것저것 통에 담았다. 점심을 먹고 느긋하게 커피를 마실 때의 분위기와는 사뭇 다르게 서둘러 떠날 채비를 끝내고 나니 그동안 무슨 일이 있었는지 기억나지 않았다.

이것이 하이땀의 모습이다. 어떤 일이 있을 때 순식간에 해버리는 것! 가족들은 이런 하이땀의 리듬에 완전히 익숙하고, 어느새 우리 가족도 같은 리듬을 타기 시작했다. 이제는 화음까지 맞출 수 있었다. 우리 집에서는 큰 산 같은 남편조차 하이땀 앞에서는 작은 소리를 내는 하나의 음표일 뿐이다. 이것이 바로 공동체에서 가장 순수하고 강한 일체감을 느끼게 해주는 하이땀 형님의 리더십이고 위엄이다! 하이땀은 가족들을 차에 태우고 떠났다. 우리는 떠난 자리에서 차가 보이지 않아도 한참을 서 있었다.

가족은 이유가 없다

하이땀 가족이 떠난 다음 날, 남편은 비자청에 갔다. 집에 돌아오면서는 버스터미널에 들려 하이땀이 보낸 비자 서류를 받아 왔다. 그다음 날 서류를 들고 다시 비자청에 가서 제출하고, 일주일도 안 되어 비자와 동시에 ID카드를 받았다. 일이 이렇게 일사천리로 처리된 게 우리는 전혀 이상하지 않았다. 이렇게 되리라는 걸 의심한 적이 없었기 때문일까?

비자를 받았으니 비자의 성격에 맞는 일을 해야 할 것 같았다. 하이땀이 스폰서가 되어 인도인, 파키스탄인에게 열린 비즈니스의 매니저 비자를 받았지만, 그들처럼 비즈니스를 해도 되었다. 비즈니스를 할지 말지는 완전히 자율에 맡겨졌다. 남편은 외국인들이 오만에서 어떤 비즈니스를 하고 있는지 알아보고 관공서에도 다니며 정보를 모았다.

한 달 정도 지났을 때, 전혀 기대하지 않았던 대학에서 남편에게 면접과 모의 강의를 준비해 오라는 연락이 왔다. 이미 학기가 시작되어 두어 달이 넘어가는 시점이었다. 사흘 후 또 다른 곳에서도 연락이 왔다. 남편은 성실하게 준비해 모의 강의를 하고 면접을 치렀다. 공교롭게도 두 군데 모두 합격을 했다. 이럴 때는 어떻게 해야 하나? 먼저 연락이 온 곳으로 가기로 정했다. 바로 다음 주부터 출근해야 했다. 우리는 이 일을 곧바로 하이땀에게 알렸다. 그리고 주말에 부래미를 방문하기로 약속했다.

마침 온 가족이 모였다. 사라 가족도 와서 같이 알 가다를 먹었다. 모두 진심을 담아 축하해 주었다. 하이땀이 여름 내내 땀 흘리며 마련해 준 비자가 빛을 발하기도 전에 우리는 비자를 바꿔야 했다. 그러나 하이땀은 상황이 이렇게 된 걸 안타까워하지 않았다. 이 기회에 비즈니스를 해보라고 권하지도 않았다. 우리에게 일어난 일이 마냥 신기하다며 복 받는 이유가 어디에 있냐고 오히려 웃으면서 물었다. 우리는 겸손히 그러나 정직하게 말했다.

"하이땀 형님이 있어 복을 받는 거예요. 형님이 없었다면 이런 기회가 오지 않았을 거예요. 그러니 형님이 모든 감사와 영광을 받아야 합니다! 형님 덕분에 오만에 계속 머물 수 있었고 취업도 할 수 있었어요. 감사합니다."

"뭐 그리 말이 많아. 가족은 이유가 없어. 그냥 잘되면 좋은 거고, 안 되면 같이 어려움을 나누는 거야."

맞다. 가족은 이유가 없다. 따지지 않는다. 그냥 같이 사는 거다.

오만과 환대

우리는 묻지도 따지지도 않는 가족인 것이다.

이것이 머리끝부터 발끝까지 녹아 들어간 하이땀의 가족에 대한 정의다. 한순간의 환대로 끝내지 않고 가족이 되어 생사화복을 같이하며 책임지고, 같이 넘어지고, 같이 나아가는 공동체, 그 안에서 소속감을 가지고 일원임을 체감하는 것!

하이땀, 자밀라, 당신들은 참으로 우리의 모든 것을 인정하고 받아 주는군요. 그것이 환대의 진정한 의미겠지요.

에필로그

아흐멧과 파티마 가정은 날로 식구가 늘었다. 큰딸 누르는 자녀 셋을, 큰아들 아하스는 둘을 두었다. 후다는 언니, 오빠가 졸업한 국립공과대학을 우수한 성적으로 졸업했으나 취직이 되지 않아 집에서 조카들을 돌보고 있다. 둘째 아들 아싸드는 군인이 되었다. 제일 예쁜 새침데기 막내딸 와다는 대학생이 되었다.

하이땁과 자밀라 가족에게는 더 많은 변화가 일어났다. 큰딸 사라는 아들만 둘을, 큰아들 살렘은 딸 둘, 아들 하나를 두었다. 둘째 딸 살마는 아들만 하나 두었지만 박사과정 후 둘째를 낳을 계획이라고 한다. 둘째 아들 술탄은 의과대학에 진학했으나 결국 의사의 길을 멀리하고 다른 일을 하고 있다. 셋째 딸 샤키라는 의과대학에 진학해 외과의사의 꿈을 키우고 있고, 셋째 아들 사이드는 남자 간호사가 되기 위해 간호대학에 들어갔다. 하나와 동갑인 막내딸 싸미라는 엔지니어링을 전공하고 있고, 막내아들 사딕은 폭풍성장해

오만과 환대

키가 제일 큰데 자기도 엔지니어가 되고 싶다고 한다.

중동을 보통 22개국으로 본다. 중동 하면 대개 비슷한 문화와 전통을 떠올리지만 걸프지역의 6개국, 즉 사우디아라비아, 쿠웨이트, 카타르, 아랍에미리트, 바레인, 오만은 다른 중동 무슬림 국가들과 분명 차별되는 부분이 있다. 먼저, 이들은 강성 이슬람 국가다. 그 예로, 다른 중동 지역에 비해 현지인 교회가 없다는 점이 두드러진다. 또한 이들 6개국은 다른 지역에 비해 잘산다. 웬만한 도시 중산층 가정마다 메이드를 둘 정도다.

한편, 6개국 각각의 독특한 문화와 전통도 있다. 그중 오만에만 특정되는 귀한 전통이 환대 문화다. 걸프지역을 여행한 사람들은 흔히 아랍인들의 자존심을 보았다고 말한다. 그런데 오만 사람들에 대해선 평화와 따뜻함을 경험했다고 말한다. 환대 문화는 우리 가족뿐 아니라 오만을 잠시 다녀간 사람에게도 자연스레 스며드는 아름다운 전통인 것이다. 우리는 10년 반 동안 오만에 살면서 그들의 고귀한 삶 속으로 들어가는 특권을 누렸다. 정확히 말하자면, 그들이 우리의 손을 잡고 그들의 삶 속으로 이끌었다.

오만에서 많은 사람들을 만났지만, 이 책에는 주로 오만의 두 가족 이야기만 추려서 서술했다. 남편이 대학에서 가르치며 만난 교직원과 그의 가족들, 대학 시스템과 학생들, 학부모들과의 우정, 하나와 두리를 통해 알게 된 부모들의 교육관과 철학, 다른 민족과의 만남, 색다른 문화 경험, 세상에 알려지지 않은 오만의 자연 경관과 특

에필로그

이한 경험, 제자훈련 등은 나누지 못했다. 그러나 이 모든 이야기를 다 쓴다 해도 오만에서 가장 가까웠던 두 가족과 맺은 우정과 사랑을 능가할 수는 없다. 두 가족 덕분에 우리는 오만에서 태어난 사람마냥 오만을 사랑할 수 있었다.

두 가족을 생각하면 늘 떠오르는 성경 말씀이 있다. "여호와께서 마므레의 상수리나무들이 있는 곳에서 아브라함에게 나타나시니라. 날이 뜨거울 때에 그가 장막 문에 앉아 있다가 눈을 들어 본즉 사람 셋이 맞은편에 서 있는지라. 그가 그들을 보자 곧 장막 문에서 달려나가 영접하며 몸을 땅에 굽혀 이르되, 내 주여 내가 주께 은혜를 입었사오면 원하건대 종을 떠나 지나가지 마시옵고 물을 조금 가져오게 하사 당신들의 발을 씻으시고 나무 아래에서 쉬소서. 내가 떡을 조금 가져오리니 당신들의 마음을 상쾌하게 하신 후에 지나가소서. 당신들이 종에게 오셨음이니이다. 그들이 이르되 네 말대로 그리하라"(창 18:1-5).

물론 우리는 하나님이 인간의 모습으로 나타나셨듯 오만에 나타난 천사가 아니다. 아흐멧과 하이땀을 아브라함과 일치시킬 수도 없다. 그러나 우리는 나그네였고, 그들은 아브라함처럼 우리를 맞아들이고 대접한 그 땅의 사람들이었다. 우리는 그들을 통해 그 땅 오만을 알고 사랑하게 되었다.

성경 말씀은 믿는 사람은 물론, 믿지 않고 하나님을 모르는 사람에게도 적용된다는 점에서 과연 하나님의 말씀이다. 그리고 환대는 성경에 나온 개념이며, 오늘날에도 여전히 성경적이다.

오만과 환대